D1985043

John Potash

Der Krieg des FBI gegen Tupac Shakur und andere schwarze Freiheitskämpfer

John Potash

Der Krieg des FBI gegen Tupac Shakur

und andere schwarze Freiheitskämpfer

Von den Anfängen der afroamerikanischen Bürgerrechtsbewegung bis in die 1990er-Jahre

Mit einem Nachwort
des Übersetzers
Jan Euler

zeitgeist
Print & Online

Zur Titelbild-Zeichnung von Björn Gschwendtner:
Abgebildet sind Tupac Shakur (Mitte),
umreiht von Bob Marley, Martin Luther King Jr.,
Malcolm X und Jimi Hendrix (v. l. n. r.)

1. Auflage Juni 2023

© Verlag zeitgeist Print & Online, Höhr-Grenzhausen 2023
© John Potash/Jan Euler 2023
Alle Rechte vorbehalten

Die amerikanische Originalausgabe erschien 2007 unter dem Titel
„The FBI War on Tupac Shakur and Black Leaders".

Übersetzung: Jan Euler

Redaktionsschluss: April 2023
Satz: Hoos Mediendienstleistung, Landau
Coverillustration und -design: Björn Gschwendtner, Frankfurt
Druck und Bindearbeiten: CPI books GmbH, Leck

Printed in Germany
ISBN 978-3-943007-39-8
www.zeitgeist-online.de

„Wenn Sie nicht aufpassen,
werden die Zeitungen Sie dazu bringen,
die Menschen zu hassen,
die unterdrückt werden,
und die Menschen zu lieben,
die die Unterdrückung betreiben."

Malcolm X

„Dieses Land wurde von Gangs aufgebaut.
Ich glaube, dieses Land wird noch immer von Gangs regiert.
Republikaner, Demokraten, die Polizei, das FBI, die CIA,
das sind Gangs, verstehst du, was ich meine?
Die Justizvollzugsbeamten.
Ein Gefängniswärter hat mir mal ganz offen gesagt:
‚Wir sind die größte Gang im Staate New York.'"

Tupac Shakur

„Die Leute, die uns die Bürgerrechte absprechen,
sind genau die gleichen,
die den Weltfrieden ablehnen."

Harry Belafonte

„Wenn die Macht der Liebe
die Liebe zur Macht übersteigt,
erst dann wird die Welt endlich wissen,
was Frieden heißt."

Jimi Hendrix

Inhaltsverzeichnis

Vorwort des Autors zur deutschsprachigen Ausgabe

Lieber Leser, liebe Leserin,

vorab einige Informationen über mich und meine Arbeit am vorliegenden Buch: Ich wuchs in Baltimore in einer Familie auf, die traditionell eher links geprägt war. Mein Vater organisierte Ärzte gegen den Vietnamkrieg, und meine Mutter arbeitete als Pflichtverteidigerin, also als staatlich zugewiesene Anwältin für Mandanten, die sich keinen Anwalt leisten konnten. Sie war gegen den Krieg und gegen Umweltverschmutzung und setzte sich für Ärmere und für deren Bürgerrechte ein. Ihr Vater, ein engagierter Anwalt, über den das FBI eine Akte anlegte, arbeitete jahrzehntelang unentgeltlich für Aktivisten der NAACP und vertrat erfolgreich mehrere Black Panthers in New York.

1989 begann ich als Suchtberater zu arbeiten, später auch in Baltimore und Washington D. C. Nach Abschluss meines Studiums der Sozialen Arbeit in New York war ich weiter in der Beratung zu einem breiten Spektrum von psychischen Problemen tätig. Neben dem Studium belegte ich Kurse zur Gemeinwesenarbeit und zu sozialen Bewegungen und arbeitete vorübergehend im Rahmen eines Stipendiums an einem Projekt im Osten von New York mit. Dort lernte ich Mitglieder der Young Lords kennen, des lateinamerikanischen Pendants zu den Black Panthers. Ich führte lange Gespräche und begann mit den Recherchen zu diesem Buch, unter anderem angeregt durch Dialoge mit den Anführern der Almighty Latin King and Queen Nation.

Zu Beginn der 90er-Jahre stieß ich dann auf die New Yorker Panthers-Familie Shakur. Und als der junge Rapper und Schauspieler Tupac Amaru Shakur im November 1994 von »Gangstern« angeschossen und schwer verwundet wurde und die *Washington Post* kommentierte, es handele sich dabei lediglich um *»eine weitere kuriose Episode im Polizeiverhalten gegenüber Tupac«*, begann sich in mir die Frage zu regen, ob es nicht die Polizei selbst gewesen sein könnte, die den jungen Tupac angegriffen hatte – so wie es bereits vorher auch schon bei vielen seiner Familienangehörigen geschehen war. Ich rief also Tupacs Strafverteidiger an, den New Yorker Anwalt Michael Tarif Warren. Und tatsächlich: Er war felsenfest davon überzeugt! Und er ermutigte mich, der Sache weiter nachzugehen, und versorgte mich stetig mit neuen Informationen.

Bald stieß ich auch auf das FBI-Programm zur Spionageabwehr COINTELPRO, das Tupac Shakur ins Visier genommen hatte, und verfasste einen ersten Artikel dazu, der die Grundlage für das vorliegende Buch wurde. Er erschien im Frühjahr 1995 in der anarchistischen Zeitschrift *Claustrophobia* und enthielt auch ein Interview mit Michael Tarif Warren.

Die Arbeit an meinem Buch über Tupac öffnete mir viele Türen, und ich erhielt bald eine Fülle an Hintergrundinformationen über den politischen Untergrund sowie die institutionalisierten Angriffe auf die Black Panthers und andere linke Aktivistengruppen verschiedener Ethnien, die mit den Panthers zusammenarbeiteten.

Ich möchte hier allen danken, die so großzügig ihre Erfahrungen und ihr Wissen über Tupacs Leben und seinen Tod mit mir teilten. Ebenso all jenen, die in den Medien und in Aktivistengruppen tätig sind bzw. waren und dieses Buch dort bekannt machten. Und nicht zuletzt all den Familienmitgliedern, Mentoren und Freunden von Tupac, die dank ihres Feuers, ihrer Inspiration und ihrer Leidenschaft trotz störender Geheimdienstmanöver durchgehalten und für eine bessere Welt gekämpft haben.

Der frühe Tod Tupacs und der anderen Musiker ist tragisch, und ich hoffe dazu beitragen zu können, dass möglichst viele Menschen über die afroamerikanische Gemeinschaft und die brutale Unterdrückung durch die amerikanische Regierung aufgeklärt werden und dass die Informationen helfen können, diese mörderischen Angriffe zu stoppen.

John L. Potash

Einleitung

Der heimliche Krieg des US-Geheimdienstes gegen Schwarze

Über Jahre angehäufte, zumeist schriftliche Materialien und andere Hinweise legen die Vermutung nahe, dass das FBI den Mord an der Rap-Ikone Tupac Shakur zu verantworten hat, so wie es auch andere politisch engagierte schwarze Musiker und Führungspersönlichkeiten töten ließ bzw. Anschläge auf sie verübte, darunter Malcolm X, Martin Luther King, Jimi Hendrix und Bob Marley. Tausende Seiten an geleakten Geheimdienstdokumenten, Gerichtsaussagen und Recherchen dokumentieren den über vier Jahrzehnte währenden Krieg, bei dem immer wieder ähnliche taktische Methoden eingesetzt wurden. Vor allem Hip-Hop-Musiker gerieten ins Fadenkreuz der Behörden.

Historisch betrachtet, diente der US-Geheimdienst schon immer den Reichen des Landes und wandte sich gegen die Befürworter einer progressiven Politik und deren Ziel eines gesellschaftlichen Wandels hin zu einer gerechteren Verteilung von Gütern und Rohstoffen. Hierfür wurden verschiedene Werkzeuge genutzt, von Propaganda bis hin zur Ausübung massiver Gewalt. Dem faschistischen Gedankengut nicht allzu weit entfernt, wurde eine besonders schwere Keule gegenüber schwarzen Revolutionären und Führern ethnischer Minderheiten geschwungen, doch auch weiße Aktivisten wie Robert F. Kennedy oder die Umweltschutzaktivistin Judi Bari wurden attackiert.

Die Familie Shakur engagierte sich seit den 1960er-Jahren in vielen radikalen politischen Zusammenschlüssen, von der Organisation für die afroamerikanische Einheit bis hin zur sozialistischen Black Panther Party for Self-Defense.[1] Nachdem Malcolm X und viele Panthers ermordet worden waren, wuchs in der Familie der revolutionäre Geist. Und als Tupac geboren wurde, war er für seine Mutter Afeni Shakur ihr »kleiner schwarzer Prinz der Revolution«. Viele Bekannte aus den Reihen der Black Panthers halfen Tupac dabei, die Rolle anzunehmen, lange bevor er seine Karriere als Rapper startete.

Mit zunehmendem Erfolg und Bekanntheitsgrad warb er verstärkt für die politischen Ideale der Panthers und nutzte seine Gagen, um diverse Gruppierungen zu unterstützen. Und um die Gangs auf der Straße anzusprechen und deren Krieg gegeneinander beenden zu helfen, legte er sich sogar die Fassade eines »Gangsta Rappers« zu. Damit wurde er umso mehr zur Zielscheibe der Polizei und des Geheimdienstes: Indizien deuten darauf hin, dass Tupac sechs orchestrierte Mordanschläge überlebte. Der Rahmen seiner Inhaftierung war ebenfalls ganz offensichtlich inszeniert. Und als er ankündigte, das von Agenten unterwanderte Plattenlabel Death Row Records verlassen zu wollen, wurde er ermordet …

In diesem Buch wird lediglich eine Stichprobe der Attacken auf die schwarze Gemeinde wiedergegeben. Die Aufnahme weiterer Anschläge auf politische Führer – auf links gerichtete, gesell-

---

[1] Man könnte annehmen, dass die Black-Lives-Matter-Bewegung (BLM) an die Black Panther Partei (BPP) anschließt, dass sie nur weniger militant ist. Dieser Schein jedoch trügt: Wenn auch für viele nicht leicht ersichtlich, erweist sich BLM als Retortengeburt mit tatkräftiger Unterstützung reicher Eliten, die für die BPP noch das Feindbild abgaben. Unterwanderung damals wie heute, die Methoden der Instrumentalisierung sind allerdings sehr viel raffinierter geworden. (Anm. des Übers.)

schaftskritische oder auch kulturelle Aktivisten – wurde einige Monate vor Erscheinen des Buches verhindert. Auch deshalb soll hier aufgezeigt werden, wie wohlhabende, voreingenommene Kräfte praktisch alle Mainstream-Medien kontrollieren, um Informationen zu verschleiern und zu verbergen.[2] Mit dem Blick auf Tupacs Leben und darauf, wie die Familie Shakur ins Visier geriet, erhalten wir ein klares Bild der Geheimdienstaktivitäten in den Jahren zwischen 1965 und 2005.

---

[2] Die Medienlandschaft hat sich seit Erscheinen des Originalwerks 2008 noch weiter entfernt von einer pluralistischen Ausgewogenheit. Presse, Funk und Fernsehen unterliegen mehr denn je dem Einfluss weniger mächtiger Konzerne bzw. Medienmogule. (Anm. des Übers.)

Kapitel 1
US-Geheimdienste behindern Hilfsorganisationen für Schwarze

»Faschismus wächst, wenn hinterlistige Politiker Lügen über leidende Minderheiten aller Couleur verbreiten.«
Bobby Seale, 1969/70

Tupac Shakurs Familie war in radikale Organisationen schwarzer Aktivisten eingebunden, welche durch die Regierung massiv unterdrückt wurden. Seine Mutter Afeni (1947 geboren als Alice Faye Williams) heiratete den aus New York stammenden Leiter des Harlemer Ortsverbandes der Black Panthers, Lumumba Shakur (eigentlich Anthony Coston), und drei Jahre später brachte sie Tupac zur Welt.[3] Wir schreiben das Jahr 1971. Lumumbas Bruder Zayd war ebenfalls bei den New Yorker Panthers. Knapp fünf Jahre vor Tupacs Geburt hatten sich die Black Panthers im ganzen Land zu formieren begonnen.

Im Jahr 1966 hatten Huey Newton und Bobby Seale die »Black Panther Party for Self-Defense« gegründet, womit sie sich der seit Jahrhunderten andauernden Unterdrückung und Gewalt ge-

[3] Als Geburtsname wurde Lesane Parish Crooks eingetragen. Seine Mutter Afeni und sein leiblicher Vater Billy Garland wollten dadurch verhindern, dass er schon früh ins Visier der Geheimdienste geriet.

genüber den Schwarzen entgegenzustellen wagten. Das Ausmaß davon wurde in den Vereinigten Staaten oftmals ignoriert. Zwischen 1900 und 1950 verzeichnete beispielsweise die Nationale Vereinigung für die Förderung farbiger Menschen (NAACP) bis zu 5000 Lynchmorde an Schwarzen.[4]

Ab den 1950er-Jahren führten die US-amerikanischen Geheimdienste und die Geheimpolizei[5] gemeinsame Operationen gegen progressive politische Vereinigungen durch, nachdem sich Sozialisten und Linke für mehr Rechte für die Arbeiterklasse ausgesprochen hatten, und waren insbesondere den Schwarzen gegenüber sehr gewalttätig.[6] Die Central Intelligence Agency (CIA) agierte gegen linke Aktivisten, die den Status quo der amerikanischen Eliten zu gefährden drohten. Es kam zu einer Serie von Bombenanschlägen auf Kirchen und Zentren der Bürgerrechtsbewegungen, angeblich durch rassistische Südstaatler. Später fand man heraus, dass in viele dieser Straftaten der Geheimdienst involviert war.

Lumumba Shakur trat in New York zunächst als Mitglied der Organisation von Malcolm X in Erscheinung, dessen Ermordung im Jahre 1965 eine große Rolle bei der Neuformierung und Ausrichtung schwarzer Organisationen spielte. Viele waren der Meinung, dass die Dienste hinter der Ermordung steckten, und ei-

---

4 Vgl. Piven/Cloward: Poor People's Movements, S. 186. 1910 gründete der schwarze Intellektuelle und Sozialist W. E. B. Du Bois die NAACP, die dann am längsten bestehende Organisation zur Verbesserung der Lebensbedingungen von Farbigen. Das Bureau of Investigation (später FBI) bezeichnete deren Zeitschrift Crisis umgehend als aufrührerisch. Du Bois wurde von Geheimagenten überwacht, sein Ausweis für ungültig erklärt. Vgl. Encyclopedia of the American Left, S. 203

5 Geheimdienst der Polizei, angegliedert an die US-Armee, auch Militärpolizei, die Aufklärungsarbeit sowie Operationen gegen subversive Gruppierungen durchführt. (Anm. des Übers.)

6 Vgl. O'Reilly: Racial Matters, S. 112, 217; Churchill/Vander Wall: The Cointelpro Papers, S. 170

nige radikalisierten sich daraufhin. Stokeley Carmichael (der sich später in Kwame Ture umbenannte) und H. Rap Brown halfen in dieser Zeit mit, das Student Nonviolent Coordinating Committee (SNCC) zu organisieren, welches bereits 1960 durch schwarze Collegestudenten aufgebaut worden war, um den Schwarzen im Süden bei der Registrierung zu den Wahlen zu helfen.[7] Es arbeitete eng mit der Southern Christian Leadership Coalition von Martin Luther King zusammen. Auch Malcolm X unterstützte das SNCC während seiner Zeit in Afrika. Nach seinem Tod und weiteren Morden an SNCC-Mitgliedern entschied man sich, das »Nonviolent« im Namen zu »National« zu ändern. Außerdem wurden Weiße nicht mehr als Mitglieder aufgenommen bzw. ausgeschlossen.

Das Emblem der Black Panthers in den 1960ern

Das Symbol des schwarzen Panthers wurde als Erstes durch die Führung des SNCC verwendet. 1965 gründeten sie eine politische Partei in Alabama, deren Flagge ein schwarzer Panther zierte. Im selben Jahr organisierten sich Herman Ferguson und Muhammad Ahmad (vormals Maxwell Stanford Jr.) im Revolutionary Action Movement (RAM), einer teils geheimen schwarz-nationalistischen und marxistischen Gruppierung. Robert Williams, Vorstand des NAACP im Süden und Autor von »Negroes with Guns«, wurde als internationaler Vorstandsvorsitzender und Malcolm X als internationaler Pressesprecher gewählt. Bevor er ins Exil nach Kuba flüchten musste, organisierte Williams bewaffnete Einheiten, um die Bürgerrechtler zu beschützen.

7 Vgl. Encyclopedia of the American Left, S. 75 f.

Der 29-jährige Diplom-Ingenieur Bobby Seale war auf dem Merritt College in Oakland eingeschrieben, genau wie der 24-jährige Jurastudent Huey Newton. Die beiden lernten sich auf einem Treffen der Afro-American Association (AAA) kennen und waren sich über die zu laschen Taktiken von RAM und AAA einig. Angesichts der stark gestiegenen Polizeigewalt, die beide bereits miterleben mussten, suchten sie nach einer Selbstverteidigungsstrategie. So kam es, dass sie im Oktober 1966 die Black Panther Party for Self-Defense gründeten. Seale wurde Vorstandsvorsitzender, während Newton den Titel »Verteidigungsminister« erhielt. Zu jener Zeit war es legal, Waffen in der Öffentlichkeit zu tragen. Alle Parteimitglieder wurden also bewaffnet und auf die Verteidigung bei etwaigen Polizeiangriffen vorbereitet. Newton ordnete an, dass die Polizisten bei Vorkommnissen umzingelt werden sollten. Und während die Schwarzen ihre Waffen auf sie gerichtet hielten, würde er ihnen ihre Rechte verlesen.[8]

Offiziell war die Black Panther Partei, kurz BPP, eine politische Organisation. Neben politischer Bildung waren kostenfreie Angebote für die schwarze Gemeinde ihr Hauptanliegen. Es gab Kurse, die ihnen Geschichte vermitteln und die Notlage der Schwarzen in der westlichen Welt beschreiben sollten. Außerdem diskutierte man die Möglichkeiten eines Systemwandels, wodurch ihre Situation verbessert werden könnte. Die Lehren basierten auf Schriften des schwarzen Befreiungstheoretikers Frantz Fanon, des chinesischen Kommunistenführers Mao Tse-tung, des kubanischen Revolutionärs Che Guevara sowie den Reden von Malcolm X. Newton und Seale erwarteten von den Mitgliedern ihrer Partei, dass sie sehr viel lasen.[9]

---

8 Vgl. Seale: Seize the Time, S. 28 f.
9 Vgl. Newton: War against the Panthers, S. 28 ff.; Seale: Seize the Time, S. 82

Die kostenfreien Kurse waren Teil eines Zehn-Punkte-Programms, das alle Ziele der Black Panthers auflistete. Es beinhaltete Forderungen nach Selbstbestimmung, Vollbeschäftigung und Wiedergutmachung für »Raub durch Kapitalisten«, nach einer anständigen Behausung wie auch nach einer Bildung, welche die Geschichte der Schwarzen berücksichtigt. Weiterhin wurde das Recht auf Kriegsdienstverweigerung eingefordert, ein Ende der Polizeigewalt und der Mordanschläge sowie Freiheit für Schwar-

Inspiriert durch die Lehren von Malcolm X: die Aktivisten Bobby Seale (li.) und Huey Newton, Gründer der Black Panther Party for Self-Defense

ze, die einer rassistischen Judikative ausgeliefert waren. Stattdessen sollte es Gerichtsverfahren mit einer schwarzen Jury geben. Um die Grundbedürfnisse zu erfüllen, begann man zunächst mit sogenannten Überlebensprogrammen, etwa einem kostenfreien Frühstück für Kinder oder kostenfreien Gesundheitskliniken. Des Weiteren sollten Ampelsysteme an kritischen Kreuzungen aufgebaut werden, wo viele Kinder spielten oder die Straßen überqueren mussten. Nicht zuletzt gründeten sie die Zeitschrift *The Black Panthers*, die den regionalen Ortsverbänden dabei helfen sollte, das Programm in die Tat umzusetzen. Im Jahre 1970 wurden wöchentlich knapp 125 000 Exemplare verkauft.[10]

Dass der Geheimdienst die schwarzen Organisationen von Beginn an beobachtet hatte, wurde klar, als Antikriegsaktivisten 1971 in ein FBI-Office einbrachen, Tausende Dokumente kopierten und anschließend für Politiker, Reporter und Wissenschaftler zugänglich machten. Obwohl hierdurch erste Einblicke in das sogenannte COINTELPRO[11] geboten wurden und somit bewiesen war, dass ein Antiaktivistenprogramm mit diesem Namen überhaupt existierte, wurden die Details vonseiten der Medien und der Politiker vertuscht oder unter den Teppich gekehrt.[12]

Am zweiten Todestag von Malcolm X im Februar 1967 lud die Partei der Black Panthers seine Witwe Betty Shabazz zu einer Veranstaltung ein. Sie sollte eine Rede zum Gedenken an ihn halten. Die Panthers erschienen in ihren typischen schwarzen Lederjacken mit Baskenmützen und Maschinengewehren. So marschierten sie als Security für Shabazz auf. Der Redakteur der Zeitschrift *Ramparts* aus San Francisco, Eldridge Cleaver, besuch-

---

[10] Vgl. www.mao-projekt.de/INT/NA/USA/USA_BPP_The_Black_Panther.shtml

[11] Kurzform für Counterintelligence Program, also Spionageabwehrprogramm

[12] Vgl. Zimroth: Perversions of Justice, S. 73 f.; Churchill: Agents of Repression, S. 39 f.; Churchill/Vander Wall: The Cointelpro-Papers, S. 11

te die Veranstaltung und wurde Zeuge, wie Huey Newton die Polizei zurechtwies und ihnen rassistisches Verhalten vorwarf. Daraufhin solidarisierte sich Cleaver mit den Panthers und übernahm das Amt des Informationsministers.[13]

Der Erfolg der Black Panther Party for Self-Defense führte dazu, dass immer mehr lokale Ortsverbände gegründet wurden. Noch im Jahr 1967 wurden Stokely Carmichael und H. Rap Brown zu Ehrenmitgliedern ernannt, und man übertrug ihnen die Leitung der Verbände in Chicago und den östlichen Städten.

Im Frühjahr brachen Polizisten in eine Wohnung neben der von Huey Newton ein und zerstörten dort das gesamte Hab und Gut. Als Newton den Durchsuchungsbefehl zu sehen verlangte, wurde er verhaftet.[14] Seale wurde ebenfalls in Gewahrsam genommen, als er die Kaution für Newton bezahlen wollte, und zwar mit der Begründung, dass das Tragen von Waffen in der Nähe von Gefängnissen verboten sei – nach einem veralteten Gesetz.[15] Der Polizei gelang es zwar nicht, Newton und Seale für einen längeren Zeitraum zu inhaftieren, doch wurden die Attacken gegen sie gnadenlos weitergeführt.

Am 27. Oktober 1967 kam es zu einem Vorfall, der mit einem Schusswechsel endete. Dies war der Beginn von vielen bizarren Schießereien, in welche die Panthers verwickelt wurden. Ein Polizist, der das Auto von Newton und zwei weiteren Insassen anhielt, wurde dabei niedergeschossen, ein weiterer verletzt. Auch Newton kam mit Schusswunden ins Krankenhaus. Doch auch dort war er vor der Polizei nicht sicher: Er bekam bald Besuch, wurde an Ort und Stelle zusammengeschlagen und unverzüglich

---

[13] Vgl. Newton: Bitter Grain, S. 24
[14] Vgl. Newton: Seize the Time, S. 106 f.
[15] Vgl. Newton: Bitter Grain, S. 31, 35 f.

Free-Huey-Demonstration in Oakland

eingesperrt. Schilderungen des Vorfalls durch andere unterstützen die Aussage von Newton, dass er überhaupt keine Waffe bei sich getragen hatte, als die Polizisten auf ihn schossen.[16]

Nach über vier Jahren Rechtsstreit wurden alle Anklagepunkte gegen Huey Newton fallengelassen. Während dieser Zeit erhielten »Free Huey«-Kampagnen, die einer Bewegung gleichkamen, internationale Dimensionen, und die Verbände der Black Panthers wuchsen rasant an. Newton schaffte es in der Folgezeit, seine CIA-Akte einzusehen: Er wurde auf einer Abschussliste geführt. Dies legt die Vermutung nahe, dass der Vorfall vom Oktober 1967 eine missglückte Mordattacke gegen ihn war.[17]

---

[16] Vgl. ebd., S. 29 ff., 42 ff.

[17] Vgl. Newton: War against the Panthers, S. 43, 93 ff.

Kapitel 2
1968: Der Geheimdienst ermordet Martin Luther King

»Ich bin davon überzeugt, dass der Vietnamkrieg einer der ungerechtesten Kriege ist, die jemals auf diesem Planeten ausgefochten wurden. … Den militärisch-industriellen Komplex hingegen hat er gestärkt. … Jedes Mal, wenn wir einen Menschen töten, geben wir unvorstellbare 500 000 Dollar aus, während wir gerade mal 53 Dollar im Jahr für einen armen Menschen auszugeben bereit sind. … Und junge schwarze Menschen, junge weiße Menschen werden dazu gezwungen, in Solidarität nebeneinander zu kämpfen, um brutal zu töten.«

Martin Luther King, 1968

Martin Luther King Jr., der, was den Bürgerrechtskampf betrifft, zunächst eine gänzlich andere Herangehensweise gewählt hatte als die Black Panthers, näherte sich ihnen 1968 an. 1964, dem Jahr, in dem er den Friedensnobelpreis erhielt, hatte er fast eine ganze Dekade gewaltfreien Einsatz für Bürgerrechte hinter sich, dennoch war er ein unerbittlicher Kämpfer für das Wahlrecht, welches vielen Schwarzen im amerikanischen Süden noch verwehrt wurde. Die Kundgebungen und Märsche zur Beendigung der Rassentrennung führten zu etlichen Verhaftungen sowie zu körperlichen Angriffen der Polizei auf die Demonstranten. Inzwischen veröffentlichte Geheimdienstdokumente deckten auf, dass die CIA und das FBI versuchten, den sich radikalisierenden Martin Luther King aus dem Verkehr zu ziehen. Man erklärte ihn zum größten afroamerikanischen Staatsfeind.[18]

Die Frage, was während dieser Zeit am meisten zur Umsetzung der Bürgerrechtsgesetze (Civil Rights Acts) beigetragen hatte, wurde von vielen Historikern untersucht. Die beiden Soziologen Piven und Cloward sind sich sicher, dass es die vielen Aufstände aufgrund der enormen Gewalt weißer Rassisten waren. 1963 wurde beispielsweise der Sekretär der NAACP brutal niedergeschossen, ebenso ein schwarzer und zwei jüdische SNCC-Aktivisten. Daraufhin gab es immer mehr Aufstände in den von Schwarzen bewohnten Gebieten.

Militante Rassisten bedienten sich weiterer Mittel, um Gewalt gegen die schwarze Bevölkerung auszuüben. Alleine von Juni bis Oktober 1964 wurden in Mississippi 24 Bombenanschläge auf Kirchen der schwarzen Bevölkerung verübt. Im Jahr zuvor gab es laut Justizministerium 1412 Demonstrationen. Dokumentiert ist eine landesweite Serie an Aufständen infolge von Polizeigewalt bei friedlichen Kundgebungen. Betroffen waren vor allem schwarze Führungspersönlichkeiten. Die größten Demonstrationen des Jahres 1964 fanden in New York, Chicago, Maryland, Philadelphia und New Jersey statt. Im November 1963, kurz vor seiner Ermordung, hatte John F. Kennedy die Bürgerrechtsgesetze initiiert, entweder als Reaktion auf die vergangenen Aufstände oder tatsächlich aus wahrem Humanismus. Der Kongress verabschiedete die Gesetze, bevor Präsident Johnson sie dann im Juli 1964 unterzeichnete.

---

[18] Vgl. Carson: Malcolm X, S. 17

Trotz Verhaftungen und schweren körperlichen Attacken, die Martin Luther King über sich ergehen lassen musste, rief er zum gewaltfreien zivilen Ungehorsam auf. Aber er verstand auch die Demonstranten und verteidigte ihre Taten, als er sagte: *»Ein Aufstand ist die Sprache der nicht Erhörten.«*[19] Nach einem der größten und gewaltsamsten Aufstände, der in Detroit stattfand, wurden bis zu 500 Schwarze vernommen. Die meisten beriefen sich auf Martin Luther King, jüngere Aktivisten, etwa aus dem SNCC, wurden hingegen deutlich seltener benannt.[20]

Martin Luther King am 27. April 1967, etwa ein Jahr vor seiner Ermordung, bei einer Rede gegen den Vietnam-Krieg auf dem Campus der University of Minnesota

Nach Kings Tod nahmen seine Witwe Coretta Scott King und die meisten seiner erwachsenen Kinder William Pepper zum Anwalt. Pepper arbeitete vormals als Journalist in Vietnam. Seite an Seite mit Martin Luther King war er zum Aktivisten geworden. Anschließend besuchte er die juristische Fakultät. Zunächst

[19] Zit. wie Killian: The Impossible Revolution?, S. 601
[20] Vgl. Pepper: Orders to Kill, S. 446

glaubte er noch selbst an die offizielle Version eines Attentats auf King. 1977 wurde er dann vom Bürgerrechtler Ralph Abernathy gefragt, ob er nicht James Earl Ray vertreten wolle, welcher eine lebenslange Haftstrafe verbüße, weil er King angeblich erschossen habe. Abernathy glaubte, dass durch Peppers Ermittlungen die Verschwörer hinter dem Mordfall enttarnt werden könnten. Pepper übernahm den Fall und veröffentlichte seine Erkenntnisse 1995 in dem Buch »Orders to Kill«. Es beinhaltet Geheimdienstdokumente, Aussagen von Regierungsinformanten und andere Hinweise, die belegen, dass es sich bei der Ermordung tatsächlich um eine Verschwörung amerikanischer Geheimdienstkreise gehandelt hatte. In der Einleitung schreibt Kings Sohn Dexter Scott, dass die Ermordung aus mehreren Gründen inszeniert wurde. Das Hauptmotiv sei gewesen, die Bürgerrechts- und Antikriegsarbeit zu stoppen. Außerdem wollte man verhindern, dass eine Koalition mittelloser Menschen vor dem Weißen Haus aufmarschierte, um sich dort, womöglich um Kriegsgelder zurückzuverlangen, zu verschanzen. Ein weiterer Grund könnte Kings Einfluss auf die Präsidentschaftswahlen von 1968 gewesen sein. Pepper und seine Kollegen fanden heraus, dass sogar die Mafia mit ins Boot geholt wurde, um bei dem Attentat zu helfen.[21]

Pepper veröffentlichte auch Fotos, die einen CIA-Beamten zeigen, der sich genau zum Zeitpunkt des Anschlags im Hinterhof von Kings Wohnhaus wegzuducken scheint. Die Regierung aber behauptete, James Earl Ray, ein vorbestrafter Krimineller, hätte King aus dem Balkonfenster des gegenüberliegenden Hauses erschossen. Ein weiteres Foto zeigt den schwarzen Undercover-Agenten Marrell McCollough, wie er nur wenige Sekunden nach den Schüssen zu Martin Luther King eilt. Er war der Erste, der

---

[21] Vgl. Carson: Malcolm X, S. 17; Pepper: Orders to Kill, S. 82; D'Eugenio/Pease: The Assassinations, S. 432 ff.

sich zu ihm niederkniete, nach Lebenszeichen suchte, um kurz darauf seinen Tod festzustellen.[22]

Zwei Scharfschützen der Spezialeinheit Green Berets erzählten unabhängig voneinander, dass sie damals auf dem Dach des Zentralen Eisenbahngebäudes positioniert waren, andere Scharfschützen an zwei weiteren Standorten. Sie alle bestätigten, sie seien beauftragt worden, auf Martin Luther King und seinen Assistenten Andrew Young zu zielen und auf den Schießbefehl zu warten. Einer der Schützen stellte Pepper sogar eine Kopie bereit, auf welcher der Befehl des Militärdienstes für diesen Tag verzeichnet war, was beweist, dass der Militärgeheimdienst seine Hilfe beisteuerte. Das Dokument wurde auch durch andere, die im Pentagon arbeiteten, bestätigt.[23] Pepper erläutert, dass die Offiziere der Spezialeinheit Special Forces Group (SFG) 1965/66 grenzübergreifende verdeckte Operationen in Vietnam durchführten und dass 1967 Oberbefehlshaber der amerikanischen Streitkräfte gemeinsam mit dem Nachrichtendienst der Armee und Mitarbeitern von CIA und FBI gegen innerstädtische Unruhen vorgingen. SFG-Scharfschützen wurden Bilder von militanten Schwarzen und Führungspersonen in den Gemeinden gezeigt, die bei passender Gelegenheit, etwa bei Unruhen, eliminiert werden sollten.[24]

Coretta Scott King und ihre Kinder, die selbst auch zu versierten schwarzen Führungspersönlichkeiten heranreiften, halfen William Pepper bei seinen Veröffentlichungen. Die Klage der Familie gegen den Restaurantinhaber Lloyd Jowers und seine Mitverschwörer wurde dann 1999 vor Gericht gebracht und über

---

[22] Vgl. Pepper: Act of State, S. 12. McCollough war ein Agent der Polizei von Memphis, der zudem für den militärischen Geheimdienst arbeitete. Vgl. ebd., S. 424 f.

[23] Vgl. Pepper: Orders to Kill, S. 424 f. sowie Act of State, S. 72 ff., 129 ff., 283 ff.

[24] Vgl. Pepper: Act of State, S. 66 f.

siebzig Zeugen bei dem Prozess unter Eid befragt. Pepper präsentierte rund 4000 Seiten an Dokumenten, die auch freigegebene Regierungsnachrichten beinhalteten.[25] Seine Ermittlungsergebnisse wurden zunächst nur in Großbritannien veröffentlicht. Im September 1989 strahlte die BBC einen Dokumentarfilm über Martin Luther King aus, in dem der Fahrer des Mafia-Bosses Sam Giancana, Myron Billet, berichtete, er sei Zeuge eines Millionen Dollar schweren Angebots von FBI und CIA an die Gangsterbosse aus Chicago und New York gewesen, das sie allerdings ablehnten. Ein anderer Zeuge, James »Ricco« Kimbel, der für das FBI und die CIA mit der Mafia Kontakt aufgenommen hatte, erzählte, dass er mit Mafia-Bossen zusammenarbeitete, um die Ermordung von King durchzuführen. Hierfür wurden zwei Scharfschützen der Armee nach Memphis eingeflogen.[26]

1993 stimmte William Pepper zu, James Earl Ray, den als Kings Mörder Angeklagten, in einer Fernsehsendung zu verteidigen. Die Wahrheit ist, dass Ray nie wirklich vor Gericht kam. Bei dem Fernsehprozess befand die Jury ihn für »nicht schuldig«. Der Prozess hatte, über zehn Tage verteilt, gut fünfzig Stunden gedauert und wurde am 4. April 1993, Martin Luther Kings 25. Todestag, ausgestrahlt. Mit Ausnahme der *NBC's Today Show* erhielt das Event praktisch keine Aufmerksamkeit in den Medien.[27]

Aufgrund der von Pepper gesammelten Beweislast entschied sich Lloyd Jowers zu einem Geständnis über seine Rolle im Mordfall Martin Luther King. Beim Fernsehsender ABC erzählte er am 16. Dezember 1993, dass er von dem Mafia-Boss Frank Liberto 100 000 Dollar für seine Mittäterschaft erhalten habe. Damit entlastete er James Earl Ray. Gestützt wurde seine Aussage von seinem damali-

---

[25] Vgl. ebd., S. 14

[26] Vgl. Pepper: Orders to Kill, S. 145 ff., 160 ff., 174

[27] Vgl. ebd., S. 301, 304 f.

gen Angestellten Willie Akin.[28] Unabhängig davon erzählte Jowers, dass drei weitere Personen in den Mord involviert waren: der Verbindungsmann zwischen Geheimdienst und Mafia, Raul Pereira, der besagte militärische Geheimdienstagent Marrell McCollough sowie der Scharfschütze Leutnant Earl Clark von der Polizei aus Memphis. Ein weiterer Zeuge gab an, gehört zu haben, wie Liberto jemandem am Tag der Ermordung am Telefon befahl, er solle King, wenn er auf dem Balkon stünde, erschießen. Der Zeuge James Milner sagte, dass ihm Jowers bestätigt habe, dass ein Strafverfolgungsbeamter den tödlichen Schuss auf Martin Luther King abfeuerte.[29]

Jowers damalige Freundin Betty Spate gestand, dass sie Jowers nur wenige Augenblicke nach der Ermordung mit einem Gewehr durch die Hintertür habe kommen sehen. Eine über lange Zeit Verbündete von Raul Pereira, Glenda Grabow, sagte unter Eid aus, dass Raul angab, er hätte Martin Luther King ermordet.[30] Sie wies zudem darauf hin, dass zwei seiner Cousins ihr erzählt hätten, dass jener zugegeben habe, er hätte etwas mit dem Mord an Martin Luther King zu tun.[31]

Weitere Zeugen bekräftigten, dass die Polizei aus Memphis bei dem Mord mit dem Geheimdienst und mit von der Mafia unter Vertrag genommenen Personen kooperierte. Zwei Kriminalbeamte beispielsweise, einer von ihnen ein Hauptmann, bezeugten, dass sie Anweisungen von oben bekamen, das normalerweise engagierte schwarze Security-Team für Martin Luther King zurückzuhalten.[32] Zwei ehemalige Geheimdienstoffiziere und andere unterstützten die 111. Sondereinheit des militärischen Geheim-

---

[28] Vgl. Pepper: Act of State, S. 323 ff.
[29] Vgl. ebd., S. 73 f., 110 ff., 137 ff.
[30] Vgl. ebd., S. 38
[31] Vgl. ebd., S. 53 ff., 122 f.
[32] Vgl. ebd., S. 73 f., 110 ff.

dienstes bei Kamera- und Tonüberwachungen vor und während des Mordanschlags.[33] McCollough arbeitete für diese Einheit, bevor er, kurz nach Kings Tod, einen Posten bei der CIA bekam.[34]

Weggefährte Martin Luther Kings und Anwalt von dessen Familie: William Pepper

Als wenn das nicht genug wäre, erschien auch noch ein Video mit einer öffentlichen Rede des Polizeiinformanten Rev. Billy Kyles, in dem er seine Rolle bei dem Mordkomplott ausplauderte. Er erzählt darin, dass er King in dessen Hotelzimmer aufgesucht habe, um ihn dann zu dem großen Balkon zu geleiten. Man hört ihn klar und deutlich sagen: »... *erst als ich mich wegbewegte, sodass er einen sauberen Schuss abfeuern konnte, kam der Schuss.*« Vor Gericht antwortete Kyles auf die Frage, wer denn seiner Meinung nach geschossen habe, er vermute, es müsse James Earl Ray gewesen sein.[35]

Der Taxifahrer Louie Ward berichtete von einem seiner Fahrgäste, der das Attentat auf King gesehen habe und auch wie kurze Zeit später ein Mann hinter einer Böschung hervorgesprungen und in ein wartendes Polizeiauto geflüchtet sei. Ward sagte weiter, sein Fahrgast habe diese Aussagen gleich zweimal bei der Polizei vorgetragen. Dieser wichtige Zeuge starb allerdings noch in der Nacht des Attentats, als er aus einem fahrenden Auto fiel oder herausgeschubst wurde. Außerdem behauptete ein Polizist, er hätte frische Fußspuren im Hinterhof des Hauses sichern kön-

33 Vgl. ebd., S. 127
34 Vgl. Pepper: Orders to Kill, S. 431
35 Vgl. Pepper: Act of State, S. 74, 142

nen, welche auch aufgenommen wurden, allerdings bei der Ermittlung keine Berücksichtigung fanden.[36] James McCraw, ein weiterer Zeuge, sagte unter Eid aus, dass Lloyd Jowers ihm die Mordwaffe gezeigt und sein Mitbewohner sie entsorgt habe. Ein unter den Teppich gekehrter FBI-Report kam ebenfalls zu dem Ergebnis, die Waffe aus den offiziellen Berichten passte nicht zu den tödlichen Projektilen.[37]

Einige der wichtigsten Aussagen kamen von Geheimdienstmitarbeitern, die ihre Beteiligung an dem Komplott zugaben. Einer berichtete etwa, er sollte als Backup-Scharfschütze der SFG King ins Visier nehmen. Nur kurze Zeit später wurde dieser ermordet, woraufhin alle anderen Schützen aus der Einheit abtauchten.[38] Ein Geheimdienstmitarbeiter, der auf dem Dach gegenüber stationiert und damit beauftragt war, Bilder der ganzen Operation zu schießen, fotografierte sowohl King, während er stürzte, als auch den Mörder. Die Bilder wurden aber einem Militäroberst übergeben, der sie unter Verschluss hielt. Sie zeigten, dass James Earl Ray nicht der Schütze war.[39]

Die Jury sprach Lloyd Jowers 1999 schuldig und fügte hinzu, dass Regierungsbehörden Teil der Verschwörung gewesen seien. Doch nahezu alle amerikanischen Medien zensierten den Prozess stark. Die *New York Times* beispielsweise brachte am 12. Oktober zwar einen Artikel über das Gerichtsurteil auf der Titelseite, redete allerdings die Ansprüche der Familie von King klein und schmälerte insgesamt die Bedeutung des Prozesses.[40]

---

[36] Vgl. ebd.

[37] Vgl. ebd., S. 30, 119 f.

[38] Vgl. ebd., S. 71 ff., 129 f.; D'Eugenio/Pease: Assassinations, S. 502 f.

[39] Vgl. Pepper: Act of State, S. 129, 283 ff.

[40] Alle Protokolle zu dem Prozess finden sich auf der Webseite der Familie King, »The King Center«; https://ratical.org/ratville/JFK/MLKACT/; James Earl Ray starb 1998 im Gefängnis und erlebte seine Rehabilitation nicht mehr. (Anm. des Übers.)

Kapitel 3

Der US-Geheimdienst inhaftiert und ermordet Black Panthers

»Der systematische Versuch, die Führungsriege der Black Panther Partei zu eliminieren, … ist nicht … weniger als die am weitesten fortgeschrittene nationale Verschwörung gegen die Schwarzen in ihrem Heimatland.«

Kathleen Cleaver, 1968

Der Vorstand der Black Panthers war felsenfest davon überzeugt, dass Martin Luther Kings Ermordung vom Geheimdienst gesteuert worden war. Dass auch sie im Fokus der Behörden standen, war ihnen ebenfalls bewusst. Ihnen drohten nicht nur Verhaftungen, sie mussten auch um ihr Leben fürchten. Später geleakte FBI-Dokumente enthüllten, dass lokale Polizeieinheiten 1967 tatsächlich instruiert worden waren, die Strategie der vorgeschobenen Verhaftungen »wegen Belästigung« gegen RAM und weitere schwarze Gruppierungen anzuwenden. Und es kam heraus, wie die Aktivisten lahmgelegt und ihnen Zeit, Geld und Freiheit genommen wurden. Zudem gab es eine Abschussliste, auf der unter anderem Huey Newton stand. Die Dokumente beweisen, dass das FBI mit der Polizei in Oakland gegen die Panthers vorging und auch in der Folgezeit mit ihr zusammenarbeitete, um schwarze Aktivisten zu stoppen.[41]

Die gewaltsamen Vorstöße stiegen proportional zum Erfolg der Black Panthers. Nachdem Huey Newton verwundet und eingesperrt worden war, konzentrierte man sich auf die anderen Anführer. Gegen Ende des Jahres 1967 gingen Bobby Seale und Eldridge Cleaver eine Allianz mit weißen Linksradikalen ein und erstellten für die Partei »Peace and Freedom« Listen zur Präsidentschaftswahl. Cleaver wurde Präsidentschaftskandidat und Tom Haydn, Mitgründer der Students for a Democratic Society, sein Vizepräsident. Wenig später wurde in die Wohnung von Eldridge Cleaver und seiner Frau Kathleen eingebrochen, alles durchwühlt und viel gestohlen. Kathleen Cleaver war Generalsekretärin der Panthers und kümmerte sich um die Öffentlichkeitsarbeit. Nur einen Monat später wurden 25 Parteimitglieder verhaftet, unter ihnen auch Seale und der Leiter des Büros, David Hilliard.[42]

Nachdem Martin Luther King ermordet und Seale wie Newton hinter Gitter gesteckt wurden, befürchtete Eldridge Cleaver, dass die Polizei jeden Vorwand nutzen würde, um Mitglieder der Panthers in Gewahrsam zu nehmen oder umzubringen. In über einhundert Städten kam es zu Aufständen Schwarzer, bei denen größere Gebiete in Flammen aufgingen. Trotz der höchsten Bevölkerungsanteile an Schwarzen blieb es in Oakland eher ruhig. Die Black Panthers hatten verbreitet, dass die Polizei Aufstände gegen sie verwenden wolle.

---

[41] Vgl. Churchill/Vander Wall: Agents of Repression, S. 44 ff. Siehe auch die Kopie eines FBI-Dokuments vom 25.08.1967 mit Strategien zur »Störung« und »Neutralisierung«. In Churchill/Vander Wall: The Cointelpro Papers, S. 92 f.

[42] Vgl. Churchill/Vander Wall: The Cointelpro Papers, S. 128; Newton: Bitter Grain, S. 68 f.

Nichtsdestotrotz schoss die Polizei am 6. April auf Cleaver und einige weitere Panthers. Dass in der Nachbarschaft jemand mit einer Schusswaffe gesehen wurde, nahm man zum Anlass, um an die tausend Schüsse auf das Haus, in welchem sich Cleaver und sein 18-jähriger Parteikamerad Bobby Hutton verschanzt hatten, abzufeuern. Zwanzig Minuten später ging das Haus in Flammen auf. Cleaver und Hutton zogen sich aus und kamen mit erhobenen Händen heraus. Sie befürchteten, sonst erschossen zu werden, da sie möglicherweise ja noch eine Waffe bei sich tragen könnten. Cleaver wurde verhaftet und eingesperrt. Bobby Hutton aber, der nur seinen Oberkörper entblößt hatte, wurde erschossen.[43]

Das FBI und die Polizei dezimierte anschließend die Black Panthers in Nordkalifornien. Ehemalige Undercover-Agenten berichteten, wie etwa George Jackson etwas angehängt wurde und er ins Gefängnis kam. Die Bücher, die er dort schrieb, »Soledad Brother« und »Blood in my Eye«, wurden für viele zur Quelle der Inspiration. Jacksons Verteidigungskomitee leitete Angela Davis, aufgrund »radikaler politischer Tätigkeiten« wurde sie in der Folge von ihrer Dozentenstelle an der UCLA (Universität von Kalifornien, Los Angeles) entbunden. Die Angriffe auf Jackson spitzten sich zu und fanden 1971 mit seiner Ermordung im Gefängnis ihren traurigen Höhepunkt.[44]

Den Anweisungen J. Edgar Hoovers folgend, sollten FBI und Polizei nun in 27 Städten weitere regionale Verbände der Panthers *»zerstören und auslöschen«*[45]. In New York lagen die Mitgliederzahlen nur wenige Monate nach der Gründung im April 1968

[43] Vgl. Newton: Bitter Grain, S. 74 ff.; Churchill/Vander Wall: The Cointelpro Papers, S. 128 f.

[44] Vgl. Churchill/Vander Wall: Agents of Repression, S. 95

[45] Zit. wie ebd., S. 68, 399 f.

bei mindestens 400, manche Quellen sprechen von über 800. Laut Parteiführer war die Zahl noch deutlich höher, da sie innerhalb eines einzigen Monats um die 800 Mitglieder aufgenommen hätten.[46] Dies ließ das FBI aufhorchen, es bedeutete viel Arbeit für sie, um gegen das rasante Wachstum des größten Regionalverbandes der Panthers vorzugehen.

Die New Yorker Polizei verfügte über eine speziell ausgebildete Sondereinheit, die gegen linkspolitische Gruppierungen eingesetzt wurde, das Bureau of Special Services (BOSS). Lieutenant Angelo Galante wurde nun von der Regierung damit beauftragt, eine neue Einheit aufzustellen, welche sich auf die Überwachung der Panthers fokussieren sollte. Galante, ehemals Mitarbeiter des Office of Strategic Services (OSS), das sich später zur CIA entwickelte, war Spezialist für den Kampf gegen Guerilla-Krieger hinter feindlichen Linien, damit war klar, welche Gefahr die Panthers in den Augen des Geheimdienstes darstellten.[47] Als Erstes nahm Galantes BOSS-Einheit Massenverhaftungen bei einem Verband aus Manhattan vor, der sich aus dem SNCC gegründet hatte. Zu den Vernehmungen wurden die Männer von einem Trupp Polizisten »außer Dienst« empfangen und im Gerichtsgebäude mit Schlagstöcken und Totschlägern brutal zusammengeschlagen. Außerdem wurden Panthers aus Brooklyn mithilfe von Undercover-Agenten in die Falle gelockt. Hierzu zählte auch der Freund von Afeni Shakur, Thomas McCreary, den Tupac in seinem Lied »Words of Wisdom« erwähnt. Mindestens sechs BOSS-Undercover-Agenten kamen zu den Black Panthers in Harlem und der Bronx, einige halfen sogar bei der Gründung der Verbände. Außerdem trat mindestens einer der Organisation für die Afroamerikanische Einheit (OAAU) von Malcolm X bei.

[46] Vgl. Newton: Bitter Grain, S. 174, 176; Zimroth: Perversions of Justice, S. 46

[47] Vgl. Kempton: The Briar Patch, S. 57; Newton: Bitter Grain, S. 176

Der Vater von Lumumba, Saludine Abbah Shakur, war der Erste, der den Namen Shakur – Arabisch für »der Dankbare« – annahm, das war Anfang der 60er-Jahre. Er lebte zu der Zeit in Harlem und war von Beginn an bei der OAAU dabei. Lumumba und sein Jugendfreund Sekou Odinga folgten kurze Zeit später seinem Beispiel. Odinga war der Gründer des Panthers-Verbandes in der Bronx und Lumumba von dem aus Harlem. Abbah trat gemeinsam mit seinem adoptierten Sohn Mutulu Shakur der Partei RAM bei und initiierte einen Verband der Panthers, basierend auf dieser Bewegung.[48] In den 60ern streiften viele Aktivisten ihren, wie sie es nannten, »Sklaven-Namen« ab und benannten sich nach afrikanischen Unabhängigkeitskämpfern.[49]

Die Polizei wiederholte unterdessen ihre Strategie, welche sie bereits 1968 bei Newton und Seale angewandt hatte: Im November 1968 wurde Lumumba Shakur verhaftet, als er für Sekou Odinga die Kaution stellen wollte.[50] Die Anschuldigungen gegen Odinga lauteten, er sei in einem gestohlenen Fahrzeug gefahren, habe eine Waffe mit sich getragen und wolle eine Bank in Stamford, Connecticut, ausrauben. Es war offensichtlich, dass keiner dieser Anklagepunkte zu einer Verurteilung führen würde.[51]

Afeni Shakur spricht in ihrer Autobiografie davon, wie sie es nicht glauben konnte, dass diese Verhaftungen rechtens waren. Sie wurde einst von der schwarzen Gemeinde ihrer Heimatstadt Lumberton, North Carolina, dazu ermutigt, sich dem Ku-Klux-

---

[48] Vgl. Look for me in the Whirlwind, S. 241 f., 264 f.

[49] Lumumba wählte seinen Vornamen nach Patrice Lumumba, Präsident des Kongo, der gelobte, sein Land von den Belgiern zu befreien. Vgl. Stockwell: In Search of Enemies, S. 172. Sekou Odinga übernahm seinen Vornamen von Sékou Touré, einem Aktivisten der Arbeiterbewegung, der 1958 marxistischer Präsident von Guinea wurde. Vgl. The New Columbia Encyclopedia, S. 2768

[50] Vgl. Zimroth: Perversions of Justice, S. 46

[51] Vgl. Newton: Bitter Grain, S. 180 f.

Klan entgegenzustellen. Als 13-Jährige kam sie 1960 nach New York und schloss sich dann 1968 den Panthers an. Im selben Jahr gewann sie einen angesehen Journalistenpreis. Bald darauf heiratete sie Lumumba. Sekou Odinga sah sie als dessen Mentor an und beschrieb ihn als *»wundervolle und edle Persönlichkeit«*[52].

In der Zwischenzeit, so berichtet Eddie Conway, der Bezirkschef der Panthers aus Baltimore, Maryland, sei die National Security Agency (NSA) zum geheimen Counterintelligence Program des FBI hinzugestoßen. In »The Greatest Threat« beschreibt Conway, wie die NSA, deren Stützpunkt Fort Meade ganz in der Nähe war, den verdeckten Ermittler Warren Hart damit beauftragte, den Verband der Black Panthers in Baltimore zu gründen. Hart bildete mit einigen Kollegen das Gründungsteam, bevor die echten Aktivisten beitraten. Conway sagte, er habe als *»Sicherheitschef in Maryland agiert und konnte ihn dadurch als Provokateur entlarven«.*[53] Weiterhin hätte Hart mit seinen Kollegen eine Fake-Partei, die White Panthers, in Baltimore gegründet. Das Ziel der NSA war offensichtlich, radikale Aktivisten anzulocken, um sie dann leichter verhaften zu können. Conway führte an, wie *»im Jahre 1969 sechs Panthers dafür verhaftet wurden, als sie angeblich Polizisten angegriffen hatten, welche einen weiteren, siebten Panther in Gewahrsam nehmen wollten. Dieser Panther wurde später von der Baltimore Sun als Polizei-Mitarbeiter enttarnt.«*[54]

Nachdem Eddie Conway die Rolle der NSA bei den Panthers in Baltimore aufgedeckt hatte, wurde er von den Agenten des COINTELPRO gnadenlos verfolgt. Sie verhafteten ihn an seinem Arbeitsplatz, beschuldigten ihn des Polizistenmordes und des versuchten Mordes an zwei weiteren Polizisten. Während

---

52 Look for me in the Whirlwind, S. 292
53 Conway: The Greatest Threat, S. 55
54 Ebd., S. 126 f.

Conway auf den Prozess wartete, ordnete ein Richter allerdings seine Freilassung an, da es keinerlei Anhaltspunkte für die Beschuldigungen gab. Dennoch wurde Conway weiter festgehalten, lediglich die Zelle sollte er wechseln. Sein neuer Zellengenosse Charles Reynolds arbeitete für die Regierung. Er sagte aus, Conway hätte ihm seine Tat gestanden. Conway hingegen wusste, was für ein abgekartetes Spiel mit ihm getrieben wurde, und verweigerte jegliche Kooperation. Ermittler fanden später heraus, dass Reynolds für seine Aussage bezahlt und direkt nach dem Prozess aus dem Gefängnis entlassen wurde. Eddie Conway aber wurde ohne Anhaltspunkte oder Beweise, die seine Verbindungen zu der Tat untermauert hätten, zu einer lebenslänglichen Haftstrafe plus 30 Jahre verurteilt.[55]

---

[55] Eddie Conway wurde am 4. März 2014 nach einer verbüßten Haftstrafe von fast 44 Jahren aus dem Gefängnis in Jessup, Maryland, entlassen. (Anm. des Übers.)

Kapitel 4
Mord und Terror in Los Angeles und New York

»Rassistische Polizisten müssen auf der Stelle die Gemeinden der Schwarzen in Ruhe lassen und ihre mutwilligen Morde und ihre Brutalität einstellen. Ansonsten werden sie unter dem Zorn der bewaffneten Menschen zu leiden haben.«

Alprentice »Bunchy« Carter, 1969

Kurz nachdem die Black Panthers in Oakland gegründet wurden, formierte sich auch in Los Angeles ein Verband, dessen Mitglieder sich bald ebenfalls mit den neuen Strategien des FBI konfrontiert sahen. M. Wes Swearingen, der ehemals bei COINTELPRO tätig gewesen war, beschrieb die tödliche Maschinerie seiner Einheit: Das FBI habe verdeckte Agenten, sogenannte »Informanten«, innerhalb der United Slaves Organization, einer nationalistischen Gruppierung von Schwarzen, dafür bezahlt, die Führer der Black Panthers in L. A., Alprentice »Bunchy« Carter und John Huggins, zu ermorden. Die beiden Aktivisten wurden im Januar 1969 auf dem Campus der UCLA erschossen, angeblich von George und Larry Stiner. Dass Undercover-Agenten vom FBI als »Informanten« bezeichnet wurden, sollte die Art der Zusammenarbeit und die heimtückischen Ziele verschleiern.[56]

[56] Vgl. Swearingen: FBI Secrets, S. 82 ff.

Es gibt weitere Whistleblower, die so mancherlei ans Tageslicht brachten, Louis Tackwood beispielsweise, Geheimagent der Polizei aus Los Angeles. Er überbrachte Geld, Waffen, Drogen und Befehle an den Führer der United Slaves, Ron Karenga, der die Angriffe auf die Panthers anführen sollte.[57] Tackwood machte seine Aussagen vor Gericht und vor einem Geheimdienstausschuss des Senats. Sie wurden mithilfe eines Lügendetektors überprüft. So wurden einige Unstimmigkeiten im Leben von Ron Karenga, die seinem Ruf als Revolutionär entgegenstehen, aufgedeckt. In einem Artikel des *Wall Street Journal* wurden zudem seine Besitztümer, zum Beispiel einige Tankstellen, erwähnt und darauf hingewiesen, dass er Verbindungen zum Bürgermeister von Los Angeles, zu den Rockefellers, zu Gouverneur Ronald Reagan und zum Polizeichef unterhielt.[58] Die These, es handelte sich lediglich um eine Hetzkampagne gegen Karenga, wurde später widerlegt.[59] Nach den Morden an Huggins und Carter wurden vier weitere Mitglieder der Black Panthers von FBI-Informanten unter den United Slaves ermordet.[60]

Ron Karenga (geb. 1941 als Ronald McKinley Everett): Revolutionär oder Maulwurf in den eigenen Reihen?

Die Debatte, ob es sich bei den United Slaves um eine ernstzunehmende kulturelle Gruppierung schwarzer Nationalisten handelte oder um eine FBI-Tarnung, ist von immenser Bedeutung. Nach den Morden an Hug-

57 Vgl. Newton: Bitter Grain, S. 97
58 Vgl. ebd., S. 95 ff.
59 Der ehemalige Panther George Edwards berichtete im persönlichen Interview am 24. Juli 2007, dass er an ein Dokument des Geheimdienstes gelangen konnte, welches verschiedene Treffen von Karenga und Gouverneur Reagan belegt.
60 Vgl. Swearingen: FBI-Secrets, S. 82 f.

gins und Carter übernahm Elmer »Geronimo« Pratt die Führung der Panthers in Los Angeles. Einige Jahre später erklärte er, man könne nicht alle United Slaves dafür verantwortlich machen, dass sie vom FBI infiltriert worden waren. Ein Undercover-Agent bei den Panthers habe einem United-Slaves-Mitglied ins Gesicht geschlagen, was zu den Morden an Huggins und Carter geführt habe.[61]

Strittige Person: Elaine Brown, einzige Frau in einer Führungsfunktion bei den Black Panthers

Eine etwas detailliertere Beschreibung von jenem Undercover-Agenten folgte später, und Kathleen Cleaver half ihm, diese publik zu machen. 1968 habe er als Security-Wachmann bei einer Rede von Eldridge Cleaver an der UCLA erlebt, wie eine völlig aufgelöste junge Frau namens Elaine Brown ans Tor gerannt kam, die zu Cleaver wollte. Nach einer Rücksprache mit Cleaver wurde sie durchgelassen. Nur kurze Zeit später sei sie schon mit ihm ins Bett gestiegen. Auch mit John Huggins, dessen Frau Ericka schwanger war, habe sie Geschlechtsverkehr gehabt. Pratt meinte, dass er Elaine Brown gegenüber sehr misstrauisch war. Pratts Bericht zufolge war der Streit zwischen den Panthers und den United Slaves sorgfältig geplant gewesen. Elaine Brown sei es gewesen, die ein Mitglied der United Slaves, mit dem sie ebenfalls Geschlechtsverkehr hatte, geschlagen habe, um anschließend zu Huggins zu eilen und ihm zu erzählen, sie wäre von dem Mann angegriffen wor-

[61] Human Rights in the United States: The Unfinished Story, Current Political Prisoners/Victims of Cointelpro, Issue Forum, U.S. Congressional Hearing, 14.9.2000, 13:25 Uhr Rayburn House Office Building, Washington, D.C. Raum 2000

den. Huggins habe daraufhin seine Waffe gezogen und auf ihn geschossen, der wiederum zurückschoss und Huggins und Carter tötete. Browns Angaben vor Gericht, George Stiner und sein Bruder Larry seien die Schützen gewesen, waren demnach falsch. Pratt war sich sicher, dass Elaine Brown selbst als Undercover-Agentin beauftragt war, Schäden bei den Panthers anzurichten. Er versuchte sie danach aus allen Verbänden zu verbannen.[62]

Der FBI-Whistleblower M. Wes Swearingen berichtete hingegen, die Stiner-Brüder seien Informanten gewesen und hätten auf der Gehaltsliste des FBI gestanden. Die Morde an Carter und Huggins seien tatsächlich von ihnen begangen worden. Swearingen stellte klar, dass *»Darthard Perry, der selber zugegeben hatte, ein Informant gewesen zu sein, … bei einem Gerichtsverfahren der Black Panthers gegen die Regierung eine Eidesstattliche Erklärung abgegeben hatte, er würde die Mörder der Panthers von den United Slaves kennen, und diese seien ebenfalls vom FBI gewesen«.*[63] 1969 kamen die Stiners in Haft. Perry behauptete, das FBI habe 1974 ihren Ausbruch arrangiert, und sie hätten nie wieder ein Gefängnis von innen gesehen.[64] Auch George Edwards sagte im Interview, er könne nicht glauben, dass die Zwillingsbrüder ohne Regierungshilfe aus dem Gefängnis entkommen seien.

Die meisten Quellen stimmen also darin überein, dass der Geheimdienst hinter den Morden an Huggins und Carter steckte. Widersprüchliche Angaben betrafen nur die Personen bzw. Gruppen, welche die Verantwortung zu tragen hatten. Viele waren sich einig, dass das FBI seine mörderischen Operationen mittels Unterwanderung der United Slaves so durchgezogen hat-

---

62 Vgl. https://drumsintheglobalvillage.com/2007/05/09/was-elaine-brown-an-agent/ (abgerufen am 01.11.2021)
63 Swearingen: FBI Secrets, S. 82 f.
64 Vgl. ebd.

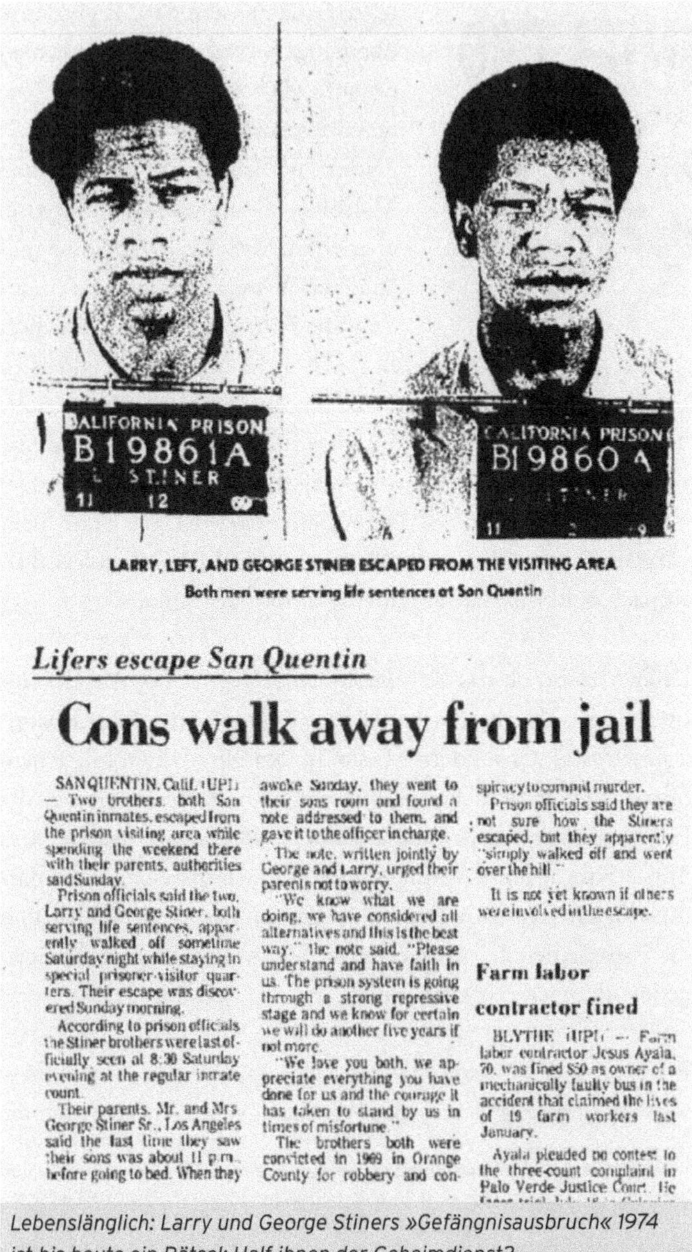

CALIFORNIA PRISON
B19861A
STINER

CALIFORNIA PRISON
B19860 A

LARRY, LEFT, AND GEORGE STINER ESCAPED FROM THE VISITING AREA

Both men were serving life sentences at San Quentin

Lifers escape San Quentin

Cons walk away from jail

SAN QUENTIN, Calif. (UPI) — Two brothers, both San Quentin inmates, escaped from the prison visiting area while spending the weekend there with their parents, authorities said Sunday.

Prison officials said the two, Larry and George Stiner, both serving life sentences, apparently walked off sometime Saturday night while staying in special prisoner-visitor quarters. Their escape was discovered Sunday morning.

According to prison officials the Stiner brothers were last officially seen at 8:30 Saturday evening at the regular inmate count.

Their parents, Mr. and Mrs. George Stiner Sr., Los Angeles said the last time they saw their sons was about 11 p.m. before going to bed. When they awoke Sunday, they went to their sons room and found a note addressed to them, and gave it to the officer in charge.

The note, written jointly by George and Larry, urged their parents not to worry.

"We know what we are doing, we have considered all alternatives and this is the best way," the note said. "Please understand and have faith in us. The prison system is going through a strong repressive stage and we know for certain we will do another five years if not more.

"We love you both, we appreciate everything you have done for us and the courage it has taken to stand by us in times of misfortune."

The brothers both were convicted in 1969 in Orange County for robbery and conspiracy to commit murder.

Prison officials said they are not sure how the Stiners escaped, but they apparently "simply walked off and went over the hill."

It is not yet known if others were involved in the escape.

Farm labor contractor fined

BLYTHE (UPI) — Farm labor contractor Jesus Ayala, 70, was fined $50 as owner of a mechanically faulty bus in the accident that claimed the lives of 19 farm workers last January.

Ayala pleaded no contest to the three-count complaint in Palo Verde Justice Court. He

Lebenslänglich: Larry und George Stiners »Gefängnisausbruch« 1974 ist bis heute ein Rätsel: Half ihnen der Geheimdienst?

Divide et impera: Das FBI behielt beim Aufbruch der schwarzen Bürgerrechtler lange die Fäden in der Hand

te, dass die meisten der Mitglieder es überhaupt nicht bemerkten. Als man es auf Malcolm X abgesehen hatte und sowohl Elijah Muhammads Nation of Islam (NOI) als auch Malcolms Gruppierung infiltrierte, operierten die Geheimdienste auf ähnliche Weise. Auch in der Zeit, als Pratt die Führung der Black Panthers in Los Angeles übernahm, kam es zu Mordattacken durch Undercover-FBI-Agenten, die bei den United Slaves operierten. Vergeltung aber gab es kaum, offenbar weil sich Pratt nicht auf die »Teile und herrsche«-Strategie[65] des FBI einlassen wollte, wonach sich Schwarze gegenseitig umbringen sollten.

Unklar bleibt, ob das FBI die United Slaves in Los Angeles initiierte oder eine bereits bestehende Gruppierung mit Geheimagenten zu unterwandern wusste. In den 90er-Jahren folgte man offenbar einer ähnlichen Strategie, als Undercover-Agenten des FBI bei Death Row Records arbeiteten, dem Musiklabel, bei dem Tupac Shakur unter Vertrag stand. Indizien sprechen dafür, dass diese Agenten instruiert waren, im ganzen Land gegen Tupac und die Rap-Gemeinde vorzugehen, und dabei in viele gesetzeswidrige Handlungen involviert waren.

FBI-Agenten wurden offenbar bei den United Slaves eingeschleust, um zeitgleich zu den Angriffen in Los Angeles auch die

---

[65] Die lateinische Redewendung »Divide et impera«, zu Deutsch »Teile und herrsche«, bezeichnet eine militärische, politische oder auch rhetorische Strategie, die auf eine Spaltung des gegnerischen Lagers zielt. Der grundlegende Gedanke ist, dass isolierte bzw. verfeindete Fraktionen leichter bezwungen werden können.

New Yorker Panthers zu attackieren. Der Informant Perry sagte, Claude Hubert etwa habe die United Slaves in Los Angeles infiltriert, damit er dort einige Panthers umbringen konnte, und sei nach erfolgreicher Mission in New York eingesetzt worden.[66] Hinzu kommt, dass am 17. Januar 1969, also an genau jenem Tag, an dem Huggins und Carter in Los Angeles ermordet wurden, Schüsse auf den Vorstand der Panthers in der Bronx fielen. Sekou Odinga und zwei weitere Mitglieder parkten ihr Auto in der Nähe des Harlem River, als sie von der Polizei angegriffen wurden. Sekou und Kuwasi Balagoon konnten entkommen, während die 19-Jährige Joan Bird aufgegriffen, verhaftet, aufs Revier gebracht und dort verprügelt wurde.[67] Außerdem feuerte am selben Tag der Polizeiagent Ralph White im Büro der Black Panthers seine Schusswaffe ab, als auch Lumumba Shakur, der Anführer der Panthers aus Harlem, vor Ort war.[68]

Diese Angriffe im Januar, welche an beiden Küsten des Landes von verschiedenen FBI-Agenten durchgeführt wurden, erscheinen als Höhepunkt der Strategie, die Führung der Black Panthers in Los Angeles und New York in die Ecke zu drängen und letztlich zu eliminieren. Der Polizeiangriff auf Balagoon, Odinga und Bird war Teil einer sorgfältig ausgearbeiteten Verschwörung vom FBI und von BOSS gegen die New Yorker Panthers. Die Polizei stellte die Behauptung auf, sie hätte den Versuch der drei vereitelt, Polizisten, die das Revier verließen, zu erschießen. Diese Angabe ist unglaubwürdig, da die Panthers sich einen halben Kilometer vom Revier entfernt aufgehalten und keine Zielfernrohre bei sich getragen hatten.[69] Es scheint außerdem mehr als

---

[66] Vgl. Newton: War against the Panthers, S. 81, 101 f.

[67] Vgl. Kempton: The Briar Patch, S. 77 f.; Zimroth: Perversions of Justice, S. 179 ff.; Newton: Bitter Grain, S. 182

[68] Vgl. Zimroth: Perversions of Justice, S. 187

[69] Vgl. ebd., S. 179 ff.; Newton: Bitter Grain, S. 181 ff.; Kempton: The Briar Patch, S. 75 ff.

nur ein Zufall gewesen zu sein, dass der Anführer der United Slaves, Ron Karenga, am 17. Januar, dem Tag, als die Polizisten auch auf Odinga schossen, eine Rede als Ehrenvorsitzender eines Kulturfestivals in Harlem halten sollte. Der Geheimdienst nutzte die Rede als Begründung eines Angriffs auf die Panthers. Die Polizei behauptete, dass Odinga, Lumumba Shakur und 19 andere Panthers Bombenattentate auf Polizeireviere geplant hätten, um Karengas Besuch die Schau zu stehlen. George Edwards, der auch vor Ort war, berichtete im Interview, dass er und seine Kameraden von Karengas Security belästigt wurden. Zudem habe es verbale Attacken von Karenga gegen die Black Panthers gegeben.

Das FBI hatte die Angriffe lange im Voraus geplant. Als Erstes konnte sich Ralph White, der Undercover-Agent von BOSS, in Lumumba Shakurs Büro in Elsmere einschleusen. Shakur war in der Gemeinde beim Mieterrat und bei der Agentur für die Armutsbekämpfung der Bronx tätig. Einige Tage bevor die Polizei auf Odinga schoss, konnte der FBI-Agent Roland Hayes sein ge-

Konzertierte Aktion »Panther 21«: Verhaftungen der führenden Köpfe der New Yorker Black Panthers, darunter die Mutter von Tupac Shakur

meinsames Projekt mit White und seinem Kollegen Eugen Roberts beenden, indem er Chaos und Unruhe vor Ort stiftete. Vor Gericht und unter Druck der Anwälte musste Ralph White jedoch zugeben, dass er im Hinterzimmer von Shakurs Büro einen Schuss abgefeuert hatte. Was wollte er damit erreichen? Wollte er »versehentlich« Lumumba erschießen? Am selben Tag, als die Schüsse auf Odinga, Carter und Huggins fielen? Es schien, als wolle das FBI an ein und demselben Tag die Anführer der zwei größten Ortsverbände der Panthers hinrichten.

Mit dem fehlgeschlagenen Attentat auf die New Yorker Anführer wurde ein weiteres Kapitel aufgeschlagen. Das FBI und die Polizei nutzten den Misserfolg für sich und begannen knapp zwei Monate später mit Massenverhaftungen. Am 2. April 1969 um 5 Uhr in der Früh wurden Sekou Odinga, Lumumba und Afeni Shakur sowie weitere als »Top 21 der Black Panther« identifizierte Anführer festgenommen. Bekannt wurden sie deshalb als »Panther 21«. Sie wurden mit Hunderten von Anklagepunkten konfrontiert, von angeblichen Angriffsplänen auf das Polizeirevier bis hin zu Bombenattentatsplänen auf weitere öffentliche New Yorker Gebäude und Plätze.

Nur Sekou Odinga konnte diesem polizeilichen Kahlschlag entkommen, indem er aus seinem Fenster im dritten Stock des Gebäudes kletterte und nach Algerien flüchtete. Als er dort ankam, schloss er sich Eldridge und Kathleen Cleaver an, die vom Exil aus operierten. Die Polizei hatte Eldridge dafür verurteilen wollen, dass er auf Polizeisalven hin das Feuer erwiderte – jenes Schussgefecht, bei dem Bobby Hutton ermordet wurde. Eldridge war gegen Kaution freigekommen, und Kathleen flüchtete mit ihm in das afrikanische Land, das ihnen letztlich Asyl gewährte.

Kapitel 5
Die Anschläge auf Hampton und Pratt

»Einen Revolutionär mögt ihr einsperren, aber nicht die Revolution!
Ihr könnt einen Freiheitskämpfer durch das ganze Land jagen,
aber den Kampf für die Freiheit an sich nicht.
Ihr mögt imstande sein, einen Befreier zu ermorden,
aber die Befreiung selbst, das schafft ihr nicht!«

Fred Hampton Sr., 1970

Wie durch COINTELPRO vorgesehen, wurde der Terror des FBI gegen die Schwarzen in den Städten fortgesetzt. Am Tag, als in New York die Verhaftung der Panther 21 stattfand, leitete ein Undercover-Agent namens William O'Neil, der später noch eine Schlüsselrolle spielen sollte, einen Angriff auf die Panthers in Chicago ein. Es kam zum bewaffneten Zusammenstoß mit der größten Gang der Stadt, den Blackstone Rangers. O'Neil erhielt dafür eine Gehaltserhöhung, denn seine Provokationen beendeten den Versuch der Black Panthers, die Blackstone Rangers zu politisieren bzw. sich mit ihnen zu vereinigen.[70]

[70] Vgl. Churchill/Vander Wall: Agents of Repression, S. 66, Anm. 18 und 19

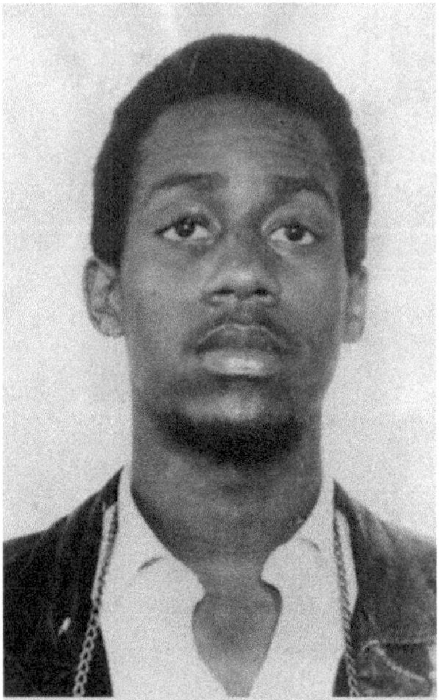

FBI-Informant William O'Neil (1949–1990). Er infiltrierte die BPP in Chicago, sabotierte deren Arbeit und war in den Mord an Fred Hampton involviert

Vor allem Fred Hampton, der charismatische Anführer der Chicagoer Black Panthers, hatte die Vereinigung angestrebt. Für das FBI und O'Neil war er ein Dorn im Auge.[71] Seine Reden sorgten dafür, dass sich viele Menschen hinter ihm versammelten, und er schaffte es, Kontakt zu anderen radikalen Gruppierungen aufzubauen. So war man darüber besorgt, dass er auch in der Lage sein könnte, sich mit den Anführern der großen, gut ausgerüsteten Gangs in Chicago zu verbünden, und dass sich durch seine Überzeugungskraft die gut 3000 Mitglieder der Blackstone Rangers zu einem neuen Verband der Black Panther Partei umorganisierten, was eine Verdoppelung der landesweiten Mitgliederzahlen bedeuten würde. Gegen Ende 1968 hatten die vierzig Verbände der BPP schätzungsweise zwei- bis fünftausend Mitglieder.[72] Die Fusionspläne waren so weit vorangeschritten, dass sich die Gang bereits in die Black P. Stone Nation umbenannt hatte.

Nachdem O'Neil über die Entwicklungen im Dezember 1968 Bericht erstattet hatte, wurden sofortige Maßnahmen ergriffen, um

[71] Im Jahr 2021 erschien die Filmbiografie »Judas and the Black Messiah« über Fred Hampton und William O'Neal. Der Film erhielt sechs Oscar-Nominierungen. (Anm. des Übers.)

[72] Die Strafverfolgungsexperten gingen von 2000 Mitgliedern bis Ende 1968 aus, die Historiker Ward Churchill und Jim Vander Wall sprachen von 5000 Mitgliedern. Nach den meisten Berichten stieg die Zahl bis 1970 deutlich an. Vgl. Churchill/Vander Wall: Agents of Repression, S. 64 f.

die Vereinigung zu unterbinden. So wurden falsche Briefe an viele der Involvierten versendet, wodurch O'Neil es schaffte, einen bewaffneten Konflikt heraufzubeschwören. Auch initiierte und verschärfte er verbale Auseinandersetzungen zwischen den Anführern. Weiterhin torpedierte er Fusionsverhandlungen mit zwei weiteren Gangs aus Chicago, den Vice Lords und den Mau Maus.[73]

Als Nächstes schädigte O'Neil den Ruf der Panthers, indem er in deren Namen Briefe mit rassistischem und vorurteilsbehaftetem Gedankengut an radikale politische Gruppierungen verschickte, etwa die Studenten für eine demokratische Gesellschaft (SDS) in Chicago, um einen Zusammenschluss zu verhindern. Die Motive und Taktiken ähneln jenen, die später gegenüber Tupac Shakur angewandt wurden, nachdem er seinen Plan, die Gangs zu politisieren, sehr weit vorangebracht hatte. Die SDS waren in den späten 1968er-Jahren mit ca. 350 Verbänden und 80 bis 100 000 Mitgliedern zu einer der stärksten Antikriegsbewegungen im ganzen Lande herangewachsen. Eine Regenbogenkoalition (»Rainbow Coalition«) zwischen den Panthers, der SDS, den Young Lords – einer lateinamerikanischen Gruppe, die sich nach dem Vorbild der Black Panthers formiert hatte und die Unabhängigkeit Puerto Ricos unterstützte – sowie einer weiteren, weißen Gruppierung wusste das FBI gleichfalls zu verhindern.[74]

Das FBI arbeitete mit der Polizeisondereinheit für Gang- und Bandenkriminalität in Chicago zusammen und rekrutierte William O'Neil, der in der Folge bei den Panthers Spionage betrieb und Sabotageakte durchführte. Er war zuvor aufgrund von kriminellen Delikten angeklagt worden und konnte sich dadurch davon befreien. Dokumente belegen, dass der Geheimdienst auch den Plattenlabel-Boss Suge Knight für seine Zwecke ein-

73 Vgl. ebd., S. 66, Anm. 15 und 16
74 Vgl. ebd., Anm. 21 und 22

spann, um gegen Tupac vorzugehen, und ihn dafür trotz seiner Verbrechen davonkommen ließ.[75]

Nur selten wird thematisiert, wie groß das Potenzial der Black Panthers war, Gangs zu politisieren, und dass dies dem FBI in vielen großen Städten enorme Sorgen bereitete. Bunchy Carter etwa hatte zuvor die mehrere tausend Mann starke Gang der Claussons angeführt. Das war wohl der Grund für seine frühe Ermordung, eine der ersten an Black Panthers verübten Mordfälle durch das FBI. Auch Lumumba Shakur und Sekou Odinga führten Gangs in New York mit an die zehntausend Mann an, bevor sie zu den Black Panthers kamen, und Afeni Shakur leitete eine Frauengang mit Verbindungen zu den anderen Gruppierungen.[76]

Lumumba berichtete später, dass der Geheimdienst zu der Zeit, als er selbst noch in Gangs aktiv war, unpolitische Gruppierungen bewusst in die Kriminalität gedrängt habe und dass die daraus resultierende Gewalt zwischen den Schwarzen eine Art Populationskontrolle darstellte. »Böse Nigger killen böse Nigger« war ein perfider Kontrollmechanismus im ganzen Land. Die Navy etwa ermöglichte Diebstähle ihrer zahllosen Waffen, indem sie die Täter einfach gewähren ließ. So sprach es sich relativ schnell herum, dass von der Brooklyn Navy Yard, einer militärischen Schiffswerft im Hafen von New York, ohne Weiteres Waffen entwendet werden konnten.[77]

Im Dezember 1969 hatte es der 21-jährige Fred Hampton in Chicago an die Spitze der landesweiten Rangliste der Panthers geschafft. Newton, Seale und die Anführer der New Yorker Panthers waren alle im Gefängnis, Eldridge und Kathleen Cleaver

---

75 Vgl. ebd., S. 64 ff., Anm. 5 und 24
76 Vgl. Look for me in the Whirlwind, S. 139 f., 148 ff.
77 Vgl. Kempton: The Briar Patch, S. 72

im Exil in Algerien. David Hilliard leitete das landesweite Büro der Partei und holte Hampton nun in das zentrale Komitee, wo Hampton, mit Geronimo Pratt als Assistenten, zum Pressesprecher befördert wurde und Einladungen erhielt, Reden zu halten, beispielsweise bei der Studierendenorganisation der Juristen, der Law Students Association an der UCLA.[78]

Auf Hampton wurde am 3. Dezember 1969 einer der brutalsten Angriffe durchgeführt. Swearingen berichtet, dass der Leiter des Chicagoer FBI-Büros Gregg York die Polizei davon überzeugte, in einer Nacht-und-Nebel-Aktion bei den Panthers aufzukreuzen, um Hampton und *»so viele weitere Panthers wie möglich«* zu ermorden.[79] Protokolle von Gerichtsverhandlungen bestätigen diese Darstellung. Nachdem das FBI eine Klage gegen die Panthers, einen Polizistenmord verübt zu haben, vorbrachte, marschierten sie nachts mit schwerem Geschütz zu Hamptons Haus und ver-

Einschusslöcher vom Polizeizugriff auf Fred Hampton Sr. Screenshot aus der Dokumentation »The Murder of Fred Hampton«, die bereits ein Jahr nach dessen Ermordung veröffentlicht wurde

[78] Vgl. Churchill/Vander Wall: Agents of Repression, S. 69, Anm. 59, 60

[79] Vgl. Swearingen: FBI Secrets, S. 88 f.

wundeten viele Menschen. Hampton wurde getötet, während er schlief. Dass er erst gar nicht wach geworden war, ließ sich wohl auf einen mit Substanzen angereicherten Drink zurückführen, den er zuvor beim Abendessen von einem verdeckten Ermittler bekommen hatte.[80]

Für die Verschleierung der Aktion erhielt Richard G. Held als Belohnung den Chefposten der FBI-Direktion in Chicago. Sein Sohn Richard W. Held leitete die FBI-Einheit des COINTELPRO in Los Angeles und führte die Angriffe dort an. Erst nach vielen Jahren entschied ein Bundesrichter, dass die Operation als ein Komplott des FBI gewertet werden musste, die Überlebenden wurden mit knapp zwei Millionen Dollar entschädigt.[81]

Richard W. Held leitete nur wenige Tage später auch einen Mordanschlag in Los Angeles auf Geronimo Pratt, einen hochdekorierten Vietnam-Kriegsveteran. Offensichtlich wurde der als weiterer Gefahrenherd angesehen. Scharfschützen zielten durchs Fenster auf Pratts Bett. Der schlief jedoch auf dem Fußboden und blieb unverletzt. Er wurde aber verhaftet, da er einen Flüchtling beherbergt haben sollte.[82] Held nahm in der Folgezeit die Umweltaktivistin Judi Bari sowie Huey Newton und später Tupac ins Visier.

---

80 Vgl. Churchill/Vander Wall: Agents of Repression, S. 73, 403 f.

81 Vgl. ebd., S. 77, Anm. 128

82 Vgl. ebd., S. 79, 80 f., 84, 213 f.; Churchill/Vander Wall: Cointelpro Papers, S. 225

Überwacht, attackiert, inhaftiert – prominente schwarze Bürgerrechtsaktivisten der 1960er- und 1970er-Jahre

Malcolm X
(1925–1965)

Stokely Carmichael
(1941–1998)

H. Rap Brown
(geb. 1943)

Huey Newton
(1942–1989)

Bobby Seale
(geb. 1936)

Martin Luther King
(1929–1968)

Bobby Hutton
(1950–1968)

Eldridge Cleaver
(1935–1998)

Kathleen Cleaver
(geb. 1945)

George Jackson
(1941–1971)

»Bunchy« Carter
(1942–1969)

John Huggins
(1945–1969)

Ericka Huggins
(geb. 1948)

Afeni Shakur
(1947–2016)

Fred Hampton Sr.
(1948–1969)

»Geronimo« Pratt
(1947–2011)

Lonnie McLucas
(?–1969)

Eddie Conway
(1946–2023)

Kapitel 6
Inszenierte Überfälle und geschürte Kleinkriege

Im April 1969, nur wenige Wochen nach der Verhaftung der Panther 21, erschien George Sams bei den New Yorker Panthers und gab an, vom Büro der Panthers in Oakland geschickt worden zu sein. Dokumente stützen die Behauptung, dass auch er ein FBI-Agent war. Sams besaß ein langes Vorstrafenregister und war wegen einiger psychischer Erkrankungen in ärztlicher Behandlung gewesen. Zudem war er offiziell aus der BPP ausgeschlossen worden, doch die Büromitarbeiter waren stark dezimiert, sodass sie seine Aussagen nicht überprüfen konnten.

Mitte Mai fuhr er mit Alex Rackley und ein paar anderen zu den Black Panthers nach New Haven. Ericka und John Huggins hatten hier einen Ortsverband gegründet. Nur wenige Tage zuvor hatte Bobby Seale das Büro besucht. Sams ging mit Alex Rackley in das Büro, hielt ihm die Waffe an den Kopf und befahl den Mitarbeitern, ihn sowie den New-Haven-Panther George Edwards zu fesseln, da sie Spione des FBI seien. Edwards aber wehrte sich und schaffte es irgendwie, sich zu retten, während Rackley tödlich getroffen wurde.[83]

[83] Persönliches Interview mit George Edwards, 08.07.2000. Vgl. auch Newton: Bitter Grain, S. 164 f.; Churchill/Vander Wall: The Cointelpro Papers, S. 25

Huey Newton verkündete auf der nachfolgenden Pressekonferenz, dass George Sams ein FBI-Agent gewesen sei.[84] Die Geschehnisse verweisen darauf, dass er damit recht hatte. Zunächst suchte Sams weitere Panther-Büros auf – angeblich auf der Flucht vor der Polizei und dem FBI. Unter dem Vorwand, ihn festnehmen zu wollen, fanden Razzien in mehr als acht Büros im ganzen Land statt – und zwar jeweils dort, wo Sams kurz zuvor aufgetaucht war. Hierzu zählten auch die Überfälle, bei denen Hampton ums Leben kam und Pratt erschossen werden sollte. Einem Bericht zufolge marschierte der bewaffnete Sams in Chicago direkt durch die Polizeiabsperrung. Die Verhaftung von Black Panthers in vielen Städten wurde damit begründet, sie hätten dem »Flüchtigen« Unterschlupf gewährt. Groteske Gerichtskosten trieben nun die meisten der Verbände in den Ruin.[85]

George Sams 1971 im Zeugenstand

Als die Polizei Sams schließlich in Gewahrsam nahm, wurde nicht etwa er für die Ermordung von Alex Rackley angeklagt, sondern Bobby Seale und elf weitere New-Haven-Panthers. Und so wie die Panther 21 knapp zwei Jahre im Gefängnis auf ihre Verhandlung warteten, wurden Seale und seine Kameraden über 18 Monate festgehalten, bevor ihnen endlich der Prozess gemacht wurde. Einem Bericht zufolge war Sams der einzige vorgeladene Zeuge.

[84] Vgl. Newton: To die for the People, S. 224
[85] Vgl. Abu-Jamal: We want Freedom, S. 140

Die Staatsanwaltschaft erklärte, sie stütze ihre Anschuldigungen auf Materialien, die von einem vertrauenswürdigen, bereits *»seit über zehn Jahren im Amt weilenden Informanten«* zur Verfügung gestellt worden seien. Hierbei handelte es sich aller Wahrscheinlichkeit nach um Sams. Der Richter wies jedoch die Klagen gegen Seale und Huggins ab. Der Leiter der New-Haven-Panthers, Lonnie McLucas, wurde wegen Verschwörung zum Mord zu zwölf Jahren Gefängnishaft verurteilt. Auch Sams landete letztlich im Gefängnis. Newton war sich deshalb sicher, dass ihm das FBI nun den Rücken zugekehrt hatte. Sams erhielt lebenslang, wurde aber nach vier Jahren auf Bewährung entlassen.[86]

Das FBI nutzte verschiedene Taktiken, um Anführer der Black Panther Partei gegeneinander aufzuhetzen. Einige von ihnen ins Gefängnis zu stecken, brachte dabei den erhofften Erfolg. Während Huey Newton im Gefängnis saß, stiftete man etwa mithilfe von Undercover-Agenten und gefälschten Briefen Streit zwischen ihm und anderen Panthers. Die Strategie war, einen Kleinkrieg anzuzetteln und die Panther 21 von der Ostküste gegen die Panthers in Oakland, also der Westküste, aufzuwiegeln. Mittel zum Zweck waren auch hier gefälschte Briefe sowie Maßnahmen, die Huey Newton und Eldridge Cleaver gegeneinander ausspielten. Die Mainstream-Medien halfen dabei maßgeblich mit.[87] Auch Afenis Gruppe wurde von den Panthers aus Oakland getrennt. Die großen Medienanstalten berichteten von einem regelrechten »Eastcoast-Westcoast-Krieg«. Diese Taktik wurde später, in den 90er-Jahren, auch bei Tupac und anderen Rap-Größen angewandt.[88]

---

[86] Vgl. Churchill/Vander Wall: The Cointelpro Papers, S. 360, Anm. 113, 114, 118

[87] Vgl. ebd., S. 149

[88] Vgl. ebd., S. 160 f., 118 f., 127

An beiden Küsten starben Panthers, und die jeweils andere Fraktion wurde dafür verurteilt, so auch der Herausgeber der Black-Panthers-Zeitung, Sam Napier. Newton wurde von Undercover-Agenten im Glauben gelassen, dass Geronimo Pratt und seine Frau Sandra sich auf die Seite von Cleaver und der Panther 21

Auch der Herausgeber der Black-Panthers-Zeitung, Sam Napier, wurde zum Opfer des FBI-gestützten Eastcoast-Westcoast-Kriegs

gestellt hätten. Der Parteiausschluss von Pratt und vielen anderen Panthers wurde wohl von Elaine Brown vorbereitet und umgesetzt. Sie war es auch, die die Nachrichten in der Zeitung *The Black Panther* veröffentlichte. Jahre später berichtete Pratt, Newton habe ihm erzählt, dass ihn Elaine Brown vor einer sehr wichtigen TV-Debatte mit Eldridge Cleaver manipuliert habe. Dies wurde Newton aber erst hinterher bewusst. Als er dann versuchte, Elaine Brown aus der Partei zu verbannen, wurde er von ihren Unterstützern daran gehindert. Während sich Pratt vor der Polizei versteckt halten konnte, wurde seine schwangere Frau Sandra ermordet.[89] Auch Kathleen Cleaver erzählt, wie sie nach ihrer Rückkehr aus dem Exil fast dem Eastcoast-Westcoast-Krieg zum Opfer gefallen sei. Die meisten der Morde in diesem Krieg gingen auf das Konto von Agenten.[90]

Während Afeni, Lumumba und Sekou Odinga im Gefängnis waren, führte nun der Bruder von Lumumba, der in New York ansässige Zayd, die Panthers der Ostküste an und arbeitete hart daran, den Konflikt zu überwinden. Als er jedoch einige Kameraden ermordet auffand und die Polizei ohne konkrete Begründungen weitere Panthers in Gewahrsam nahm, floh er in den Untergrund.[91]

1971 kam es zum Gerichtsprozess gegen die Panther 21. Zu diesem Zeitpunkt hatte das FBI sein Ziel, die Führung der Black Panthers zu spalten, bereits erreicht – durch landesweite Schikanen, Festnahmen und Inhaftierungen sowie Morde waren sie praktisch außer Gefecht gesetzt.

---

[89] Vgl. ebd., S. 148 ff., 362, Anm. 129-131
[90] Persönliches Interview mit Kathleen Cleaver, 11.10.2002
[91] Vgl. Shakur: Assata, S. 231

Kapitel 7
Afeni Shakur und der Prozess gegen die Panther 21

> *»Wes Geistes Kind die Black Panther Partei in der Anfangszeit war,*
> *darüber streiten sich die Historiker. Manche sagen,*
> *ihr Ausgangspunkt sei vor über vierhundert Jahren gelegt worden,*
> *als einer von euch [Weißen] die Entscheidung fällte,*
> *wir seien keine menschlichen Wesen.«*
>
> Afeni Shakur, 1970

Viele Menschen, die sich revolutionären Gruppen angeschlossen hatten, vor allem Kriegsgegner und Rassismuskritiker, flüchteten in den frühen 70er-Jahren aufgrund der FBI-Repressalien rund um COINTELPRO in den Untergrund, etwa die weißen Weathermen (auch Weather Underground Organisation). Denn auch weiße sowie andere farbige Gruppierungen erfuhren massive Unterdrückung, wenn auch nicht ganz so hart: die Young Lords, die White Panthers aus Detroit und das American Indian Movement (AIM), desgleichen sozialistische, kommunistische und anarchistische Gruppen.

Vor allem die Attacken gegen AIM waren meist äußerst brutal. Als beispielsweise deren Führer John Trudell aus Protest die amerikanische Flagge verbrannte, wurde wenige Stunden später sein

John Trudell (1946-2015), Pop-Poet und führender Aktivist der indigenen Bewegung Nordamerikas

Haus niedergebrannt, dabei kamen seine schwangere Frau, seine Schwiegermutter und seine drei kleinen Kinder ums Leben.[92]

Eine weitere Attacke errang internationale Bekanntheit, weil der Schauspieler und Produzent Robert Redford in seinem Dokumentarfilm »Incident at Oglala« darüber berichtete: Als eine Sondereinheit des FBI 1975 ein Haus in der Pine Ridge Reservation in South Dakota angriff, wurden zwei Beamte und ein AIM-Mitglied getötet. Seitdem sitzt Leonard Peltier trotz umstrittener Beweislage im Gefängnis, denn ein Bundesstaatsanwalt gab zu, dass die Regierung nicht wüsste, wer die Agenten erschossen hat. Zahllose internationale Gruppierungen und berühmte Persönlichkeiten versuchten seine Unschuld zu beweisen, allerdings ohne Erfolg.[93]

Auch weiße Amerikaner radikalisierten sich, da sie Angst hatten, in Vietnam ihr Leben opfern zu müssen. Die Führungsriege der SDS zerstritt sich allerdings 1969, weil man sich über die taktischen Mittel uneins war. Auch hier hatte das FBI seine Finger mit im Spiel. Anschließend formierte sich die militante Weathermen-Organisation.

Bürgerrechtsbewegungen und Antikriegsorganisationen fühlten sich hilflos, da ihre friedlichen Protestaktionen nicht fruchteten

[92] John Trudell war zuvor gewarnt worden, dass man seine Familie töten würde, wenn er seine Arbeit für die Rechte der Indianer nicht einstellt. Vgl. Churchill/ Vander Wall: Agents of Repression, S. 362 f. Später wurde auch er Musiker.
[93] Vgl. The Circle, 01.08.2000

und die gewaltsamen Angriffe auf sie ungeahndet blieben. So waren Reaktionäre und Rassisten verantwortlich für Hunderte von Bombenattentaten auf die Kirchen schwarzer Gemeinden und andere Gebäude sowie für Morde an Schwarzen und sich solidarisierenden Weißen. Die Schwarzen reagierten darauf mit Unruhen und Aufständen, welche teilweise als Schlüssel für die Verabschiedung der Bürgerrechtsgesetze angesehen werden. Aktivisten begannen mit Vergeltungsschlägen, indem sie Bomben auf Gebäude von Unternehmen warfen, die mit den Gräueltaten des

Weathermen-Fahndungsplakat des FBI aus dem Jahr 1972

Vietnamkrieges zu tun hatten. Hierbei wurden allerdings Opfer unter Zivilisten durch vorherige Warnungen vermieden. Auch die Weathermen verübten Bombenanschläge. Zudem nutzten sie zwar andere taktische Mittel, etwa die Veröffentlichung eigener Zeitungen und Bücher, aber nach den Attentaten auf Fred Hampton und Mark Clark brannten zahlreiche Polizeiautos in Chicago, und eine Statue wurde gesprengt. Insgesamt wird die Zahl der Bombenanschläge der studentischen Gruppierungen auf mehrere Tausend geschätzt.[94]

Die revolutionären Gruppen erfuhren mitunter Unterstützung durch Berühmtheiten, beispielsweise die Schauspieler Donald Sutherland, Jane Fonda, Marlon Brando und Jean Seberg (die dafür ganz besonders attackiert wurde), die Politiker Tom Hayden oder Shirley Chisolm oder Musiker wie John Lennon, Jimi Hendrix und den Komponisten Leonard Bernstein, der Spenden für die Panther 21 sammelte.

Die New Yorker Panther 21 schrumpften im Laufe der Zeit auf dreizehn. Einige wurden woanders angeklagt oder auf Kaution entlassen und flüchteten anschließend nach Algerien. Auch die Anklagepunkte schrumpften nach und nach von ursprünglich dreißig auf nur noch zwölf. Afeni Shakur stieg während dieser Zeit zur ruhmreichen Anführerin der Black Panthers in Harlem und Sprecherin der Gruppe auf, und die Panther 21 sorgten dafür, dass sie als Erste gegen Kaution freikam. Anschließend wurde sie schwanger mit Tupac, Medienberichten zufolge war Billy Garland, ein Panther aus New Jersey, der Vater. Lumumba, der noch immer im Gefängnis saß, ließ sich scheiden, als ihn die Nachricht von der Schwangerschaft erreichte.

---

[94] Vgl. Prairie Fire: The Politics of Revolutionary Anti-Imperialism, S. 16; Sale: SDS, S. 632

Einige Monate später wurde die Entlassung widerrufen, und Afeni musste zurück ins Gefängnis, wo sie anfing, Jura zu studieren, um sich vor Gericht selbst verteidigen zu können. Zudem erstritt sie sich aufgrund ihrer Schwangerschaft täglich ein Glas Milch und ein Ei. Für das Studium hatte sie genügend Zeit, denn der Panther-21-Prozess sei, so hieß es, *»der längste in der Geschichte des Bundesstaates«*, vielleicht sogar in der Geschichte der USA.[95]

Bei Afenis Prozess wurden sechs Undercover-Agenten in den Zeugenstand gerufen. Bis auf die kontinuierliche Voreingenommenheit des Richters konnte sich Afeni auf nichts verlassen. Die Kaution für jeden Panther wurde auf astronomische 100 000 Dollar festgelegt. Ein ehemaliger Rechtsanwalt des Justizministeriums beklagte sich darüber, dass Richter und Staatsanwaltschaft sich nachts getroffen hatten, um zu besprechen, wie sie am besten einen Schuldspruch erlangen könnten. Als im Gerichtssaal der Film »Die Schlacht von Algier« gezeigt wurde, um vorzuführen, dass er als Anschauungsmaterial für den Bau von Bomben genutzt wurde, riefen einige Panthers, denen die Sicht verstellt war: *»Wir haben 100 000 Dollar für die Tickets bezahlt, und jetzt können wir nicht einmal den Film sehen?!«*[96]

Als Afeni brillant formulierte Fragen im Gerichtssaal stellte und Einspruch erhob gegen die Lügen des Bezirksstaatsanwaltes und seine illegalen Methoden, der Richter aber so gut wie jeden ihrer Anträge ablehnte, konnten die Geschworenen erleben, dass ihr überhaupt nicht zugehört wurde. Schließlich fragte sie: »Dürfte ich den Bezirksstaatsanwalt darum bitten, bei einem gerechten Prozess mitwirken zu können?« – »Antrag abgelehnt«, lautete die Antwort, was im Saal Gelächter auslöste. Einige der Geschworenen berichteten später, dass ihnen besonders diese groteske Ant-

95 Look for me in the Whirlwind, S. 363
96 Zimroth: Perversions of Justice, S. 160

wort im Gedächtnis geblieben sei. Ein weiterer Höhepunkt war, als die im siebten Monat schwangere, 1,62 m große und gerade erst 23-jährige Afeni dem kräftigen weißen Staatsanwalt rügte, er habe sich jetzt einmal zu setzen.[97] Viele weitere Momente sind dokumentiert, bei denen die Panthers das Publikum unterhielten, indem sie das Gericht zum Gespött machten.[98]

Die junge Afeni Shakur bei einer Ansprache während der Black Panther Days in New York

Zahlreiche Sympathisanten verfolgten den Prozess über die Nachrichten. Die Weathermen, so wurde vermutet, wollten die Voreingenommenheit der Justiz jedoch nicht einfach hinnehmen und zündeten eine Bombe im Hause des Richters.[99]

---

[97] Vgl. ebd., S. 288, 368, 376 f.; Kempton: The Briar Patch, S. 246 ff.

[98] Vgl. Guy: Afeni Shakur, S. 107 ff.; Kempton: The Briar Patch, S. 189 ff.

[99] Vgl. Newton: Bitter Grain, S. 191; Zimroth: Perversions of Justice, S. 52. Die Gruppe führt das Attentat nicht unter ihren Bombenanschlägen auf, die in »Prairie Fire« verzeichnet sind.

Nach insgesamt zwei Jahren Untersuchungshaft erreichten die Verteidiger endlich die Freilassung der meisten Angeklagten. Die Jury nahm sich gut zwei Stunden Zeit. Als die Geschworenen dann den Saal wieder betraten, wiederholte der Gerichtsschreiber für jeden der zwölf Anklagepunkte die Frage: »Wie lautet Ihr Urteil, Sir?« Und der Sprecher antwortete jedes Mal: »Nicht schuldig!« Afeni Shakur sowie dem Verteidiger der Panthers Gerald Lefcourt und auch einigen Geschworenen traten Tränen der Erleichterung in die Augen. Im Zuschauerraum wurde skandiert: »Genau richtig!« und »Power to the People!« Viele der Geschworenen führten den Erfolg auf Afenis hervorragende Arbeit vor Gericht zurück. Lumumba Shakur und fünf weitere Panthers blieben jedoch wegen anderer Verbrechen im Gefängnis.

Kapitel 8
Der Mord an Malcolm X

»Wieso Malcolm X nicht in meinem Geschichtsbuch steht? Weil er uns Schwarze zu Bildung und Befreiung bewegt!«

Tupac Shakur in »Words of Wisdom«, 1991

Im Prozess gegen die Panther 21 nahm der Verteidiger Gerald Lefcourt auch den BOSS-Undercover-Agenten Eugene Roberts ins Kreuzverhör, um ihn zu der Ermordung von Malcolm X zu befragen. Dadurch wurde ein wichtiges Kapitel der Geschichtsschreibung wiedereröffnet. Afeni hatte angedeutet, dass sie nicht daran glaube, dass die Nation of Islam hinter dem Mord steckte. Roberts hatte vormals die Muslim Mosque Number One von Malcolm X unterwandert. Letzterer gründete 1964 dann die OAAU, und Roberts wurde einer seiner Bodyguards und erreichte bei der OAAU einen hohen Rang.[100]

Lefcourt fragte ihn nun: »Entspricht es etwa nicht der Wahrheit, dass sie dabei mithalfen, Malcolm X zu ermorden?« Afeni rief: »Ja, das stimmt!« Zu der Anschuldigung wurde viel geforscht und die Möglichkeit bestätigt, dass der Geheimdienst die Ermordung arrangiert hatte. So heißt es etwa in einem FBI-Memorandum vom 4. März 1968: *»Verhindert das Erscheinen eines Messias, der in der Lage wäre, die militanten und nationalistischen Bewegungen*

[100] Vgl. Zimroth: Perversions of Justice, S. 16, 48

der Schwarzen zu vereinen oder sie mitzureißen. Malcolm X könnte möglicherweise solch ein Messias sein; … Martin Luther King, Stokely Carmichael und Elijah Muhammad, sie alle streben danach, … insbesondere King … sollte er seinen angeblichen ›Gehorsam‹ gegenüber der ›weißen liberalen Lehre‹ der Gewaltlosigkeit aufgeben.«[101]

Dieses und andere Dokumente zeigen, dass sich Malcolm X zu einem der Hauptfeinde der Geheimdienste entwickelt hatte. Sein Lebensweg kreuzte sich einige Male auch mit dem der Shakurs. Afenis Schwiegervater, Abbah Shakur, hatte sich in Harlem der Universal Negro Improvement Association (UNIA) angeschlossen. Der Vater von Malcolm X, Earl Little, arbeitete als Prediger und leitete in den 1920er-Jahren in Lansing, Michigan, einen regionalen Verband der UNIA, die in den 20er- und 30er-Jahren in den USA eine Million Mitglieder vorweisen konnte. Marcus Garvey hatte die Organisation einst mit der Parole »Proud to be black« in seiner Geburtsstadt Kingston, Jamaica, gegründet, in Harlem ließ er sie dann neu aufleben. Ursprünglich unterstützte er weltweit Sozialisten und Antikolonialisten. Er leitete eine erfolgreiche Schifffahrtsgesellschaft, mit der er auch die Zustellung seiner Zeitung, der *Negro World,* nach Afrika und in die Karibik organisierte, wo weitere Verbände der UNIA gegründet wurden. Obwohl er später konservativer auftrat, wurde Garvey

Marcus Garvey (1887-1940), radikaler Anhänger des Panafrikanismus und Gründer der UNIA

[101] Zit. wie Carson: Malcolm X., S. 17

nichtsdestotrotz angeschossen, verhaftet, abgeschoben und ins Exil verbannt.[102]

Malcolm X wurde 1925 als Malcolm Little in Lansing geboren. Dort hatten die Befürworter der Rassentrennung das Sagen. Die rassistischen Gesetze besagten, dass sich Schwarze nach Einbruch der Dunkelheit nicht mehr im Osten der Stadt aufhalten durften. Als sich Malcolms Vater Earl und andere für einen Wandel einsetzten, wurden sie von weißen Rassisten, etwa Lansings Ku-Klux-Klan, bedroht. 1929 verübten deren Mitglieder einen Brandanschlag auf Littles Haus. Zwei Jahre später, als Malcolm X sechs Jahre alt war, wurde sein Vater mit gespaltenem Schädel und zerteiltem Körper auf den Gleisen der Straßenbahn tot aufgefunden. Louise Little zahlte die Begräbniskosten über ein kleines Versicherungsunternehmen. Eine größere Versicherung lehnte Zahlungen ab, da es hieß, er habe Selbstmord begangen.[103]

Malcolm X wurde seit Anfang der 50er-Jahre vom FBI überwacht, und Anfang der 60er-Jahre wurden wöchentlich mehrere Berichte über ihn verfasst. Sein Einfluss auf die schwarze Bevölkerung wuchs, als er zum Sprecher von Nation of Islam (NOI) ernannt wurde. Gegen Ende des Jahrzehnts knüpfte er Kontakte zu Revolutionären aus der Dritten Welt und zu afrikanischen Führungspersönlichkeiten in New York. Die CIA beobachtete beunruhigt seinen wachsenden Einfluss auf sie. Schon bald wurde er nach Afrika eingeladen, um politische Entscheidungsträger zu beraten. Seit Mitte des 19. Jahrhunderts eigneten sich dort europäische Länder gewaltsam die Reichtümer an: Öl, Diamanten und andere Mineralien. Dann erstarkten die Unabhängigkeitsbe-

---

[102] Vgl. Encyclopedia of the American Left; Timothy White: Catch a Fire, S. 104; Eltringham: The Rough Guide to Belize, S. 296

[103] Zit. wie Carson: Malcolm X., S. 17

wegungen und vertrieben die Kolonisatoren. Nach dem Zweiten Weltkrieg stiegen die Chancen, dass die Afrikaner die Kontrolle über ihre eigenen Länder erhielten. Doch US-amerikanische sowie multinationale Konzerne griffen zu subtileren Mitteln, um die Bodenschätze für sich zu sichern, und Malcolm X drohte durch seinen Einfluss deren Geschäfte über mehrere einhundert Millionen Dollar sehr empfindlich zu stören. Er kritisierte das kapitalistische System der USA, da es die Menschen allgemein ausbeute, während der Rassismus vor allem die Schwarzen benachteilige. Mit seiner medialen Präsenz erreichte er ein breites Publikum. Der NOI-Führer Elijah Muhammad, der diesen progressiven politischen Aktivismus ablehnte, stellte sich schließlich gegen ihn, was 1964 zur Spaltung der NOI führen sollte.

Afrikanische Führer halfen Malcolm bei der Finanzierung seiner Reisen. Er war der einzige US-Amerikaner, der von Afrikas Präsidenten zu Treffen eingeladen wurde, da man ihn als Sprecher der Schwarzen in den USA ansah. Seine Position war weiterhin die der militanten Selbstverteidigung, und er begann mit Martin Luther Kings Gruppierung sowie anderen Bürgerrechtsbewegungen zusammenzuarbeiten.[104] RAM-Führer Maxwell Stanford berichtete darüber, dass Malcolm sich über die Benachteiligung von Frauen in den afrikanischen Organisationen echauffiert habe, was die Befreiungsbewegungen bremsen würde. Daher trat er auch für die Gleichstellung der Frauen in der OAAU und für mehr Frauen in Führungspositionen ein.[105]

Bevor sie die Black Panther Partei mitbegründeten, trat die Familie Shakur der OAAU in Harlem bei. Lumumba folgte seinem Vater, ebenso sein Jugendfreund Sekou Odinga. Aber auch Gene Roberts, FBI-Undercover-Agent und Polizeibeamter bei BOSS,

---

[104] Vgl. D'Eugenio/Pease: The Assassinations, S. 396, 403
[105] Vgl. Ahmad: We Will Return in the Whirlwind, S. 30

Malcolm X (re.) mit Martin Luther King im März 1964

der gegen Malcolm X und die Panthers arbeitete, folgte Lumumba zu den Black Panthers.[106]

Schon früh gab es mehrere Versuche, Malcolm X zu ermorden. 1958 kamen Kriminalbeamte in sein Büro und schossen um sich, woraufhin sich die Stadt mit einer 24-Millionen-Dollar-Klage auseinandersetzen musste. Der FBI-Undercover-Agent John »X« Ali, der zu diesem Zeitpunkt bei Malcolm wohnte, hatte den Grundriss des Hauses geliefert. Berichten zufolge war er auch beim Brandbombenanschlag im Jahre 1965 involviert. Ali stieg bei der NOI bis zum Nationalen Sicherheitsbeauftragten auf, einem der höchsten Führungsämter. Wallace Muhammad, Sohn von NOI-Leiter Elijah Muhammad, sagte aus, dass FBI-Agenten Ali dabei geholfen hätten, was Dokumente belegen.[107]

Malcolm X war davon überzeugt, dass der Geheimdienst auch für seine Vergiftung im Juli 1964 in Kairo verantwortlich war. Die

[106] Vgl. D'Eugenio/Pease: The Assassinations, S. 390 f.
[107] Vgl. ebd., S. 378 ff.

Beamten hätten ihre Anwesenheit gar nicht erst zu verbergen versucht, um ihn bei seiner Reise durch Afrika einzuschüchtern. Sie wollten verhindern, dass er dort von einem geplanten Aufruf der Vereinten Nationen berichtete, der die Verletzungen der Menschenrechte von US-amerikanischen Schwarzen anprangerte. Nach dem Giftanschlag in einem Restaurant bemerkte er, dass er den Kellner schon einmal irgendwo in New York gesehen hatte. Man brachte Malcolm ins Krankenhaus und konnte gerade noch sein Leben retten, indem man ihm den Magen auspumpte.[108]

Ein hochrangiger afrikanischer Diplomat sagte später aus, dass ein Bericht des französischen Geheimdiensts SDECE bestätigte, dass die CIA Malcolm X ermorden lassen wollte. Daraufhin verwehrte Frankreich Malcolm die Einreise, weil man Angst davor hatte, am Ende als Sündenbock dazustehen.[109] FBI-Direktor J. Edgar Hoover schickte vertrauliche Nachrichten bezüglich der Reisepläne von Malcolm durch England und Frankreich an den Direktor der CIA, den Geheimdienstchef der Armee, den Chef des Marinegeheimdienstes, den Chef der Luftwaffe sowie weitere Geheimdienstchefs in Paris und London. Eine Nachricht ging direkt an den CIA-Direktor für verdeckte Ermittlungen, Richard Helms.[110]

Ferner geht aus einem FBI-Dokument hervor, dass sich John Ali, der Staatssekretär des NOI, eine Nacht vor der Ermordung von Malcolm X am 21. Februar 1965 mit Talmadge Hayer, einem der Attentäter, getroffen hatte.[111] Uniformierte Polizisten, die normalerweise bei Malcolms Reden anwesend waren, verließen

[108] Vgl. ebd., S. 396
[109] Vgl. ebd., S. 404
[110] Vgl. ebd., S. 398 f.; Condo: Conspiracies, S. 271 f.; Evanzz: The Judas Factor, S. 254
[111] Vgl. D'Eugenio/Pease: The Assassinations, S. 410 f.

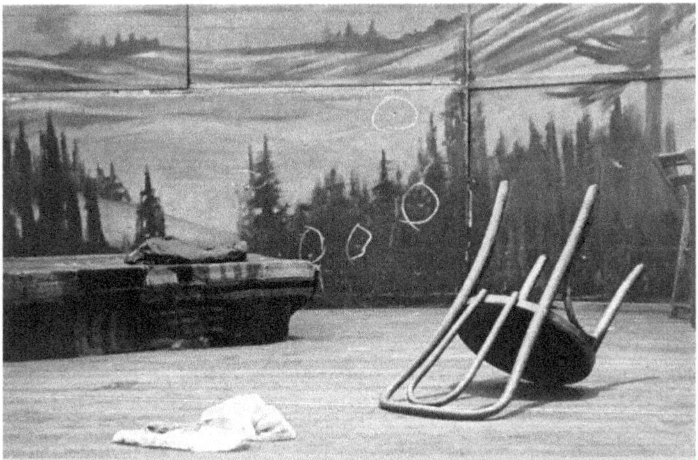

Schusslöcher im hinteren Teil der Bühne des Audubon Ballroom, wo Malcolm X ermordet wurde

an diesem Tag früher den Saal. Die Rede im Audubon Ballroom sollte seine letzte werden.[112]

Während des Prozesses gegen die Panther 21 sagte Gene Roberts aus, er habe nach den Schüssen auf Malcolm X versucht, ihn durch Mund-zu-Mund-Beatmung wiederzubeleben. Jahrzehnte später gab er zu, dass seine Rolle darin bestand, die erfolgreiche Tötung zu bestätigen. Als die Schüsse fielen, habe sich Malcolms Frau Betty Shabaaz schützend vor ihre Töchter geworfen und geschrien: »Die töten meinen Mann!« Sie wollte zu ihrem Ehemann eilen, wurde aber daran gehindert. Shabaaz kämpfte sich frei und rannte zu Malcolm. Roberts teilte ihr mit, dass ihr Mann tot sei.[113] Hier gibt es einige interessante Parallelen zur Ermordung von Martin Luther King: Der verdeckt operierende

---

[112] Vgl. Breitman/Porter/Smith: The Assassination of Malcolm X, S. 58 f.; Clark: Malcolm X, S. 96; Haskins: Spike Lee, S. 42

[113] Vgl. New York Times, 21.02.2005; Douglass: The Murder and Martyrdom of Malcolm X, S. 413; Kempton: The Briar Patch, S. 200 ff.

Geheimdienstagent Marrell McCollough war ebenfalls nach den Schüssen zu King gerannt, vermutlich um sicherstellen, dass die Schützen ihren Job erledigt hatten. Wenn Gene Roberts nicht sechs Jahre später beim Prozess gegen die Panther 21 sein Wissen enthüllt hätte, wäre die Öffentlichkeit wohl nie darüber informiert worden, dass er als Undercover-Agent arbeitete. Zudem bestätigte er, dass während der Ermordung von Malcolm X mehrere BOSS-Agenten anwesend waren.[114]

Und schließlich waren da noch die Vertuschungsaktionen seitens der Polizei und der Medien, beispielsweise der *Herald Tribune* und der *New York Times,* die zunächst beide darüber berichtet hatten, die Polizei habe kurz nach Malcolms Erschießung zwei Männer festgehalten. Anschließend war in beiden Blättern nur noch von einem Mann die Rede, obwohl die Anhänger von Malcolm einen weiteren gepackt hatten. In der ganzen folgenden Medienberichterstattung wurde der Verdächtige nicht mehr erwähnt.[115]

Die Medien ignorierten weitestgehend die Umstände, die zum Tod von Malcolms engem Verbündeten Leon 4X Ameer, nur zwanzig Tage nach Malcolms Ermordung, führten. Berichtet wurde, dass er an einer Überdosis Schlafmittel gestorben sei. Leon hatte jedoch kurz zuvor verkündet, mit der Produktion von Videos und Dokumenten beschäftigt zu sein, die beweisen sollten, dass die Regierung für Malcolms Tod verantwortlich sei.[116] In einem zensierten FBI-Memorandum wurde ein Reporter des *Life-Magazins* zitiert: Man müsse *»nach Washington und zur CIA blicken ... Denn diese haben das Ziel, Malcolm aus dem Weg zu schaffen, da er die afrikanischen Beziehungen der USA untergrabe«.*[117]

---

[114] Vgl. Breitman/Porter/Smith: The Assassination of Malcolm X, S. 54
[115] Vgl. ebd., S. 52 ff.
[116] Vgl. ebd., S. 16
[117] FBI-Fernschreiben, 23.02.1965, The Cointelpro Papers, S. 368

Kapitel 9
COINTELPRO wird fortgesetzt

Im März 1971 brachen Aktivisten in ein Medienzentrum des FBI in Pennsylvania ein und entwendeten über eintausend Dokumente, darunter auch Belege über die Ziele von COINTELPRO und Anweisungen im Rahmen dessen. Die Veröffentlichung zwang den Kongress sowie die Massenmedien, zumindest einige rechtswidrige Vorfälle einzugestehen. Daraufhin wurde COINTELPRO offiziell als beendet erklärt, doch das Programm gegen schwarze Aktivisten lief unter einem anderen Namen weiter, was verschiedene Richter bestätigten.[118]

Immer mehr Agenten beendeten ihre Karriere oder riskierten ihr Leben, wenn sie offenlegten, dass sie in terroristische Aktionen gegen die politische Opposition involviert waren. 1973 berichtete Louis Tackwood aus Los Angeles, der für die dortige Abteilung für kriminelle Verschwörung (CCS) gearbeitet hatte, das Äquivalent zum New Yorker BOSS, dass das FBI eine Kontaktperson im CCS hatte und umgekehrt. Während andere US-Bücher mit Enthüllungen unter die Zensur fielen, konnte Tackwood diese umgehen, indem er »The Glass House Tapes« in England veröffentlichte.

Afeni Shakur war derweil auch nach der Geburt ihres Sohnes weiterhin aktiv in der Bewegung. Tupac wurde von Anfang an

[118] Vgl. Churchill/Vander Wall: The Cointelpro Papers, S. xi, 332, Agents of Repression, S. 62; Newton: War against the Panthers, S. 90; Bruck: The Takedown of Tupac, S. 54

Airtel to SAC, Albany
RE: COUNTERINTELLIGENCE PROGRAM
BLACK NATIONALIST-HATE GROUPS

nationalist activity, and interested in counterintelligence, to coordinate this program. This Agent will be responsible for the periodic progress letters being requested, but each Agent working this type of case should participate in the formulation of counterintelligence operations.

GOALS

For maximum effectiveness of the Counterintelligence Program, and to prevent wasted effort, long-range goals are being set.

1. Prevent the coalition of militant black nationalist groups. In unity there is strength; a truism that is no less valid for all its triteness. An effective coalition of black nationalist groups might be the first step toward a real "Mau Mau" in America, the beginning of a true black revolution.

2. Prevent the rise of a "messiah" who could unify, and electrify, the militant black nationalist movement. Malcolm X might have been such a "messiah;" he is the martyr of the movement today. Martin Luther King, Stokely Carmichael and Elijah Muhammed all aspire to this position. Elijah Muhammed is less of a threat because of his age. King could be a very real contender for this position should he abandon his supposed "obedience" to "white, liberal doctrines" (nonviolence) and embrace black nationalism. Carmichael has the necessary charisma to be a real threat in this way.

3. Prevent violence on the part of black nationalist groups. This is of primary importance, and is, of course, a goal of our investigative activity; it should also be a goal of the Counterintelligence Program. Through counterintelligence it should be possible to pinpoint potential troublemakers and neutralize them before they exercise their potential for violence.

4. Prevent militant black nationalist groups and leaders from gaining respectability, by discrediting them to three separate segments of the community. The goal of discrediting black nationalists must be handled tactically in three ways. You must discredit these groups and individuals to, first, the responsible Negro community. Second, they must be discredited to the white community,

- 3 -

Airtel to SAC, Albany
RE: COUNTERINTELLIGENCE PROGRAM
BLACK NATIONALIST-HATE GROUPS

both the responsible community and to "liberals" who have vestiges of sympathy for militant black nationalist simply because they are Negroes. Third, these groups must be discredited in the eyes of Negro radicals, the followers of the movement. This last area requires entirely different tactics from the first two. Publicity about violent tendencies and radical statements merely enhances black nationalists to the last group; it adds "respectability" in a different way.

5. A final goal should be to prevent the long-range growth of militant black nationalist organizations, especially among youth. Specific tactics to prevent these groups from converting young people must be developed.

Besides these five goals counterintelligence is a valuable part of our regular investigative program as it often produces positive information.

TARGETS

Primary targets of the Counterintelligence Program, Black Nationalist-Hate Groups, should be the most violent and radical groups and their leaders. We should emphasize those leaders and organizations that are nationwide in scope and are most capable of disrupting this country. These targets should include the radical and violence-prone leaders, members, and followers of the:

Student Nonviolent Coordinating Committee (SNCC),
Southern Christian Leadership Conference (SCLC),
Revolutionary Action Movement (RAM)
Nation of Islam (NOI)

Offices handling these cases and those of Stokely Carmichael of SNCC, H. Rap Brown of SNCC, Martin Luther King of SCLC, Maxwell Stanford of RAM, and Elijah Muhammed of NOI, should be alert for counterintelligence suggestions.

SAC, Albany — August 25, 1967

Director, FBI

PERSONAL ATTENTION TO ALL OFFICES

COUNTERINTELLIGENCE PROGRAM
BLACK NATIONALIST - HATE GROUPS
INTERNAL SECURITY

Offices receiving copies of this letter are instructed to immediately establish a control file, captioned as above, and to assign responsibility for following and coordinating this new counterintelligence program to an experienced and imaginative Special Agent well versed in investigations relating to black nationalist, hate-type organizations. The field office control file used under this program may be maintained in a pending inactive status until such time as a specific operation or technique is placed under consideration for implementation.

The purpose of this new counterintelligence endeavor is to expose, disrupt, misdirect, discredit, or otherwise neutralize the activities of black nationalist, hate-type organizations and groupings, their leadership, spokesmen, membership, and supporters, and to counter their propensity for violence and civil disorder. The activities of all such groups of intelligence interest to this Bureau must be followed on a continuous basis so we will be in a position to promptly take advantage of all opportunities for counterintelligence and to inspire action in instances where circumstances warrant. The pernicious background of such groups, their duplicity, and devious maneuvers must be exposed to public scrutiny where such publicity will have a neutralizing effect. Efforts of the various groups

2 - Atlanta	2 - Philadelphia
2 - Baltimore	2 - Phoenix
2 - Boston	2 - Pittsburgh
2 - Buffalo	2 - Richmond
2 - Charlotte	2 - St. Louis
2 - Chicago	2 - San Francisco
2 - Cincinnati	2 - Washington Field Office
2 - Cleveland	
2 - Detroit	
2 - Jackson	
2 - Los Angeles	
2 - Memphis	
2 - Newark	
2 - New Orleans	
2 - New York	

157-38-1
105-5096-1

SEARCHED — INDEXED
SERIALIZED — FILED
AUG 27 1967
FBI — RICHMOND

UNITED STATES GOVERNMENT
Memorandum

1 - Mr. Sullivan
1 - Mr. Brennan
1 - Mr. Branigan

TO: Mr. W. C. Sullivan — DATE: 4/27/71

FROM: Mr. C. D. Brennan

1 - Mr. Gray
1 - Mr. G.C. Moore
1 - Mr. Shackelford
1 - Mr. Wannall
1 - Mr. Ryan

SUBJECT: COUNTERINTELLIGENCE PROGRAMS (COINTELPROS)
INTERNAL SECURITY - RACIAL MATTERS

To afford additional security to our sensitive tech and operations, it is recommended the COINTELPROS operated by Domestic Intelligence Division be discontinued.

At the present time this Division operates seve COINTELPROS as follows:

COINTELPRO - Espionage
COINTELPRO - New Left
COINTELPRO - Disruption of White Hate Groups
COINTELPRO - Communist Party, USA
Counterintelligence and Special Operations
COINTELPRO - Black Extremists
Socialist Workers Party - Disruption Program

These programs involve a variety of sensitive intel ligence techniques and disruptive activities which are afford close supervision at the Seat of Government. They have been carefully supervised with all actions being afforded prior Bureau approval and an effort has been made to avoid engaging in harassment. Although successful over the years, it is fe they should now be discontinued for security reasons because of their sensitivity.

In exceptional instances where counterintelligence action is warranted, it will be considered on a highly select individual basis with tight procedures to insure absolute sec

EX-113 REC-39

ACTION:

If approved, attached airtel will be sent to all fi offices discontinuing our COINTELPROS.

Enclosure
1 - 65-69260
1 - 100-448006
1 - 157-9
1 - 100-3-104
1 - 105-174254
1 - 100-448006
1 - 100-436291

Einige der Dokumente, welche die Existenz des FBI-Programms COINTELPRO hieb- und stichfest belegen

zum Revolutionär erzogen. Benannt war er nach dem letzten Inka-Häuptling, der im Kampf gegen die spanischen Invasoren gefallen war. Außerdem machte sie Geronimo Pratt zu seinem Patenonkel, einige Quellen berichteten zudem davon, dass sie Assata Shakur als Tupacs Patentante bezeichnete.[119]

In dieser Zeit führte die Polizei neue Angriffe auf Geronimo Pratt durch. Swearingen berichtet, dass Agenten ihn in einen Mordfall verwickelten, obwohl eine FBI-Akte belegte, dass sich Pratt zur Zeit des Mordes Hunderte von Meilen entfernt in Oakland aufhielt.[120] Doch wurde ein vom FBI bezahlter Anwalt in das Verteidigungsteam von Pratt eingeschleust, was dazu führte, dass er für über 25 Jahre ins Gefängnis musste.[121]

Documents like this one show that J. Edgar Hoover (inset) tried to discredit Huey Newton (top left), Angela Davis (bottom left), Leonard Bernstein (top right) and Stokely Carmichael.

UNITED STATES GOVERNMENT

Memorandum

TO: SAC, New York (100-161140)

FROM: Director, FBI (100-448006)

SUBJECT: COUNTERINTELLIGENCE PROGRAM BLACK NATIONALIST - HATE GROUPS RACIAL INTELLIGENCE (BLACK PANTHER PARTY)

DATE: February 25, 1970

ALL INFORMATION CONTAINED HEREIN IS UNCLASSIFIED

ReNYlet 2/11/70.

New York is authorized to direct correspondence to individuals known to have attended the 1/14/70 Black Panther Party (BPP) fund-raising function held at the home of Leonard Bernstein outlining the BPP's anti-Semitic posture. In accordance with your request, above correspondence should enclose a copy of the article from the BPP newspaper of 1/3/70 authored by BPP Field Marshal Donald Lee Cox, which clearly shows the BPP's anti-Jewish, pro-Arab position.

Release Hoover memos on blacks

By D.J. SAUNDERS and OWEN MORITZ

FBI Director J. Edgar Hoover deliberately set out, in the late 1960s and early '70s, to discredit and create discord among black nationalist groups and their sympathizers, newly released documents obtained by the Daily News revealed yesterday.

The documents also revealed that the director, who died in 1972, had ordered his New York bureau to cultivate black reporters in New York for this purpose.

Among Hoover's targets were former Black Panther leader Huey Newton, radical philosophy professor Angela Davis and their sympathizers, such as composer Leonard Bernstein, whose late wife, Felicia, gave a fund-raising party in their swank apartment in 1970 for the Black Panthers. The party got wide publicity and came to symbolize author Tom Wolfe's "radical chic."

After the Bernstein party, Hoover fired off a memo to the New York FBI office, directing agents to find out who attended and to send the guests fictitious letters outlining "the Black Panther Party's anti-Semitic posture."

HOOVER THEN suggested the New York office not use a ploy that had been suggested—that of signing the letters with the name of a nonexistent member of the militant Jewish Defense League, "since it would appear such action might prove self-defeating in the event of an inquiry." Instead, Hoover told his New York agents to sign the letters with "an anonymous name with additional phraseology such as a 'A Concerned and Loyal Jew' or other similar terminology."

Hoover was explicit in telling how the letter-writing campaign should be conducted. "New York should insure use of unwatermarked bond stationery in connection with the above and utilization of mailing procedures which will not allow the bureau's identification as the origin of this correspondence," Hoover wrote.

THE DECLASSIFIED documents are mostly in memo form between Hoover and his New York and San Francisco bureaus. A federal judge in Manhattan ordered these documents turned over to attorneys for Dhoruba Moore, 36, a former Black Panther who is serving a 25-year-to-life sentence for the attempted murder of two New York City policemen.

Moore is suing the FBI and the New

See FBI Page 27

---

[119] Vgl. Bruck: The Takedown of Tupac, S. 47; The Amsterdam News, 17.12.1994

[120] Vgl. Swearingen: FBI Secrets, S. 86

[121] Vgl. Churchill/Vander Wall: Agents of Repression, S. 91

Túpac Amaru II. (1742-1781), peruanischer Unabhängigkeitskämpfer, nach dem Afeni Shakur ihren Sohn benannte

Afeni reiste regelmäßig an die Westküste, um gemeinsam mit anderen Aktivisten das Verteidigerteam zu unterstützen, das es zunächst nicht schaffte, einen Freispruch zu erwirken. Zumindest deckten die Anwälte eine Verschwörung gegen Pratt auf. Während seiner Haftzeit studierte er Jura und arbeitete kontinuierlich an seiner Verteidigung mit. Schlussendlich entschied ein Richter zu seinen Gunsten, so wurde die Anklage 1997 schließlich fallengelassen. Der Richter attestierte ihm ein unfaires Verfahren, und im April 2000 bekam er als Entschädigung 4,5 Millionen Dollar zugesprochen. Er arbeitete zuletzt für Inhaftierte und neben seiner regulären Arbeit auch noch für die Kuji Foundation Inc., die sich für Frauen und Männer im Gefängnis einsetzt, denen Unrecht angetan wurde.

Afeni nahm Einladungen aus Harvard, Yale und vielen anderen Universitäten im ganzen Lande an, um dort Reden zu halten. Gemeinsam mit Mutulu Shakur, dem Anführer der Republik des Neuen Afrikas (RNA), arbeitete sie zudem an einer Klage gegen die New Yorker Polizei, welche große Einschränkungen der polizeilichen Geheimdienstaktivitäten insgesamt zur Folge hatte.[122]

[122] Vgl. Bruck: The Takedown of Tupac, S. 47

1973 zogen Afeni und Mutulu zusammen. Die RNA war politisch mit den Black Panthers verlinkt, hatte ähnliche Ziele und erfuhr dieselben Repressalien. Gegründet wurde sie 1968 in Detroit, wo sich 500 Graswurzel-Aktivisten trafen, um einen unabhängigen Staat für die Schwarzen innerhalb der Vereinigten Staaten auszurufen. Im darauffolgenden Jahr wurde die RNA von Rev. C. L. Franklin, dem Vater der »Queen of Soul«, Aretha Franklin, in Detroit aufs Heftigste attackiert. Die Polizei feuerte rund achthundert Schuss in die Kirche und hielt dann 150 Menschen fest, bevor ein Richter ein Eilverfahren anordnete, woraufhin die meisten von ihnen wieder entlassen wurden.[123]

Lumumbas und Mutulus Bruder Zayd Shakur (eigentlich James Coston) sowie Sekou Odinga riefen nun eine neue militante Gruppierung ins Leben, die Black Liberation Army (BLA), welche Aktivistenführer vor Angriffen der bewaffneten Polizei beschützte, indem beispielsweise Scharfschützen auf Dächern positioniert wurden. Die BLA wurde für eine Reihe an Polizistenmorden in New York verantwortlich gemacht, jedoch ohne eindeutige Beweise.

Wegen des anhaltenden Ost- und Westküstenkonflikts verließen Afeni und Assata Shakur die Black Panthers. Trotz ihres Ausscheidens kam es zu weiteren Angriffen der Polizei. Assata (gebürtig Joanne Deborah Byron, verheiratete Chesimard) musste 1970 erleben, dass ihr Foto auf der Titelseite der *Daily News* erschien. Die Polizei suche sie, um sie wegen eines Polizistenmordes zu befragen. Daraufhin ging sie zu Zayd in den Untergrund.[124] Das FBI startete nun eine Kampagne gegen sie und nannte sie die »Patin der Revolution«. 1972 wurde landesweit nach ihr gefahndet, Poster mit ihrem Gesicht prangten in Polizeistationen und Banken, man warf

[123] Vgl. Newton: To die for the People, S. 96 ff.; Acoli: A Brief History of the New Afrikan Prison Struggle, S. 65
[124] Vgl. Shakur: Assata, S. 231 ff.

ihr schwerwiegende Straftaten vor. Sie kam auf die FBI-Liste der meistgesuchten Verbrecher und wurde für sämtliche Polizeikräfte zum Abschuss freigegeben. Im Mai 1973 wurde sie dann in New Jersey in ihrem Auto von Polizisten aufgegriffen, bei dem Schusswechsel wurde Zayd tödlich getroffen, während Assata und Sundiata Acoli nur verwundet wurden. Eine von ihnen schoss zurück und tötete einen Polizisten. Assata wurde an Ort und Stelle zusammengeschlagen und im Krankenhaus misshandelt, bis eine weiße Krankenschwester entschlossen dazwischen ging. Doch Assata musste im Gefängnis weitere Folterungen über sich ergehen lassen.

Die Polizei klagte sie des Mordes an dem Polizisten an. Der Fall wurde vier Jahre lang nicht verhandelt, da Assata sechsmal wegen anderer schwerer Straftaten vor Gericht stand, ohne jedoch verurteilt zu werden. 1976 wurde ihr Anwalt Stanley Cohen tot aufgefunden, seine Dokumente waren spurlos verschwunden. Um Assatas Unschuld zu beweisen, präsentierten weitere Anwälte Tests und medizinische Expertenaussagen beim Prozess. Ihre Fingerabdrücke beispielsweise waren von der Polizei negativ auf Schmauchspuren getestet worden. Ärztebefunde unterstützten die Aussage, dass auf sie geschossen wurde, während sie ihre Hände erhoben hatte. Die Kugeln durchtrennten einen zentralen Nerv, sodass es ihr gar nicht möglich gewesen wäre, eine Waffe abzufeuern. Trotzdem wurde Assata verurteilt.[125]

Als erste Frau überhaupt auf der FBI-Liste der meistgesuchten Terroristen: Assata Shakur (geb. 1947). Fahndungsfoto aus dem Jahr 1982

[125] Vgl. Shakur: Assata, S. 247

Mutulu Shakur wurde ebenfalls durchgängig überwacht. Seine FBI-Akte offenbart, dass es seit seinem 19. Lebensjahr jeden dritten Monat einen Bericht über ihn gab. Mutulu war Mitgründer und Leiter der Nationalen Task Force für Forschung und Schadensersatzverfahren wegen COINTELPRO. Auch Afeni arbeitete in der Task Force, so konnten sie COINTELPRO schließlich erfolgreich stoppen. Ähnlich wie beim Prozess wegen des Mordes an Fred Hampton wurden etliche Klagen von Antikriegsgegnern aufgrund von Polizeigewalt eingereicht. Nach fast einem Jahrzehnt stimmte ein Richter den meisten Anklagepunkten zu. In den 80er-Jahren stellte sich heraus, dass COINTELPRO durch die Polizeieinheit The Black Desk ersetzt worden war.[126]

Mutulu Shakur hatte in Kanada einen akademischen Abschluss erworben, der ihn dazu qualifizierte, Akupunktur durchzuführen. Sein Spezialgebiet war die Behandlung von Heroinsüchtigen. In dieser Zeit gab es eine Heroinepidemie, verursacht dadurch, dass das Militär und die CIA während des Vietnamkrieges und darüber hinaus große Mengen an Drogen ins Land schleusten.[127] Mutulu arbeitete in der Entgiftungsklinik Lincoln Detox in der Bronx, wo er und andere Aktivisten die Patienten politisch aufzuklären versuchten. Sie sagten, sie würden sich der »chemischen Kriegsführung« entgegenstellen. Trotz ihres Erfolges[128] wurde Lincoln Detox von der Stadt nicht weiter gefördert. Mutulu arbeitete aber dennoch weiter, indem er eine Akupunkturgruppe gründete. Zudem wurde er nach China eingeladen. 1980 lud ihn die Nationale Afrikanische Union in Zimbabwe ein.

---

126 Vgl. Can't Jail the Spirit, S. 147 ff.; Handschu: Memorandum Opinion and Order, S. 3, 34; New York Sun, 12.05.2002; New York Times, 12.02.2003, 22.03.2003

127 Vgl. Can't Jail the Spirit, S. 147 ff.

128 Lincoln Detox wurde *»vom National Institute of Drug Abuse [NIDA], der National Acupuncture Research Society und der World Academic Society of Acupuncture als das größte und effektivste seiner Art anerkannt«*. Can't Jail the Spirit, S. 147 f.; vgl. auch www.mutulushakur.org

Mutulu hatte eine Koalition aus Aktivisten ins Leben gerufen, die Revolutionary Armed Task Force (RATF). Sie setzte sich zusammen aus der BLA, den Weathermen, einer italienischen Revolutionärsgruppe und den Young Lords. Einige Mitglieder, die in der Klinik arbeiteten, griffen zu rigorosen Maßnahmen, als die Stadt diese zu schließen versuchte, und raubten eine Bank aus, mit dem Geld wollten sie die Klinik aufrechterhalten. Die Regierung klagte sie daraufhin an, des Weiteren wurde die RATF verdächtigt, beim Gefängnisausbruch von Assata 1979 behilflich gewesen zu sein und ihr den Weg ins Exil nach Kuba ermöglicht zu haben. Einige Mitglieder wurden für einen fehlgeschlagenen Überfall auf einen Geldtransporter, bei dem ein Polizeioffizier und ein Wachmann getötet wurden, verurteilt. Die Polizei fahndete nach Mutulu, weil er das Ganze angeblich mit geplant haben sollte.[129]

Inzwischen waren ähnliche Einheiten wie COINTELPRO auf den Weg gebracht worden, etwa die verdeckt operierende Street Crime Unit (Einheit für Straßenkriminalität). Und 1980 wurde die Joint Terrorist Task Force als Antwort auf die BLA und RATF formiert. Auch in Los Angeles wurde eine vergleichbare Gruppe ins Leben gerufen. Der Geheimdienst begann nun auch damit, radikale Linke als Terroristen zu bezeichnen. Ähnlich der zerstörerischen Wirkung auf die Verfassungsrechte, die der 11. September 2001 hervorgebracht hatte, bezeichneten die Bundesstaaten Kalifornien und New York also Mutulu Shakur und andere als »Terroristen«, um die Arbeit gegen sie zu rechtfertigen, welche die Verfassungsrechte verletzte.[130]

---

[129] Vgl. Churchill/Vander Wall: The Cointelpro Papers, S. 309 f., 410 f.

[130] Vgl. Morales: The Militarization of the Police. In Covert Action Quarterly, Herbst/Sommer 1999, S. 46; Churchill/Vander Wall: The Cointelpro Papers, S. 309 ff.

Kapitel 10
Afeni und Huey geraten in die Suchtfalle

»Und selbst als Crack-Süchtige
warst du immer eine schwarze Königin, Mama«
Tupac Shakur: »Dear Mama«, 1995

1981 zwangen die Attacken durch das FBI Mutulu in den Untergrund, und auch er fand sich auf der berühmt-berüchtigten Most-Wanted-Liste wieder. Der gerade erst zehnjährige Tupac wurde sogar von Agenten in der Schule besucht und nach dem Aufenthaltsort seines Stiefvaters befragt. Mutulu berichtet später, Tupac sei bereits sehr früh politisch gewesen. Er wurde zu den Meetings der Black Panthers mitgenommen und musste mit ansehen, wie Freunde seiner Eltern oder Verwandte wie Tante Assata inhaftiert oder gar ermordet wurden. Was er einmal werden möchte, wurde Tupac von Rev. Herbert Daughtry gefragt. *»Ein Revolutionär!«*[131]

Diese Antwort zeigt ganz klar den Einfluss von Afeni, die einen Wandel zum Besseren hin anstrebte. Das FBI setzte seine Jagd auf sie fort. Über viele Jahre hinweg tauchten Agenten an ihrem Arbeitsplatz auf und versuchten ihre Mitarbeiter einzuschüchtern. Die belagerte Familie zog mehrmals um, doch Afeni blieb

[131] White: Rebel for the Hell of it, S. 2

politisch aktiv, unter anderem schrieb sie einen Artikel für den Sammelband »Human Rights for Everybody« mit namhaften Autoren wie Howard Zinn oder Noam Chomsky.

1982 trat dann der Drogendealer Kenneth »Legs« Saunders in Afenis Leben. Nachdem sie mit Tupac und Sekyiwa, der Tochter von Mutulu, Dutzende Wohnungen und Obdachlosenheime ihr Zuhause genannt hatte, zog sie schließlich bei Legs ein, der ihre Armut auffing. Von ihm erhielt sie aber auch zum ersten Mal Crack: *»Er kam spät in der Nacht nach Hause und steckte mir die Pfeife in den Mund.«*[132] Es wird vermutet, dass er im Auftrag des Geheimdienstes Afenis Bedrängnis ausnutzte. Der Radiomoderator Richard Boyle berichtete über einen anderen Fall, wo eine Undercover-Agentin mit dem Leiter einer Antikriegsgruppierung zusammengezogen war. Dies sei nichts Ungewöhnliches, es diene dazu, *»persönliche Beziehungen zu den Zielpersonen aufzubauen«.*[133]

Legs war ein Partner des New Yorker Drogenbosses Nicky Barnes, der wiederum früher Assistent des schwarzen Drogenbarons Frank Matthews, welcher 1973 mitsamt seinem gesamten Netzwerk zwar angeklagt, jedoch als Einziger von neun Leuten wegen seiner Verbindungen zur CIA freigesprochen wurde und die USA mit mehreren Millionen Dollar verließ. Barnes übernahm seinen Platz und blieb ebenfalls jahrelang auf freiem Fuß, was dafür spricht, dass er vom Geheimdienst geschützt wurde. Der Journalist und Aktivist Clarence Lusane meint, es sei höchst erstaunlich, wie viele Prozesse wegen Waffen- und Drogenbesitz, Bestechung oder Mord er habe gewinnen können.[134] Von der *New York Times*

---

[132] Ro: Have Gun Will Travel, S. 139

[133] Betserai/Gevins: Me and My Shadow, Investigation of the political left by the United States Government. Pacifica Radio Archives, Track 4; www.pacificaradioarchives.org/recording/pz014204

[134] Lusane: Pipe Dream Blues, S. 41 f.

erhielt er den Beinamen »Mr. Untouchable« – der Unantastbare. Afenis Beziehung zu Legs endete erst, als sie nach Baltimore zog. Kurz darauf kam er wegen Kreditkartenbetrugs ins Gefängnis. Als sie ihn dort telefonisch zu erreichen versuchte, hieß es, er sei an einer Überdosis Crack verstorben.[135]

In den 80er-Jahren betrieb die CIA Kokainhandel und versorgte einen der größten Drogendealer der Westküste: Ricky »Freeway« Ross.[136] Dessen langjähriger Bewährungshelfer meinte später, Michael Harris sei einer der Hauptabnehmer von Ross gewesen, der später dann das Geld für die Gründung der Plattenfirma Death Row Records beisteuerte, welche die beiden vermeintlich letzten Alben von Tupac produzierte.[137]

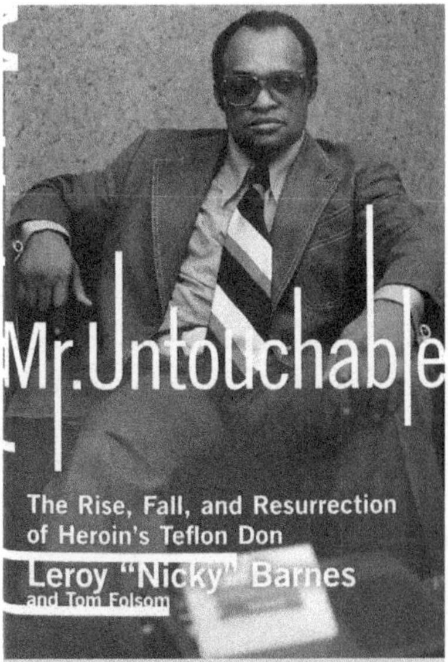

»Mr. Untouchable«: Das Leben von Leroy »Nicky« Barnes (1933-2012) wurde biografisch aufgearbeitet und dokumentarisch verfilmt

Wie die *New York Times* berichtete, kam ein FBI-Informant auch mit der Tochter von Malcolm X, Qubilah Shabazz, zusammen und verwickelte sie in eine Verschwörung, um den Anführer der NOI, Louis Farrakhan, zu ermorden. Der Mann überzeugte Shabazz, dass Farrakhan sich gegen ihre Mutter Betty verschworen habe und möglicherweise auch am Tod von Malcolm X beteiligt gewesen sei. Der Freund

135 Vgl. Scott: The Killing of Tupac Shakur, S. 66

136 Vgl. Washington Post, 26.07.2004

137 Vgl. Gary Webb: Dark Alliance, S. 148. Webb beschreibt detailliert das Kokainhandelsnetzwerk der CIA, und ein CIA-Generalinspekteur bestätigte 1998 seine Erkenntnisse.

trieb Shabazz' Drogenproblem weiter voran. Nun wurde ihr angeboten, dass eine Anklage gegen sie fallen gelassen würde, wenn sie sich auf eine ärztliche Behandlung bei einem Psychiater einließe.[138]

Ähnliche taktische Manöver verwendete der Geheimdienst bei Huey Newton. Er und Bobby Seale hatten sich ursprünglich gegen jegliche Drogen ausgesprochen. Diese Einstellung änderte sich zwar, aber Belege für einen Drogenhandel bei den Black Panthers wurden keine gefunden. Dafür bemühten sich verschiedene Undercover-Agenten um Newton, insbesondere Earl Anthony, der später berichtete, er habe massenhaft Gras an ihn verkauft.[139] Newton beteuerte allerdings, er hätte mit harten Drogen nichts zu tun gehabt.[140] Doch verschiedene Quellen sprechen davon, dass ihm seine Geliebte, die mutmaßliche FBI-Agentin Elaine Brown, *»jeden Tag und jede Nacht Kokain und sexy Frauen«*[141] vorbeigebracht habe.

Dass Elaine Brown im Jahre 1976 nach ihrer Verhaftung wegen Kokainbesitzes lediglich zu einigen Yoga-Stunden verurteilt wurde, kann als ein Indiz dafür angesehen werden, dass sie Earl Anthony dabei behilflich war, Newton in Drogengeschäfte zu verwickeln.[142] Cleaver und Edwards glauben, dass Browns Spionagearbeit auch zur Ermordung von Black Panthers führte. Viele Panthers gingen zudem davon aus, dass sie Newton dahingehend manipulierte, Geronimo Pratt und seine schwangere Frau Nsondi aus der Partei auszustoßen. Kurz danach wurde Nsondi in einem von Kugeln durchlöcherten Schlafsack am Straßenrand tot

---

[138] Vgl. New York Times, 06.09.2003

[139] Vgl. Anthony: Spitting in the Wind, S. 122

[140] Vgl. Newton: War against the Panthers, S. 48 f.

[141] Zit. aus einer E-Mail von Kathleen Cleaver an den Autor

[142] Info aus einem kalifornischen Nachrichtenartikel vom 24.04.1976, dem Autor zur Verfügung gestellt von George Edwards

aufgefunden. Hierzu gab es keinerlei ernstzunehmende polizeiliche Untersuchung.[143]

Huey Newton brauchte Monate, um aus dem durch Sex und Drogen verursachten Rauschzustand herauszufinden, nur um erkennen zu müssen, dass er von Agenten umgeben war. Misstrauisch wurde er, als eine Quittung mit Elaine Browns Namen während Geronimos Prozesses auftauchte. Auch ihre Aussagen im Mordprozess gegen zwei Mitglieder der United Slaves, die eindeutig nicht die Täter waren, machten sie verdächtig. Nachdem Newton erkannt hatte, dass sie eine FBI-Agentin sein müsse, ließ er sie in ein Gefängnis der Black Panthers bringen, wurde aber von seinen »Beratern« schließlich überredet, sie wieder in die Partei zu lassen. Pratt merkte gegenüber Kathleen Cleaver an, dass sie vormals in psychiatrischer Behandlung gewesen sei.[144]

Earl Anthonys Buch »Spitting in the Wind«, halb Offenlegung, halb Vertuschung, unterstützt die Vermutungen über Elaine Brown. Der Autor stellt sie zwar als einsatzfreudiges Parteimitglied dar, berichtet aber auch von ihrer Verbindung zu dem Aktivisten Jay Richard Kennedy, der als CIA-Informant enttarnt worden war. Dokumente, die über FOIA veröffentlicht wurden, bestätigten dies, ebenso William Pepper in »Orders to Kill«. Brown selbst schreibt in »A Taste of Power«, dass Jay Kennedy zwei Jahre lang, bevor sie mit Newton zusammenkam, ihr Liebhaber gewesen sei. CIA-Dokumente sowie Berichte von Whistleblowern bestätigen, dass Kennedy seit Anfang der 60er-Jahre die Bürgerrechtsbewegung unterwanderte.[145] Zudem erarbeitete er sich einen Posten

[143] Interviews mit Kathleen Cleaver, 05.10.2002, und George Edwards, 22.08.2000

[144] Infos aus Kathleen Cleavers E-Mail an den Autor

[145] Vgl. David Garrow: Bearing the Cross, S. 285; Pepper: Orders to Kill, S. 82, 445

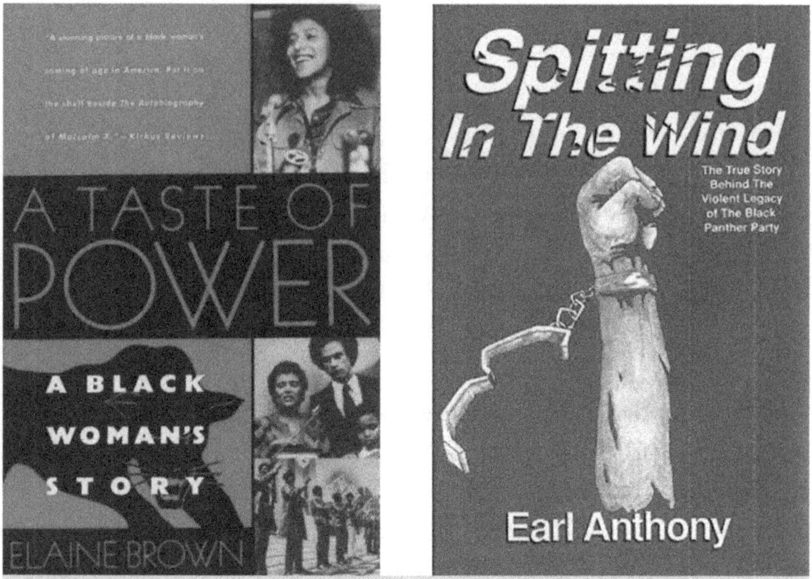

Zwischen Information und Desinformation: links Elaine Browns »A Taste of Power«, rechts Earl Anthonys »Spitting in the Wind«

als Manager für Harry Belafonte, einem der großen Unterstützer Martin Luther Kings, wurde dann aber doch gefeuert.[146]

Elaine Brown bestätigt im Übrigen ihre Undercover-Arbeit, indem sie Jay Kennedy als ihren lebenslangen Mentor benennt, von dem sie sich noch in den 90er-Jahren habe beraten lassen.[147] Sie schrieb Artikel und Bücher, die sowohl Informationen als auch Desinformationen enthielten. Ihre negative Schilderung von Huey Newton steht positiven Berichten anderer Frauen gegenüber, etwa von Afeni Shakur oder Kathleen Cleaver. Noch in einem Vortrag im Jahr 2003 wies Brown es entschieden ab, dass die Black Panther Partei vom Geheimdienst unterwandert

[146] Vgl. Kap. 40

[147] Vgl. New York Times Magazine, 31.91.1993; Brown: A Taste of Power, S. 175, 262

gewesen sei, obwohl etliche Agenten in verschiedenen Prozessen inzwischen das Gegenteil ausgesagt hatten. Browns Verteidiger behaupteten zwar, ihre Unterstützung von Gefangenen sowie ihre Schriften für schwarze Aktivisten könnten ihr gute Absichten bescheinigen, doch gibt es ebenso viele Hinweise auf ihre Missetaten.

Kapitel 11
Huey Newtons Kampf im Gefängnis und seine Ermordung

»Die Black Panther Partei setzte sich zum Ziel, … die Menschen wieder dahin zu führen, die Produktionsmittel in die eigene Hand zu nehmen, den Reichtum und die Technologien auf egalitäre Weise an die Gemeinschaften der Welt zu verteilen.«[148]

Huey Newton

»… ich trauere um dich – um unseren gefallenen Star«

Tupac Shakur: »Fallen star (4 Huey Newton)«[149]

1984 feierte der dreizehnjährige Tupac Shakur bei einer politischen Benefizveranstaltung für Jesse Jackson in Harlem sein Schauspieldebut in »A Raisin in the Sun«.[150] Im nächsten Jahr zog Afeni mit Sekyiwa und Tupac nach Baltimore um und setzte sich erfolgreich dafür ein, dass ihr Sohn an der öffentlichen Kunsthochschule angenommen wurde. Drei Jahre lang besuchte Tupac die Baltimore School for the Arts und belegte die Kurse Schauspielerei, Tanz, Shakespeare und Schreiben. Hier gründete er auch seine ersten Aktivistengruppen, die an Kampagnen zur

---

[148] Newton: To Die for the People, S. 71

[149] Aus der Gedichtesammlung »The Rose That Grew From Concrete«

[150] Theaterstück der schwarzen US-amerikanischen Dramatikerin Lorraine Hansberry (Anm. des Übers.)

Bekämpfung von Gewalt und zur Aufklärung über AIDS-Prävention arbeiteten.[151]

In Baltimore besuchte Tupac Treffen der New Afrikan Panthers, was ihn inspirierte, seine politische Arbeit an der Schule weiter auszubauen. Seine Gruppe bestand vorwiegend aus jungen Schwarzen aus der revolutionären New Afrikan People's Organization (NAPO). Ein enger Freund Afenis, Watani Tyehimba, leitete dort die Sicherheitsabteilung. Tupac wohnte 1985/86 häufig bei ihm. Ein weiterer bedeutender Aktivist war Chokwe Lumumba, Mitgründer der NAPO und ihr Vorsitzender. Die New Afrikan Panthers und die NAPO hatten Verbände in zehn Städten im ganzen Land.[152]

Zu dieser Zeit wurde in New York jeder, der auch nur ansatzweise mit Assatas oder Mutulus Flucht in Verbindung gebracht werden konnte, verhaftet. Anfang 1986 wurde auch Watani Tyehimba zu einer Gefängnisstrafe verurteilt, weil er keine Auskunft über den Aufenthaltsort von Mutulu Shakur geben wollte oder konnte. Ohne Vorstrafenregister wurde er vierzehn Monate lang so untergebracht, als wäre er ein verurteilter Verbrecher.[153]

1986 nahm die Polizei Mutulu Shakur letztlich doch noch fest, auch wenn er den Behörden länger als jeder andere Aktivist, der als RATF-Mitglied angeklagt worden war, entging. Drei Tage zuvor war sein Bruder Lumumba in Louisiana tot aufgefunden worden, und Mutulu vermutete, dass ein Polizeiinformant ihn

---

[151] Vgl. Dyson: Holler If You Hear Me, S. 33; »Thug Angel. Life of an Outlaw«. Dokumentation 2002 mit dem 17-jährigen Tupac Shakur

[152] Persönliche Interviews mit Watani Tyehimba, 05.02.2000, und Chokwe Lumumba, 05.10.2000. Tyehimba war ein ehemaliger Black Panther aus dem Revolutionary Action Movement in Los Angeles, der am Fall von Geronimo Pratt mitarbeitete.

[153] Interview mit Watani Tyehimba, 08.11.2002

verhört hatte und dass sein Bruder ihn schützte und deshalb getötet wurde.

Ein Bundesrichter bestätigte im Prozess, dass die Polizei Mutulus Rechte verletzt habe. Dennoch wurde er wegen »Verschwörung zu bewaffnetem Raub und Mord« zu sechzig Jahren Gefängnis verurteilt. Der Gerichtshof befand ihn außerdem für schuldig, an Assatas Gefängnisausbruch beteiligt gewesen zu sein, obwohl diese Anschuldigung haltlos war. Seine Anträge auf Bewährung wurden wiederholt abgelehnt, weil er seine politischen Ansichten nicht aufgeben wollte.[154]

Mutulu Shakur (geb. 1950 als Jeral Wayne Williams), Adoptivbruder von Lumumba und Stiefvater von Tupac, war einer der zehn meistgesuchten FBI-Flüchtlinge (Fahndungsfoto)

Als 1987 in der direkten Nachbarschaft ein Teenager ermordet wurde, beschloss Afeni mit der Familie nach Oakland, zu Linda Pratt, der zweiten Ehefrau von Geronimo, umzuziehen. Nur wenige Wochen später wurden zwei weitere Aktivisten und Freunde von Tupac in Baltimore erschossen. Aber auch Oakland war problematisch, das aufgrund des hohen Konsums von Kokain »Cokeland« genannt wurde. Tupac stach in der Schule besonders hervor. Er las alles, was ihm in die Finger kam, inszenierte Shakespeare-Aufführungen, in denen er die Hauptrollen übernahm, nachdem er die Dialoge in moderne Sprache umgedichtet hatte. Doch wegen Afenis Drogenproblems geriet er mit ihr häufig in Streit, und als ihr Crack-Konsum schlimmer wurde, zog

[154] Vgl. Churchill: The Cointelpro Papers, S. 309, 411 ff.; Guy: Afeni Shakur, S. 134 f.; Scott: The Killing of Tupac Shakur, S. 66

er aus und brach die Schule noch während seines letzten Highschool-Jahres ab. Bevor er bei seiner zukünftigen Managerin Leila Steinberg einzog, war er praktisch obdachlos. Tupac beeindruckte Leila mit seinem fotografischen Gedächtnis und seiner Fähigkeit, marxistische Analysen des amerikanischen Klassensystems und andere politische Fragen zu diskutieren. Als Tupac noch in der Highschool war, erklärte er beispielsweise in einem Interview, dass George H. W. Bush *»für die Oberschicht der perfekte Präsident«* gewesen sei, denn *»so ist die Gesellschaft nun einmal gebaut. Die Oberschicht regiert, während … wir in der Mittel- und Unterklasse nur darüber sprechen.«*[155] Tupac las Hunderte von Büchern – von sozialistischen und anarchistischen Texten über philosophische Abhandlungen, Poesie, Shakespeare und zeitgenössische Bücher bis hin zu alternativen historischen Analysen, Feminismus und Psychologie war alles dabei. Und er zeigte außergewöhnliche Produktivität: Er half Steinberg bei Kunstprogrammen, leitete Rap-Musikgruppen und nahm sein erstes Album auf. Eines seiner Gedichte widmete er Huey Newton, und er verfasste den Song »Panther Power«. Mit 17 Jahren wurde er zum jüngsten Vorsitzenden der New Afrikan Panthers aller Zeiten gewählt und behielt den Posten für fast zwei Jahre. Für die NAPO vertrieb er deren Zeitung und half dabei, die Flugschrift *Panther Power* zu verfassen und zu verteilen.

1988 wurde Huey Newton wegen einer geringfügigen Straftat verhaftet und kam in dasselbe Gefängnis wie Geronimo Pratt. Trotz anhaltender Verhaftungen und Übergriffe hatte er es geschafft, einen Doktortitel zu erlangen, mehrere Bücher zu schreiben und in Oakland eine Schule zu eröffnen.[156] Seine Intelligenz zeigte sich vor allem in den Veröffentlichungen,

---

[155] Zit. wie Dyson: Holler If You Hear Me, S. 84

[156] Newton wurde 1988 mit der Doktorarbeit »War against the Panthers« an der University of California in Santa Cruz in History of Conscience promoviert.

die auf seinen Gesprächen mit dem Psychologen Erik Erikson basieren, sowie in seinen Reden, die von der Nobelpreisträgerin für Literatur, Toni Morrison, bearbeitet und herausgegeben wurden.[157]

Im Gefängnis kümmerte sich Geronimo Pratt um Newton, der an Entzugserscheinungen litt. Die beiden glichen ihre Informationen miteinander ab und bedauerten, dass das FBI und die CIA sie in den letzten 18 Jahren dermaßen gegeneinander ausgespielt hatten. Am 22. August 1988 verweigerte Newton seine Entlassung und setzte für den kommenden Tag eine Pressekonferenz an. Dort verkündete er, dass er das Gefängnis nicht eher verlassen werde, bis auch Pratt frei kam. Doch Pratt bat Newton, er solle ohne ihn gehen und ihm von draußen helfen.[158]

Der charismatische Huey Newton bei einer seiner vielen Reden

[157] Vgl. Newton: To Die for the People sowie Revolutionary Suicide; Erikson und Newton: In Search of Common Ground

[158] Vgl. San Francisco Chronicle, 24. und 27.08.1988, 16.09.1988; Newton: Bitter Grain, S. 218 ff.

Nach seiner Freilassung arbeitete Huey Newton also zunächst für die Freilassung von Pratt, beriet sich höchstwahrscheinlich auch mit Tupac und ließ sich in jedem Fall von ihm inspirieren. Die meisten der schwarzen politischen Gefangenen begannen sich zu jener Zeit als »New Afrikans« zu identifizieren. Im Sommer 1989 kontaktierte er die Black Panthers der Ostküste, die gerade damit anfingen, eine neue Zeitung zu publizieren, und sprach mit ihnen über sein Ziel, die Black Panther Partei wiederzuvereinigen. Derweil hielt ihn der Geheimdienst unter Beobachtung. Seine politische Arbeit war aller Wahrscheinlichkeit nach der Grund für seine Ermordung am 22. August 1989, also genau ein Jahr nachdem er seine Haftentlassung verweigert hatte. Der Angreifer schoss dreimal auf Newton, darunter zweimal in den Kopf, als er bereits auf dem Boden lag. Viele Aspekte deuten darauf hin, dass es sich um ein Attentat des Geheimdienstes handelte.

Laut *San Francisco Examiner* vom 24. August 1989 wurde Polizeileutnant Mike Sims aus Oakland bei einer ganzen Reihe von Lügen bezüglich des Mordes ertappt. Wiederholt behauptete er, dass es keine Verdächtigen und keinerlei Anhaltspunkte gebe, doch die Polizei hatte Videos von der Verhaftung dreier Männer in der Nähe des Tatorts unmittelbar nach dem Mord gemacht. Sims erklärte, dass zwei Männer verhaftet worden seien, von denen aber keiner mit dem Mord an Newton in Verbindung gebracht werden könne. Der Polizeisprecher korrigierte Sims bereits am darauffolgenden Tag und sagte, die beiden seien durchaus Verdächtige. Benannt und angeklagt wurde jedoch nur einer der beiden. Das FBI und die Polizei beschuldigten Tyrone Robinson, der in Notwehr gehandelt habe, als Newton seine Waffe zog. Diese Behauptung wurde durch die Aussagen widerlegt, dass keine Waffe, die man Newton hätte zuordnen können, am Tatort gefunden wurde. Auch wurde nicht erklärt, warum der Schütze ihm noch zwei Kugeln in den Kopf jagte, als er bereits am Boden lag. Dies sah nach einer militärischen Hinrichtung aus, wie sie später auch bei Tupac versucht wurde.[159]

Auch die Schilderungen von Michelle Johnson, die auf der gegenüberliegenden Straßenseite wohnte, deuten auf einen Mordkomplott hin: Ein Mann habe Newton befohlen, in sein Auto einzusteigen. Doch Newton protestierte: »Mann, das kannst du vergessen!« Als Nächstes hörte sie Schüsse und sah Newton auf dem Bürgersteig zusammenbrechen. Alles zusammen unterstützt die Annahme von Newtons Bruder Melvin und anderer Aktivisten der Region, dass der Geheimdienst Newtons Ermordung inszenierte.

Anschläge auf weitere Anführer der Schwarzen erfolgten nach ähnlichem Muster. So wurde Martin Luther King genau ein Jahr nachdem er offiziell seinen Widerstand gegen den Vietnamkrieg angekündigt hatte, ermordet, und Laurent Kabila, Präsident des Kongo, genau am selben Datum wie vierzig Jahre zuvor sein ehemaliger Genosse, der erste unabhängig gewählte Präsident des Kongo, Patrice Lumumba.[160] Auch Tupac Shakur sollte noch Bekanntschaft mit dieser Taktik des Geheimdienstes machen.

---

[159] Vgl. Churchill: The Cointelpro Papers, S. 320, 417 f.

[160] Vgl. D'Eugenio und Pease: The Assassinations, S. 162 f.; Our Times Press, September 1998, New York Times, 27.06.2007

Black-Panthers-Wandbild aus dem Jahr 1996 in Los Angeles

PEOPLE'S
FREE

Kapitel 12
Richard W. Helds Intrigen gegen Huey und Tupac

»Wegen der Bullen bin ich vorsichtig,
sonst erschießen sie mich gleich …
Zur Hölle mit dem Marin County Sheriff's Department
Zur Hölle mit dem FBI
Zur Hölle mit der CIA
Zur Hölle mit B-U-S-H
Zur Hölle mit all diesen scheiß rassistischen Wichsern!«

Tupac Shakur, »I Don't Give a Fuck«, 1991

Richard W. Held, Sohn des stellvertretenden FBI-Direktors und schon in jungen Jahren in hoher Führungsposition, hat den Lebenslauf eines Serienmörders. Bereits mit 27 Jahren leitete er die COINTELPRO-Abteilung in Los Angeles und betreute vom FBI bezahlte Informanten bei den United Slaves, welche Panthers ermordet hatten. Held war es auch, der die Falle für Geronimo Pratt stellte, nachdem der Versuch gescheitert war, ihn ermorden zu lassen. 1985 schickte ihn das

Richard W. Held, tief involviert in die COINTELPRO-Auftragsmorde

FBI als Spezialagenten nach San Francisco, offenbar damit er dort seine COINTELPRO-Arbeit fortsetzte. Huey Newtons Unterstützung für Pratt bedeutete für ihn einen herben Rückschlag bei seiner Sabotage von Pratts Verteidigungsteams. Ohne jegliche Beweise gab er 1989 an, dem Mord an Newton läge ein verpfuschter Drogenhandel zugrunde, was der Polizei völlig ausreichte.[161]

Ein Jahr später explodierte eine Bombe im Auto der Aktivistin Judi Bari, Leiterin der Umweltgruppe Earth First!; auch hier deutete alles darauf hin, dass das FBI dahinter stand. Bari war fortan von der Hüfte abwärts gelähmt, ihr Mitstreiter Darryl Cherney wurde verwundet, und sie reichten Klage ein. Die Regierung musste schlussendlich ein Schmerzensgeld von mehreren Millionen Dollar zahlen. Das FBI aber hatte die Polizei von Oakland angewiesen auszusagen, dass Bari die Bombe selber transportiert habe, um sie gegen die Holzindustrie, gegen die sie kämpfte, einzusetzen. Doch gibt es Belege dafür, dass Richard Held die Operation 1990 leitete und die Bombe mitsamt einem Bewegungsauslöser unter dem Sitz von Bari verstauen ließ. Dies war bereits der zweite Anschlag auf ihr Leben. Monate zuvor wurden sie und ihre drei kleinen Kinder fast getötet, als ein Lastwagenfahrer sie zu überfahren versuchte. Vorher hatte jemand ein mit Kot beschmiertes Bild von Bari an ihre Haustür genagelt, auf dem ein Fadenkreuz über ihrem Gesicht prangte. Das Fadenkreuz wurde häufig vom FBI genutzt, um Personen zu warnen bzw. zu bedrohen.[162] Nach dem Bombenanschlag berichtete

---

[161] Held wies auch die Infiltration der US-amerikanischen Indianerbewegung an und vertuschte die FBI-Morde an puerto-ricanischen Unabhängigkeitsaktivisten. Vgl. Ward/Churchill: Agents of Repression, S. 84; Churchill: The Cointelpro Papers, S. 320, 417 f.; Swearingen: FBI Secrets: An Agent's Expose, S. 87. Swearingen arbeitete in Helds Cointelpro-Einheit in L. A.

[162] Vgl. Ward/Churchill: The FBI Targets Judi Bari. Covert Action, Winter 1993-94, Nr. 47; Oakland Tribune, 26.05.1990; San Francisco Chronicle, 28.05.1990

Judi Bari über Dutzende von COINTELPRO-Manövern, die das FBI gegen sie und Earth First! verübt hatten. Bei ihrer Klage erhielt sie sogar Rückendeckung vom US-Kongress, sodass Richard Held und sein Mitarbeiter bei der Polizei, Lt. Mike Sims, vor Gericht gebracht wurden, die bereits ein Jahr zuvor bei dem Mordkommando gegen Newton zusammengearbeitet hatten. Held wurde daraufhin 1993 in den vorzeitigen Ruhestand geschickt. Zuvor allerdings wies er noch drei Attentate auf Tupac Shakur an.[163]

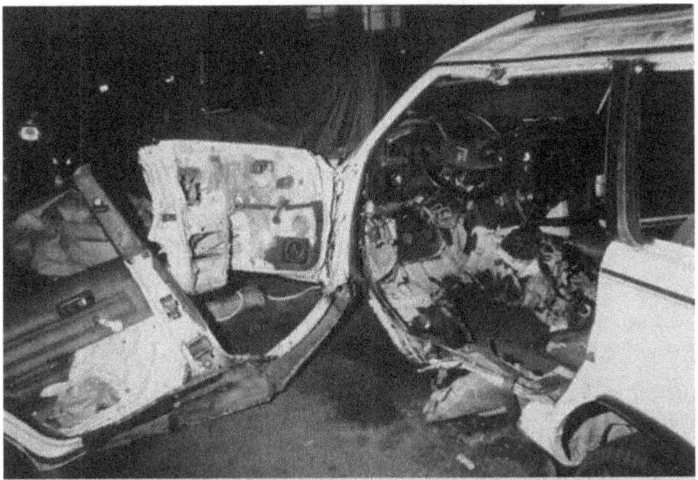

24. Mai 1990: Das völlig zerstörte Auto der Aktivistin Judi Bari, die bei dem Anschlag schwer verletzt wurde

Tupac organisierte derweil Musikveranstaltungen, um Gelder für die Verteidigung seines Patenonkels Pratt zu sammeln. 1990 nahm ihn die für einen Grammy nominierte Rap-Gruppe Digital Underground (DU) mit auf US-Tournee, 1991 auf Welttournee. Tupac startete damals auch ein neues Projekt namens »Under-

163 Vgl. Swearingen: FBI Secrets, S. 6

ground Railroad«[164], um junge schwarze Aktivisten zu fördern und neue Führungskräfte auszubilden.[165]

Mit Tupacs Ruhm vermehrten sich auch die Angriffe der Polizei auf ihn. 1991 unterschrieb er seinen ersten Soloplattenvertrag für das Album »2Pacalypse Now« und erhielt darüber hinaus eine Top-Filmrolle in »Juice«. Mit seiner ersten Single-Auskopplung feierte er Mitte Oktober auf MTV Weltpremiere. Der Song »Trapped« war radikal politisch. Nur wenige Tage nach der Veröffentlichung des Videos dazu wurde Tupac von der Polizei angehalten, weil er angeblich bei Rot über die Straße gegangen war. Ohne Vorwarnung schlugen sie ihn zusammen und würgten ihn, bis er das Bewusstsein verlor. Ähnlich brutale polizeiliche Übergriffe hatten schon zum Tod geführt. Tupac verklagte die Polizei auf zehn Millionen Dollar und erhielt einige Jahre später 15 000 Dollar als Entschädigung.[166]

Filmplakat von »Juice«, 1992. Vorne: der junge Tupac Shakur in seiner ersten größeren Rolle

Auch beim zweiten bewaffneten Angriff deutete alles auf eine Orchestrierung durch Richard Held, das Ass

---

164 In Anlehnung an die afroamerikanische Aktivistin Harriet Tubman (ca. 1820–1913), eine der größten Vorbilder Tupacs. Ihre Geheimorganisation, mithilfe derer sie eigenen Aussagen zufolge einige Tausende Sklaven über Tunnelsysteme des Eisenbahnnetzes in die Freiheit führte, trug den Namen »Underground Railroad«. Tubmans Leben wurde 2019 verfilmt.

165 Vgl. ebd., S. 167; Churchill/Vander Wall: Agents of Repression, S. 92; Bruck: The New Yorker, S.50, 52

166 Vgl. Hoye und Ali (Hrsg.): Tupac, S. 78 f.; Smith: Vibe editors, S. 17; New York Times, 08.03.2003

im Ärmel von COINTELPRO, hin: Im Januar 1992 wurde im Vorbeifahren auf Tupacs Limousine geschossen, als er und andere unterwegs waren zur After-Show-Party nach der Premiere von »Juice«. Glücklicherweise wurde niemand getroffen.[167] Es gibt Zeugenaussagen dazu, dass die Polizei »Drive-by-Morde« aus nicht gekennzeichneten Autos heraus verübte, was das LAPD vor Gericht letztlich zugeben musste. 1993 wurde etwa ein Auszubildender der Polizei von einem Offizier erschossen, weil er in einem Fall von rassistischer Polizeigewalt aussagen wollte.[168]

[167] Vgl. Thug Immortal, Dokumentarfilm 1997

[168] Vgl. Los Angeles Times, 04.05.1993, 28.05.1993, 11.09.1993, 05.05.2003

Kapitel 13
Die Aufstände von Los Angeles

»Wir können uns den Luxus nicht leisten, Hip-Hop nur als eine Art abstraktes Phänomen zu betrachten. … Es gibt zu viele von uns in den Gefängnissen, als dass wir uns ständig nur mit neuen Autos aufhalten könnten.«[169]

Fred Hampton Jr., 2006

Das FBI beobachtete Tupac Shakur weiter, denn ab 1992 stellte er beträchtliche finanzielle Mittel für die NAPO bereit. Und als er die Polizei von Oakland wegen des brutalen Übergriffs auf ihn verklagte, nahm er sich den NAPO-Vorsitzenden Chokwe Lumumba als beratenden Anwalt und stellte NAPO-Sicherheitsdirektor Watani Tyehimba als Geschäftsführer ein. Zudem warb er in seinen Texten für die New Afrikan Panthers und sprach auf etlichen NAPO-Versammlungen.

Als Tupac im April 1992 in Los Angeles am zweiten Film, »Poetic Justice« von John Singleton, mitwirkte, kam es in einigen Teilen der Stadt zu Ausschreitungen, nachdem vier weiße Polizisten im Rodney-King-Fall[170] freigesprochen worden waren. Es war der größte Aufstand seit den 60er-Jahren, das Gerichtsurteil löste

[169] Interview mit Fred Hampton Jr. in der Immortal Technique Show vom 16.04.2006

[170] Der Afroamerikaner war ein Jahr zuvor von ihnen schwer misshandelt worden. (Anm. des Übers.)

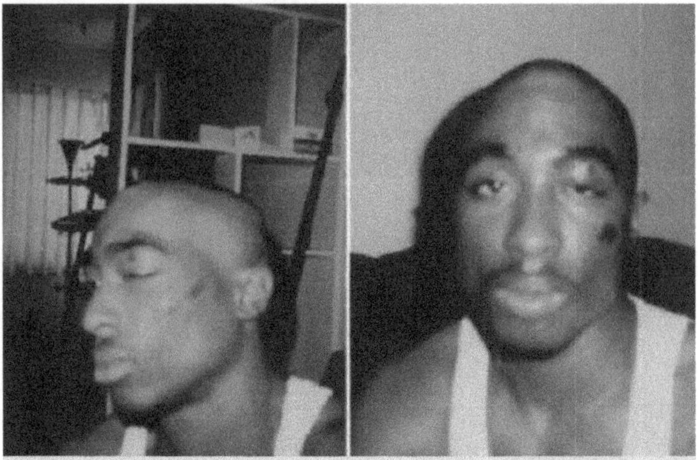

Der verletzte Tupac nach den Schlägen der beiden Polizisten 1991 in Oakland

auch in anderen Städten Unruhen aus. Der Geheimdienst nutzte diese dann als Begründung für einen umfassenden Krieg gegen die schwarzen Gemeinschaften.

Bald zeigte sich, dass explizit Aktivisten ins Visier genommen wurden, deren Eltern Führungspersönlichkeiten der Panthers waren, so auch der 22-jährige Fred Hampton Jr., Sohn des ermordeten Panthers-Führers aus Chicago und selbst Vorsitzender der Nationalen Volksdemokratischen Uhuru-Bewegung. Nachdem er eine Kundgebung abgehalten hatte, um gegen den Freispruch der weißen Polizisten zu protestieren, griffen ihn Polizisten und FBI-Agenten auf, als er mit seiner dreijährigen Tochter unterwegs war, und verhafteten ihn. Die Polizei beschuldigte ihn, eine Brandbombe in einem Laden gelegt zu haben, bei der Verhandlung konnte dies aber weder durch Fingerabdrücke noch Augenzeugen oder andere Beweise belegt werden. Der Richter fragte, wie man Hampton der Brandstiftung in einem Geschäft anklagen könne, wo es gar nicht gebrannt habe. Nichtsdestotrotz führte die Behauptung, Hampton habe eine »Veranlagung« zu dem Verbrechen gehabt, zu seiner Verurteilung und 18-jährigen Haftstrafe wegen »schwerer Brandstiftung«.[171]

Während der Haftzeit wurde er Opfer mehrerer Mordversuche. Auch seine New Yorker Anwältin wurde ermordet und alle Unterlagen zu dem Fall vernichtet. Hampton veröffentlichte Bilder seines beschädigten Autos und seines verwundeten Halses, nachdem auf ihn und seine Mutter geschossen worden war. Es handelte sich dabei um einen von zwei Mordversuchen im Jahre 2002.[172]

Da Tupac 1992 bereits prominent war, wurde er nicht ganz so dreist angegriffen, für politisch engagierte Musiker wurden ausgefeiltere Strategien entwickelt. In einem 1976 vom Kongressausschuss veröffentlichten Dokument wurden die Agenten wie folgt angewiesen: *»Schicken Sie ihnen verführerische Frauen, die sie mit Sex locken, und zerstören Sie Ehen. Lassen Sie Mitglieder wegen Marihuanakonsum verhaften. Überprüfen Sie persönliche Konflikte oder Feindseligkeiten zwischen ihnen. Schicken Sie Artikel an die Zeitungen, die ihre Verderbtheit entblößen. Setzen Sie Betäubungsmittel und Prostituierte ein, um sie in die Falle zu locken. Verwenden Sie Fehlinformationen, um zu verwirren und zu zerstören. … Und letztlich sollten Sie die Zielgruppen in einer Art provozieren, dass es zu Rivalitäten kommt, die zum Tode führen können.«*[173] Die meisten dieser Taktiken wurden auch gegenüber Tupac angewandt. Konservative Politiker gaben dennoch in erster Linie den Rappern die Schuld an den Unruhen.

---

[171] Erst am 14. September 2001 wurde er auf Bewährung entlassen. (Anm. des Übers.)

[172] Persönliches Interview mit Fred Hampton, 01.08.2003

[173] Zit. wie Constantine: The Covert War against Rock, S. 9

Tupacs Solo-Debütalbum »2Pacalypse Now« erschien im November 1991 und machte ihn berühmt. Es enthielt unter anderem militante Liedtexte als Reaktion auf Polizeigewalt, etwa: *»Ich erinnere an Rodney King und puste ihm [dem Polizisten] die Birne weg.«*[174] Wegen anhaltend guter Kritiken für seine Rolle in »Juice« sowie für die Hauptrolle im Film des Oscar-Preisträgers John Singleton bekam er schnell weitere Angebote.

Cover von Tupacs Album-Erstling »2Pacalypse Now«

Im Magazin *Rolling Stone* erhielt er neben einigen anderen Rappern Raum, das Urteil im Prozess gegen Rodney King und die darauf folgenden Unruhen zu kommentieren. *»Amerika müsste es wirklich einmal zu spüren bekommen, was es bedeutet, im Ghetto zu leben, und wenn es nur für drei Tage wäre. Jeden Tag werden wir hier ausgeplündert, verprügelt und in Polizeiautos gezerrt. Es ist so was von heuchlerisch, bei weißen Opfern mitfühlend zu sein, aber nicht bei uns.«*[175]

Aufgrund von Tupacs Bekanntheitsgrad waren die Übergriffe gegen ihn fortan weniger offensichtlich, so auch während des Festivals in Marin City im August 1992 – wie es ein perfides Drehbuch vorsah, genau am Jahrestag der Ermordung von Huey Newton. Der Dokumentarfilm »Thug Immortal« (1997) liefert einen detaillierten Bericht über das Festival und zeigt den dritten Anschlag auf Tupacs Leben. Zu sehen ist, wie er auf der Bühne seinen radikalen Track »Panther Power« performt und gegen das kapitalistische System Amerikas wettert: »Mit dieser Regierung

[174] »Souljah's Revenge«
[175] L. A. Rappers Speak Out. Rolling Stone, 25.06.1992

kann ich nicht leben. Sie attackieren unsere Gemeinschaft mit Drogen, und wir werden gespalten. Doch wenn ich mich darum bemühe, die Täter zu benennen, erzählen sie irgendetwas von ›Immunität‹.« Der Song schließt mit den Worten: »Es ist *jetzt* an der Zeit, die Regierung zu wechseln. Panther Power!«

Charles Fuller und Maurice Harding begleiten Tupac als Leibwächter, während er anschließend Autogramme gibt, als plötzlich einige Typen auf Tupac zugestürmt kommen, die seine Bodyguards gerade noch aufhalten können. Doch einer kommt von hinten und schlägt auf Tupac ein. Harding gibt einen Warnschuss ab, Sekunden später rennen Tupac und er unter Schüssen zu ihrem Jeep. Mark Reynolds betont im Film, er habe zu keinem Zeitpunkt eine Waffe in Tupacs Händen gesehen. Die Männer laufen Tupac und Harding hinterher, einer versucht Tupac daran zu hindern, die Tür des Autos zu schließen, und schlägt ihn vor den Augen der Polizei mehrmals. Harding schafft es irgendwie, loszufahren. Weitere Angreifer, gefolgt von schätzungsweise zweihundert Menschen, greifen das Auto mit Flaschen, Ziegelsteinen und anderen Gegenständen an, der Mob folgt dem Jeep, bis er vor einem Polizeirevier stehen bleibt. Dort greifen sie Tupac wieder an und nicht etwa Harding, der ja eine Waffe bei sich trägt, die Polizei sieht tatenlos zu. Tupac kriecht schließlich unter ein parkendes Polizeiauto. Nachdem weitere Einheiten vorgefahren sind, beginnt die Polizei die Menschenmenge zu zerstreuen.

Verhaftet wurden nur Tupac und Maurice Harding. Nach einigen Stunden ließen sie Tupac wieder frei. Er wurde keines Verbrechens beschuldigt. Ursprünglich drohte Harding eine Klage, da er angeblich einen Jungen erschossen habe.[176] Mehrere Augenzeugen meinten, dass die Personen, die Tupac geschlagen hatten,

[176] Ein Querschläger traf einen 5-jährigen Jungen tödlich.

offenbar seine Ermordung beabsichtigten. Die Gruppe trug jedenfalls Waffen bei sich, auch auf Tupac wurde geschossen. Die Zeugen sagten auch, sie hätten den Schützen, der den Jungen tötete, gesehen. Bei einer Gegenüberstellung versicherten sie, Harding sei es nicht gewesen.[177]

Die Tatsache, dass die Polizisten nichts taten, um die Angreifer zu stoppen, deutet auf einen Befehl von oben hin, vom FBI. Erst als Tupac unter das Polizeiauto kroch, wollten sie wohl nicht riskieren, dass das Fahrzeug durch den Mob beschädigt wurde, und griffen ein. Dann wurden auch noch alle Anklagepunkte gegen Harding fallengelassen, und niemand beschuldigte andere Personen am Tatort. Wollte man damit etwa vermeiden, dass Einzelheiten ans Licht kommen? So ließ die Staatsanwaltschaft auch einen anderen Fall mit Tupac in Atlanta schneller als erwartet fallen.

Die Vorgehensweise zeigt Richard Helds Handschrift, der COINTELPRO-Taktiken bereits gegen die Black Panthers, das AIM und andere angewandt hatte, etwa Einschüchterung, Propaganda in den Medien und vorgetäuschte Selbstjustiz zur Schaffung einer Lynchmob-Mentalität sowie Komplizenschaft der örtlichen Polizei und der Regierung. Genauer betrachtet, könnte Richard Held auch dafür gesorgt haben, dass die Stadt Marin City Tupac als Ehrengast zu dem Festival einlud, das exakt am dritten Jahrestag der Ermordung Newtons abgehalten wurde. Innerhalb weniger Jahre wurden weitere Schlüsselpersonen in Tupacs Leben an wichtigen Terminen geradezu rituell ermordet.

Was die COINTELPRO-Taktik »Propaganda in den Medien« betrifft, so bescheinigten andere Autoren und ehemalige Mitar-

---

[177] Vgl. Premiere, August 1993; Anson: To Die Like A Gangsta, S. 248; Bruck: The Takedown of Tupac, S. 47

beiter Helds, dass er sich auf Medienmanipulation spezialisiert habe.[178] Tatsächlich scheint er im Vorfeld des Marin-Festivals die lokalen Medien bestochen zu haben. Die Filmemacher von »Thug Immortal« deuten an, dass ein Interview in einer lokalen Zeitung mit Tupac verzerrt und missverständlich wiedergegeben wurde. Darin sprach er über die Obdachlosigkeit in seiner Jugend und bezeichnete die Drogendealer, die seine Mutter belieferten, als *»beschissene, dumme Nigga, die Frauen, Autos und Häuser hatten«*, wohingegen er *»einen Scheiß hatte«*. Er habe damals zwar Liebe durch die Menschen in Marin City erfahren, aber es sei *»solch eine Art von Liebe«* gewesen, *»die man einem Hund oder einem benachbarten Crack-Junkie schenkt«*. Dies passt dazu, wie er sich selbst als Teenager beschrieben hatte: *»Ich konnte mich selbst nicht leiden, doch hab es immer verborgen.«*[179] Die örtliche Zeitung verdrehte nun seine Worte, indem sie schrieb, er habe die Einwohner von Marin City mit Hunden und Crack-Süchtigen verglichen. Die Taktik, falsche Gerüchte in Umlauf zu bringen, wird im politischen Kampf als »Flüsterkampagne« bezeichnet. Die Anschuldigungen schützten das FBI vor dem Verdacht eines inszenierten Angriffs.

Auch könnte versucht worden sein, eine Lynchmob-Mentalität zu kultivieren, indem die Menschenmenge auf dem Festival in dem Glauben gelassen wurde, dass Tupac für die Erschießung des Kindes verantwortlich sei. Selbst Mark Reynolds, der in »Thug Immortal« betont, ein Freund von Tupac gewesen sein, schloss sich der Menge an und ging wütend auf Tupac los.[180]

---

[178] Vgl. Swearingen: FBI Secrets, S. 118 ff.; Churchill und Vander Wall: Agents of Repression, S. 80

[179] Zit. wie Bruck: The Takedown of Tupac, S. 47

[180] Vgl. ebd.; Anson: To Die like A Gangsta, S. 248

Kapitel 14
Bloods und Crips schließen Frieden

»Es ist an der Zeit, dass wir etwas verändern. Lasst uns die Art und Weise ändern, wie wir leben und wie wir uns gegenseitig behandeln. Der bisherige Weg hat nicht funktioniert, also liegt es an uns, das zu tun, was wir tun müssen, um zu überleben.«

Tupac, 1992

1992 sah der Geheimdienst einen weiteren wichtigen Grund, Tupac Shakur von der Bildfläche verschwinden zu lassen, darin, dass er maßgeblich bei der Politisierung der Bloods und Crips mithalf. Die hatten mit ansehen müssen, wie die Polizei regelrechte Hinrichtungen an einigen ihrer Mitglieder vollzog. Nun war man zum Waffenstillstand bereit; und die Gangmitglieder gelobten, sich dem Rassismus entgegenzustellen, statt sich gegenseitig zu bekämpfen. Prominente wie Harry Belafonte, Jesse Jackson oder Louis Farrakhan trugen mit ihrer Unterstützung zum Bandenfrieden bei.[181]

Der inhaftierte Mutulu Shakur übernahm die Aushandlung des Waffenstillstands innerhalb des gesamten Bundesgefängnissystems. Zuvor hatte er mit Tupac einen geheimen Plan entwickelt,

---

[181] Vgl. San Francisco Chronicle, 05.04.2003

das war die Geburtsstunde des berühmt-berüchtigten »Thug Life Movement«: Tupac sollte eine Art Gangster-Persönlichkeit annehmen, um die Bandenmitglieder besser erreichen und sie davon zu überzeugen zu können, sich an einen Verhaltenskodex zu halten. Den Jugendlichen wurde nahegelegt, mit ihrer Musik legales Geld zu verdienen. Ein weiteres Ziel von »Thug Life Movement« bestand darin, andere Rapper zu politisieren. Denn auch wenn einige Lieder von Tupac so klangen, als befürworteten sie Gewalt, riefen sie in Wirklichkeit vor allem zur Rebellion gegen die rassistische und wirtschaftliche Unterdrückung der unteren Klassen durch die Oberschicht auf.[182]

Nachteilig bei dem Plan war allerdings das negativ gezeichnete Bild von Tupac, das seine Anziehungskraft minderte und Kritiker bestärkte. Indem er den Straßenslang aufgriff, wurde er von den Gangs gehört und besser verstanden. Auch schwarze Feministinnen unterstützten Tupac: Seine Texte sprächen sich gegen Missbrauch von Frauen aus und befürworteten das Recht auf Abtreibung.[183]

Die Strafverteidigerin Iris Crews erklärte, es sei ihr anfangs schwergefallen, sich um Tupacs Fälle zu kümmern, bis sie herausfand, wie er wirklich war. *»Wäre er dieses unflätige, frauenhassende Kind gewesen, wie es in den Medien überall verbreitet wurde, hätte ich mich niemals für ihn eingesetzt.«* Eines Tages aber sah sie Tupac in einer Gerichtspause mit seiner großen Familie und den ganzen Kindern, die auf ihm herumturnten. Er habe zu ihr gesagt: *»Wenn ich nicht arbeiten würde, so hätten diese Kinder nichts zum Essen auf dem Tisch.«*[184]

---

[182] Vgl. Bruck: The Takedown of Tupac, S. 50; Hoye/Ali: Tupac: Resurrection, S. 116 f.
[183] Vgl. Vibe: Tupac Shakur, S. 17, 43
[184] Bruck: The Takedown of Tupac, S. 56

Tupac war in der Lage, seine wachsende Fangemeinde politisch zu beeinflussen. Sein Stiefvater verfügte zudem über eine solide Basis schwarzer Aktivisten. Mutulu wurde nachgesagt, er werde unter schwarzen Nationalisten regelrecht verehrt. Auch den Respekt der Führer der Bloods und Crips genoss er. Nach dem »Code of Thug Life«, dem »Ehrenkodex von Underdogs«,[185] der 26 Punkte enthielt, durften die Bandenmitglieder niemals unschuldige Menschen durch Drogenhandel oder Schießereien gefährden. Ebenso war es verboten, mit der Regierung zusammenzuarbeiten.

Tupacs und Mutulus »Code of Thug Life«

1. Jeder neue Bube (»Jack«) im Spiel muss wissen:
   a) Er wird reich. b) Er kommt ins Gefängnis.
   c) Er wird sterben.
2. Anführer der Crew: Du bist bei Zahlungsverpflichtungen gegenüber den Crewmitgliedern verantwortlich; dein Wort muss gelten.
3. Die Ratte (gemeint ist Verräter) einer Crew ist die Ratte einer jeden Crew. Ratten sind jetzt wie eine Krankheit; früher oder später werden alle von ihr befallen sein, auch die Ratten selbst.
4. Der Anführer der Crew und die Truppe sollten einen Botschafter wählen und Wege finden, Streitigkeiten beizulegen. In der Einigkeit liegt die Kraft!
5. Autoklau in unserer Nachbarschaft (»Hood«) ist gegen den Kodex.
6. Drogen an Kinder abzugeben (»Slinging to children«) ist gegen den Kodex.

[185] Vor allem in der schwarzen Hip-Hop-Kultur beinhaltet »Thug Life« eine entschlossene Haltung und Widerstandsfähigkeit, um trotz Rassismus und Ungerechtigkeit im Leben erfolgreich sein zu können; www.dictionary.com/e/slang/thug-life/

7. Kinder mit Drogen handeln zu lassen ist gegen den Kodex.
8. Kein Drogenhandel in Schulen.
9. Seit der Verräter Nicky Barnes sein Maul aufgerissen hat, wird das »Rattesein« von einigen akzeptiert. Wir dulden das nicht.
10. Verräter sind hier raus.
11. Die Bullen (»Boys in Blue«) haben hier nichts zu melden; wir schon. Kontrolliert die Nachbarschaft (»Hood«), und macht sie sicher für die Bewohner (»Squares«).
12. Keine Drogen an schwangere Schwestern. Das ist Babytötung; das ist Völkermord!
13. Kenne dein Ziel, wisse, wer der wahre Feind ist.
14. Zivilisten sind kein Ziel und sollten verschont werden.
15. Kindern etwas anzutun, wird nicht verziehen.
16. Angriffe auf das Haus einer Person, in dem sich seine Familie aufhält, müssen abgeblasen werden.
17. Sinnlose Brutalität und Vergewaltigungen müssen aufhören.
18. Unsere Alten dürfen nicht missbraucht werden.
19. Respektiere unsere Schwestern. Respektiere unsere Brüder.
20. Lesbische Schwestern (»Sisters in the Life«) müssen respektiert werden, wenn sie sich selbst respektieren.
21. Streitigkeiten, die Geschäftsbereiche innerhalb der Gemeinschaft betreffen, müssen professionell und nicht im Block ausgetragen werden.
22. Keine Schießereien auf Partys.
23. Konzerte und Partys sind neutrale Gebiete; es wird nicht geschossen!
24. Kenne den Kodex; er ist für alle da.

25. Sei ein cleverer Straßenkämpfer. Folge dem Kodex.
26. Schütze dich selbst zu jeder Zeit.[186]

Mutulu und Tupac ist es auch zu verdanken, dass sich der ehemalige Crips-Bandenführer »Monster« Kody Scott (1963–2021) den New Afrikans anschloss.[187] In seinem Buch »Monster« beschreibt er, wie er und andere Bandenmitglieder zum schwarzen Nationalismus und revolutionären Sozialismus kamen. Vonseiten der Regierung wurde seine Politisierung alles andere als begrüßt, und er kam über Jahre hinweg in Einzelhaft. Nach der Veröffentlichung seines Buches widerrief man zudem seine Kaution.

Die Latin Kings in New York wurden bei ihrer Entscheidung zum politischen Aktivismus von den Young Lords beraten, die wiederum mit den Black Panthers in Verbindung standen. Einige Anführer der Bloods und Crips reisten sogar nach England und sprachen dort mit einer sozialistischen schwarzen Gruppierung, die sich ebenfalls »Panthers« nannte.[188]

Der Geheimdienst und die konservative Regierung beobachteten die Entwicklung mit großer Sorge. Die Bloods and Crips umfassten nicht nur die Mehrheit der ca. 100 000 Bandenmitglieder in Los Angeles, sie waren auch in den gesamten USA von Texas bis New York verbreitet, in 115 Städten. Bis 1995 waren sie sogar in allen vier Zweigen der US-Streitkräfte und auf mehr als 50 Militärbasen aktiv.[189] So reagierte man nun auf verschiedene Art und Weise. Das LAPD zum Beispiel stellte den Friedensführern der Banden Fallen und verhaftete die Teilnehmer an Vereinigungs-

---

[186] Der Text wurde dem Autor von George Edwards zur Verfügung gestellt.
[187] Scott benannte sich später um in Sanyika Shakur. (Anm. des Übers.)
[188] Vgl. The Guardian, 28.10.1994
[189] Vgl. Los Angeles Times, 12.05.2002; Houston Chronicle, 20.09.1994; St. Louis Post-Dispatch, 17.07.1995

treffen. Der CIA-Direktor arbeitete im umfassenden Krieg gegen die Gangs mit dem FBI-Direktor zusammen, der viele zusätzliche Agenten für die Kooperation mit der Polizei zur Verfügung stellte, etwa für die Anti-Banden-Operation »Hammer« sowie das von Präsident Bush gestartete Programm »Weed and Seed«.[190] Außerdem bildeten die Bundesbehörden auf Anordnung des Präsidenten die Joint Task Force Los Angeles (JTF-LA). Die Einsatztruppe glich der Joint Terrorist Task Force, die in New York gegen Mutulu Shakur eingesetzt wurde, und konnte auf die Unterstützung der Polizei, auf die Streitkräfte der US-Armee und der Marine zurückgreifen sowie auf die Hilfe von Nationalgarde, FBI und des Amtes für Alkohol, Tabak, Schusswaffen und Sprengstoffe (ATF).

Darüber hinaus arbeiteten die Behörden mit Gefängniswärtern im gesamten Land zusammen. Mutulu Shakur wurde aus Besorgnis über seine *»Außenkontakte und seinen Einfluss bei den jüngeren Schwarzen«* in das Untergrundgefängnis mit höchster Sicherheitsstufe in Colorado verlegt.[191]

---

[190] Vgl. Davis: Who Killed LA?, S. 7, 34 f; The Nation, 01.06.1992; WBAI Radio, 15.04.2002

[191] Vgl. Bruck: The Takedown of Tupac, S. 54

Kapitel 15
Attacken, Drohgebärden und Scheinklagen

»I never had a record until I made a record.«[192]

Tupac, 1994

Das FBI-Department von Los Angeles sammelte so viele Dokumente über Tupac, dass seine Akte in der Summe schließlich 4000 Seiten umfasste. Diese wurde streng gehütet, auf eine FOIA-Anfrage hin wurden nur 99 Seiten, die zum Teil geschwärzt waren, freigegeben.[193]

Aufgrund des Präsidialerlasses von Ronald Reagan in den 80er-Jahren, der Executive Order 12333, ist heute keine Dokumentation der Operationen gegen Tupac Shakur verfügbar. Auch das Gesetz zur Informationsfreiheit konnte nichts daran ändern, denn »Sonderoperationen« durchzuführen war erlaubt, ohne dass die Geheimdienste sie melden mussten.

Man begann nun neue Strategien gegen Tupac anzuwenden und bat offenbar sogar das Weiße Haus um Mithilfe. Vizepräsident Dan Quayle hielt am 22. September, also genau einen Monat nach dem Angriff beim Marin-Festival, eine Rede, worin er ver-

---

[192] *»Ich hatte keine Akte, bis ich eine Platte aufnahm.«* Tupac Shakur: Conversations with Ed Gordon, 1994. BET

[193] Persönliches Gespräch mit Tawanda Monroe vom FBI, 09.05.2000

kündete, dass die Musik von Tupac *»keinen Platz in unserer Gesellschaft«* habe – dasselbe hatte er drei Monate zuvor über den Rapper Ice-T gesagt.[194] Es liegt nahe, dass Quayles Reden exakt jeweils so getimt waren, dass nachfolgend gegen Ice-T und Tupac vorgegangen werden konnte. Ice-T hatte sich zuvor im Magazin *Rolling Stone* Tupacs Widerstand gegen die Regierung angeschlossen und unverhohlen zum Aufstand aufgerufen. In seinem Song »Cop Killer« zieht er Gewalt als Antwort auf Polizeibrutalität in Erwägung.[195]

Der Fall von Ice-T zeigt, dass TimeWarner die Repressalien durch den Geheimdienst unterstützte. Ice-T hatte mit seiner Band Body Count während einer ausverkauften Tournee im Jahre 1991 bei jedem Konzert »Cop Killer« performt. Der Song war wochenlang unter den Top 50 der Billboard-Charts. Nachdem sich viele Kongressabgeordnete dem Protest gegen das Lied angeschlossen hatten, kündigte Ice-T zwar an, es aus dem Album streichen zu lassen, TimeWarner ließ ihn dennoch binnen sechs Monaten fallen.[196]

Ice-Ts provokanter Titel »Cop Killer« forderte das Establishment heraus

Dass Tupac gerade jetzt von Dan Quayle angegriffen wurde, kam nicht von ungefähr, denn die Präsidentschaftswahlen standen kurz bevor. Berühmt wurde Tupacs Aussage über Bush und Quayle in »Keep Ya Head Up«: »Für Kriege haben sie Geld, aber können die Armen nicht ernähren.« Inzwischen verfügte TimeWarner

[194] Vgl. Billboard, 03.10.1992
[195] Vgl. Rolling Stone, 25.06.1992
[196] Vgl. Radical History Review, Herbst 1996; Washington Post, 20. und 25.06.1992; Billboard, 06.02.1993

bei Tupacs Musiklabel Interscope über einen Marktanteil von 50 Prozent, also war es für sie ein Leichtes, die Veröffentlichung von Tupacs neuer CD um fast ein Jahr zu verzögern, sodass sie erst nach den Wahlen erschien.

Auch andere Republikaner forderten, dass Tupacs Lieder verboten wurden. Im Dokumentarfilm »Biggie & Tupac« von Nick Broomfield (2002) wird berichtet, dass aus Besorgnis über die subversiven Elemente im Rap 1993 sogar ein parteiübergreifender Senatsunterausschuss gebildet wurde. Zudem wurde in New York eine Rap-Geheimdienst-Einheit gebildet, die mit den Methoden von COINTELPRO arbeitete und 1995 ihre Tätigkeit aufnahm.[197]

Der radikale Rap-Superstar Tupac wurde zunehmend Opfer von Übergriffen. In Los Angeles verhaftete ihn die Polizei etwa ein halbes Dutzend Mal, etwa wegen Trunkenheit in der Öffentlichkeit oder wegen Waffenbesitzes (welcher unter Prominenten durchaus nicht unüblich war, um sich gegen Stalker zu wehren) oder wegen Marihuana-Konsums. Bis auf eine Anklage wegen einer handgreiflichen Auseinandersetzung mit den Hughes-Brothers im Jahre 1994 wurden alle anderen wieder fallengelassen.[198]

Die Schikanen hatten offenbar den Zweck, die Öffentlichkeit glauben zu lassen, dass Tupac die Verhaftungen wegen seines »kriminellen Verhaltens« selbst heraufbeschworen hatte, ebenso die Attacken nach seinem MTV-Debüt oder nach seiner Filmdebüt-Premiere. 1993, als Tupac seinen ersten Live-Auftritt im Fernsehen mit Interview und anschließender Song-Performance hatte, wurden er und ein Freund auf dem Parkplatz beleidigt

---

[197] Vgl. Kap. 30

[198] Vgl. The Daily News, 01.05.1994; Las Vegas Sun, 09.09.1996; The New York Post, 22.12.1993

und angepöbelt. Der Mann richtete sogar seine Waffe auf sie. Im Polizeiprotokoll wurde bestätigt, dass am Tatort eine Pistole gefunden wurde, die weder Tupac noch seinem Freund gehörte. Das war nun der vierte Angriff auf Tupac mit einer Schusswaffe. Die Polizei aber unterbrach seinen Fernsehauftritt und verhaftete ihn.[199] In Atlanta wurde Tupac zweimal von der Polizei in ähnlicher Weise vor dem Rap-Kongress »Jack the Rapper« aufgehalten, kurz bevor er dort eine Rede halten sollte. Er verlor durch all dies viel Zeit und Geld, und die Richter wiesen die Anklagen letztlich immer ab.

Das FBI nutzte Denunziationen und Verhaftungen, um Tupacs Konzerte absagen zu können, angeblich da man Ausschreitungen vermutete. Diese Taktik wurde auch bei anderen Musikern angewandt, etwa bei der Rap-Gruppe N.W.A. Das FBI versandte Faxnachrichten an die Polizei in jeder Stadt, in der die Band auftreten wollte, und forderte dazu auf, Ausreden zu finden, um die Konzerte canceln zu können. Dasselbe betraf die politische Musikgruppe Rage Against the Machine. Deren Leadsänger Zack de La Rocha meinte, die Polizei habe vor ihren Shows verkündet, dass sie keine Sicherheitsvorkehrungen treffen könne, da das Risiko eines Aufruhrs zu groß sei.[200]

Mittels COINTELPRO wurden *»viele Aktivisten vor Gericht«* gebracht, *»oft wegen eines nicht verifizierbaren Vorwurfs der Verschwörung«.*[201] Eine Vielzahl von Zivilprozessen lief gegen wohlhabende politische schwarze Künstler. Die Kläger riskierten dabei Sanktionen und Strafen, indem sie etwa fadenscheinige Zivilklagen gegen Tupac einreichten. Drang der Geheimdienst vielleicht darauf? Mancherlei groteske Klage, die sich mitunter zu

[199] Vgl. Billboard, 27.03.1993, S. 94; Vibe: Tupac Shakur, S. 29, 138
[200] Persönliches Interview mit Zack de La Rocha, 05.05.1999
[201] Vgl. Betserai/Gevins: Me and My Shadow, Track 4

hochrangigen Konservativen zurückverfolgen ließ, legt dies nahe, beispielsweise von C. Delores Tucker, die sich gemeinsam mit dem Drogenzar William Bennett an einer Zivilklage beteiligte, in der behauptet wurde, Tupacs Texte verletzten die sexuelle Freiheit von Frauen.[202]

Die Anprangerung von Tupac durch Vizepräsident Dan Quayle erfolgte, um eine mehrere Millionen Dollar schwere Klage der Witwe eines texanischen Polizeioffiziers gegen Tupac zu unterstützen. Quayle warf ihm vor, mit »2Pacalypse Now« trage er Verantwortung für die Erschießung des Polizisten. Eine Frau behauptete zudem, sie sei bei einem Tupac-Konzert angeschossen und dadurch gelähmt worden, weil Tupac eine »aufrührerische Atmosphäre« geschaffen habe.[203]

Die Attacken auf Tupac setzten sich mit seinem wachsendem Reichtum und Einfluss fort. *The Source* berichtete im September 1994 über einen Vorfall, der die Agenten besonders beunruhigt haben dürfte, da Tupac gleichsam eine moderne schwarze Befreiungsarmee anzuregen schien. Als er auf die Verhandlung von jener Anklage wartete, bei der er – wegen eines Faustkampfes mit den schwarzen Filmregisseuren Albert und Allen Hughes – zu 15 Tagen Gefängnis verurteilt wurde, stand er mit einem Reporter vor dem Gerichtsgebäude in Los Angeles. Die Hughes-Brüder waren umringt von Sicherheitsleuten. Furchtlos ging Tupac auf sie zu und fragte, warum sie denn die beiden vor ihm schützen wollten. Es folgte ein Streit mit den Brüdern, und einer der Wachmänner begann Tupac zur Seite zu schubsen. Tupac schimpfte, er wolle »die Nigga aus Crenshaw mit ihren Maschinengewehren

---

202 Vgl. Las Vegas Sun, 06.09.1997, 20.11.1996; Sullivan: LAbyrinth, S. 87 f.; Newsweek, 15.09.1997; Jet, 01.09.1997, S. 62

203 Vgl. Rolling Stone, 28.10.1993; Billboard, 03.10.1992; Daily News, 24.11.1993; Las Vegas Sun, 06.09.1997

und ihrer Lumpen-Uniform« holen. »Ihr Nigga, ihr habt doch überhaupt keine Ahnung, mit wem ihr es hier zu tun habt! Meine Wurzeln reichen tief!« Tupac spielte auf seine ehemalige New-Afrikan-Panthers-Gruppe im Stadtteil Crenshaw an, die zur Selbstverteidigung mit Militärgewehren ausgerüstet waren.

Kapitel 16

Erneut Schüsse auf Tupac

»Ich schätze, weil ich schwarz geboren bin,
soll ich friedlich sein, Lieder singen und mich verprügeln lassen.
Aber es ist Zeit für einen neuen Plan – BÄM!
Ich werde meine Fäuste schwingen wie ein One-Man-Clan.«

Tupac Shakur: »Holler If Ya Hear Me«, 1993

Einer der eindeutigsten Versuche, Tupac Shakur zu ermorden, kam im Jahre 1993, nachdem er nach Atlanta gezogen war, wo er ein Haus für seine Mutter und seine Schwester gekauft hatte. Tupac war gerade mit seinem Wagen auf dem Weg nach Hause, hinter ihm ein Gefolge von drei bis sechs Autos, als sie an einer Ampel in der Nähe einer Hoteleinfahrt anhalten mussten. Dort sah er, wie gerade ein Schwarzer mit zwei weißen Männern rangelte, einer davon schlug zu. Der Bedrängte sagte später aus, er sei in diese Einfahrt eingebogen, um zu wenden, als zwei weiße Männer – es handelte sich um Polizisten in Zivil –, die mit zwei Frauen zu Fuß unterwegs waren, ihn anpöbelten.

Tupac kurbelte sein Fenster herunter und fragte, was los sei. Als einer der Polizisten die Waffe zog, schloss Tupac das Fenster wieder, woraufhin der Mann es mit dem Kolben zerschlug und auf Tupac schoss. Daraufhin sprang Tupac aus dem Wagen. Mit vorgehaltener Waffe zwang der Mann nun auch die Sicherheitsleute auszusteigen. Tupac schnappte sich eine ihrer Pistolen und feuerte zurück. Ihm zu Hilfe eilten Personen, die aus den anderen Autos ausstiegen, sie schlugen die beiden in die Flucht, die, teilweise rückwärts laufend, immer noch auf Tupac zielten. Dessen Schüsse trafen die Angreifer ins Bein, in den Hintern und in den Rücken. Die Polizei verhaftete Tupac daraufhin wegen versuchten Mordes.[204]

Die beiden Beamten erklärten, der schwarze Mann, mit dem sie Streit hatten, hätte eine der Frauen fast angefahren, diese allerdings gab dazu nie eine Stellungnahme ab. Die Berichte der Polizisten waren insgesamt sehr widersprüchlich. Zunächst behaupteten sie, »so Nigger« hätten aus ihren Wagen herausgeschossen, anschließend, dass Tupacs Gruppe ausgestiegen sei, sie umzingelte, bedrohte und dann auf sie schoss.[205]

Viele Aspekte des Vorfalls stützen die Annahme, dass die Männer Tupac töten sollten. Sie aber behaupteten, dass sie in dieser Nacht gar keine Waffe bei sich getragen hätten. Unmittelbar nach dem Vorfall begab sich die Polizei in Tupacs Hotelzimmer, um ihn festzunehmen, obwohl er sechs Zimmer unter Decknamen gebucht hatte. Dies spricht dafür, dass er unter enger polizeilicher Überwachung stand.

Als klar wurde, dass die Waffe, die gegen Tupac verwendet wurde, aus einer Beweiskammer der Polizei stammte, ließ die Staatsanwaltschaft die Anklage fallen. In einem anderen Prozess, nämlich im Anschluss an den mittlerweile fünften Schusswaffenangriff auf Tupac, wurde erklärt, dass Polizeibeamte solche »Wegwerf-

---

[204] Persönliches Interview mit Billy Lesane (10.04.1999) sowie mit Watani Tyehimba, Chokwe Lumumba (05.05.2000) und Tupacs Anwalt Ken Ellis (12.05.2000), die Augenzeugen des Geschehens waren

[205] Vgl. Ro: Have Gun Will Travel, S. 146

waffen« benutzen würden, um sie nach einem Mord leicht verstecken zu können.[206] Vieles deutet darauf hin, dass es sich auch hier um eine verpfuschte Polizeiaktion handelte.

Auch H. Rap Brown wurde mehrmals attackiert, als er Ende der 60er-Jahre zusammen mit Stokely Carmichael die SNCC führte. Die Black Panthers machten Brown zum Ehrenführer ihrer Partei. Nachdem er 1967 auf einer Sommerkundgebung in Maryland gesprochen hatte, schossen zwei schwarze Hilfspolizisten auf ihn, die Kugeln streiften ihn am Kopf. Daraufhin kam es zu Ausschreitungen. Auf die Frage, ob die Gerüchte stimmten, dass die Organisatoren ihn in einem Sarg aus der Stadt geschmuggelt hätten, antwortete Brown: *»Die Regierung hätte es wahrscheinlich gern gesehen, wenn ich in einem Sarg gelandet wäre.«*[207] Wenig später verabschiedete der US-Kongress einen Gesetzeszusatz, wonach es illegal war, die Grenzen der US-Bundesstaaten zu überschreiten, um Reden zu halten, da dies möglicherweise einen Aufstand provozieren könnten.

Nachdem Brown 1970 vor Gericht gebracht worden war, nahm das FBI zwei seiner SNCC-Nachfolger, Ralph Featherstone und Che Payne, ins Visier. Eine tödliche Bombe explodierte in ihrem Auto, als sie auf dem Weg zum Gerichtsgebäude waren, um Brown zu unterstützen. Nachdem H. Rap Brown fünf Jahre abgesessen hatte, zog er nach Atlanta, änderte seinen Namen in Jamil Al-Amin und wurde zum geistlichen Oberhaupt der zweitgrößten Gemeinschaft traditioneller Muslime in den Vereinigten Staaten, so erlangte er nationale Bekanntheit.

---

[206] Vgl. New York City Police Officer Craig McKernan vs. Charles Fuller and Tupac Shakur. Anklageschrift Nr. 11578-93, Kreuzverhör McKernan, S. 8-9

[207] Zit. wie Baltimore Sun, 19.08.1995

Durch einen Whistleblower wurde 1986 öffentlich, dass der Ku-Klux-Klan von 1979 bis 1981 in Atlanta 29 schwarze Kinder ermordet hatte und dass das Georgia Bureau of Investigation (GBI) die Gruppe deckte. Anklage gegen die Rassisten wurde nicht erhoben, denn man behauptete, den Täter geschnappt zu haben, es sei der Schwarze Wayne Williams, der bereits wegen Mordes an zwei Erwachsenen angeklagt war. Doch ein FBI-Agent stellte sich später gegen seine Kollegen: Louis Graham, Mitglied der Einsatztruppe, die die Kindermorde einst untersucht hatte, wurde Ende 2004 Polizeichef von DeKalb County. Auf einer Pressekonferenz verkündete er unter Tränen, dass er den Fall wieder aufrollen wolle. *»Ich glaube nicht, dass Wayne Williams für irgendetwas verantwortlich ist.«* Er glaube vielmehr, dass seine Kollegen Beweise unterdrückt hätten und dass der Ku-Klux-Klan die Morde beging.[208]

Als die Polizei von Atlanta 1993 dann Tupac angriff, stand auch Imam Jamil Al-Amin wieder im Visier. Von 1992 bis 1995 arbeitete der örtliche Geheimdienst der Polizei mit dem FBI zusammen, um Al-Amins Moschee zu infiltrieren, angeblich um einen möglichen Mord zu untersuchen. Mehrere Jahre Ermittlung und Zehntausende von Dokumenten brachten jedoch keine Anklage hervor.[209] Der ehemalige Manager von Tupac, Watani Tyehimba, sowie Tupacs Anwalt Michael Tarif Warren unterstützten Jamil Al-Amin bei der Verteidigung.[210]

---

[208] Vgl. Cold-case Squad to Probe Decades-ld Atlanta Murders: Police chief still things Wayne Williams is innocent; CNN.com, 05.07.2005; San Diego Union-Tribune, 12.05.2005

[209] The Atlanta Journal-Constitution, 01.04.2000

[210] The New York Times, 22.03.2000. Persönliches Interview mit Watani Tyehimba, 02.11.2002

Kapitel 17
Gerechtigkeit für Mumia Abu-Jamal

»Tupac Shakurs Lieder ›Dear Mama‹ und ›Keep Your Head Up‹ stehen als leuchtende Beispiele für künstlerische Ausdrucksformen der liebevollen Vereinigung von Familie und Bevölkerung. Kreativ und bewegend, liebevoll und authentisch, wütend und echt ...
Je bewusster die Künstler, desto bewusster die Kunst.
Keep ya' head up!«

Mumia Abu-Jamal, 1995

Tupacs Anwalt Chokwe Lumumba ging davon aus, dass der Angriff in Atlanta in Zusammenarbeit mit dem Geheimdienst durchgeführt wurde. Er meinte, dass die Polizisten den schwarzen Autofahrer attackiert haben könnten, um Tupac zu einer Schießerei zu verleiten. Dahinter stehe psychologisches Profiling, die Erstellung von Persönlichkeitsprofilen von Aktivisten, womit in den frühen 70er-Jahren begonnen wurde.[211]

Auch gegen Huey Newton wurden vermutlich Erkenntnisse aus dem Profiling eingesetzt. Als die Polizei 1973 die Tür seines Nachbarn beschoss, könnte dies ein Versuch gewesen sein, ihn dazu zu verleiten, den Nachbarn zu verteidigen, um sich dadurch

[211] Persönliches Interview mit Chokwe Lumumba, 10.05.2000

verwundbar zu machen. Später fand Newton heraus, dass das FBI diese Wohnung sogar angemietet hatte.[212]

Beim Mordversuch an Mumia Abu-Jamal, Mitbegründer der Black Panther Partei in Philadelphia, anschließend ein angesehener Journalist, wurde ebenfalls Profiling genutzt. Der Geheimdienst hatte Mumia schon früh auf dem Schirm, man bezeichnete ihn 1973 als »Top-Bedrohung«. Es existiert sogar ein FBI-Bild von ihm, auf dessen Rückseite »tot« steht. Mumia prangerte in seiner Radiosendung die Polizeigewalt gegen schwarze Organisationen an, etwa gegen MOVE[213]. Er gewann einen Peabody-Award für herausragenden Journalismus und wurde zum Vorsitzenden der Philadelphia Association of Black Journalists gewählt.

1981 arbeitete Mumia, dessen Geburtsname Wesley Cook war, nebenher als Taxifahrer. Nachdem er zweimal ausgeraubt wurde, trug er fortan eine Waffe bei sich. In der Innenstadt hörte er Schüsse, sah seinen Bruder William taumeln und sprang aus dem Taxi, um ihm zu Hilfe zu eilen. Doch ein Polizist schoss auf ihn, und Mumia blieb verwundet auf der Straße liegen. Andere Schüsse hatten zuvor den Polizisten Daniel Faulkner tödlich verwundet. Der Prozess folgte schnell, obwohl Mumia Zeit brauchte, um sich zu erholen. Ihm wurde nicht gestattet, sich selbst zu verteidigen, und sein Pflichtverteidiger erhielt gerade einmal 800 Dollar. Er sagte aus, dass er nicht in der Lage gewesen sei, Zeugen zu befragen. Eine zu 85 Prozent weiße Jury befand Mumia für schuldig, und Richter Albert Sabo, der bundesweit die meisten Todesurteile aussprach, verurteilte ihn zum Tode. Ein Gerichts

[212] Vgl. Newton: War against the Panthers, S. 64, 98 f.
[213] MOVE: afroamerikanische, politische und mit der Natur verbundene Organisation, die sich für politisch Inhaftierte einsetzt (Anm. des Übers.)

schreiber hörte, wie Sabo der Staatsanwaltschaft versicherte: *»Ich werde Ihnen helfen, diesen Nigger kalt zu machen.«*[214]

Das Ansinnen, Mumias Hinrichtung zu stoppen und in Berufung zu gehen, fand bald große internationale Unterstützung. Die Polizei wurde scharf angegriffen, denn weder wurde Mumias Schusswaffe nach dem Vorfall untersucht, ob sie benutzt worden war, noch Mumias Hand auf Schmauchspuren. Zudem wurde der Bericht des Gerichtsmediziners ignoriert, wonach die tödliche Kugel nicht aus Mumias Gewehr stammen konnte.

Mumias FBI-Akte, die später teilweise zur Ansicht freigegeben wurde, zeigt, dass der Geheimdienst seine Gefängnisbesucher seit 1991 überwachte. Die Akte enthüllt zudem zwei Versuche, ihm während seiner Zeit bei den Panthers einen Mord anzuhängen.[215]

In den folgenden Jahren kamen viele Indizien zusammen, die Mumia entlasteten und zudem nahelegten, dass der Vorfall Teil einer größer angelegten Operation gewesen war. Die Polizei behauptete zwar, sie habe zwei Zeugen, die Mumia gesehen haben wollen, als er den Beamten erschoss, und zwei weitere, die sagten, sie hätten gehört, wie er seine Tat im Krankenhaus zugegeben habe, diese Aussagen kamen jedoch nur durch Druck zustande: Dem Taxifahrer Robert Chobert, der auf Bewährung frei war, drohte etwa der Verlust seiner Taxilizenz. Und den Prostituierten Veronica Jones und Cynthia White wurden Gefälligkeiten für ihre Falschaussagen versprochen. White wurde bereits 38 Mal verhaftet und in drei offenen Fällen gesucht.[216] Auch die Sicherheitsbeauftragte des Krankenhauses Priscilla Durham meinte, Mumia habe ein

---

[214] Zit. wie refuseandresist.org/mumia

[215] Vgl. World Socialist Website, 21.04.1999; Time, 07.08.1995

[216] Vgl. The Village Voice, 30.11.1999; Newton: Bitter Grain, S. 213 f.; New York Times, 02.10.1996

Geständnis abgelegt, als er im Krankenhaus eintraf. All das stellte sich als Lüge heraus, denn zwei behandelnde Ärzte versicherten, Mumia sei damals kaum bei Bewusstsein bewesen.[217]

Jahre später erklärte Arnold Beverly, ein Berufskiller, der seine Zeit im Gefängnis absaß, die Mafia habe ihn dafür bezahlt, den Polizisten zu erschießen. Am Tatort halfen ihm Polizisten bei der Flucht.[218] Zusammengefasst deuten alle Berichte und Zeugenaussagen darauf hin, dass die Szene eingerichtet wurde, um Mumia aus seinem Auto zu locken, damit er erschossen wird oder ihm der Mord an Officer Faulkner – der offenbar auch zu dem Plan gehört hatte – angelastet werden konnte.[219]

Mumia Abu-Jamal (geb. 1954), der wohl bekannteste politische Häftling in den USA

[217] Vgl. Revolutionary Worker. Januar-April 2000

[218] Vgl. Eidesstattliche Erklärung von Arnold R. Beverly über die Ereignisse vom 09.12.1981. U.S. Bezirksgericht, Östlicher Bezirk von Pennsylvania, Mumia Abu-Jamal, Fall N. 99 Civ 5089 (Yohn) vs. Marin Horn, Commissioner, Pennsylvania Department of Corrections, 08.09.1999

[219] Vgl. The Village Voice, 30.11.1999

1984 warf die Polizei dann C-4-Militärsprengstoff aus einem Hubschrauber auf das Dach des Hauses ab, in dem MOVE ihr Büro hatte. FBI und ATF, die sich gegen Rapper und die Panthers zusammengeschlossen hatten, stellten den Sprengstoff zur Verfügung. Die Explosion verursachte ein tobendes Feuer, doch die Polizei wies die Feuerwehrleute an, mehrere Stunden lang keine Löschversuche zu unternehmen. Elf Männer sowie Frauen und Kinder verbrannten bei lebendigem Leibe. Das Feuer griff zudem um sich brannte zwei ganze Häuserblöcke nieder. Nur zwei Personen überlebten, einer von ihnen wurde inhaftiert.[220]

Wegen des weltweiten öffentlichen Protests,[221] unter anderem auch durch Künstler, Schriftsteller und Politiker, bleibt Mumia Abu-Jamals Fall bis heute in der Berufung.[222]

---

220 Vgl. National Institute of Justice Journal, Aug. 1995, S. 42 f.; Donner: Protectors of Privilege, S. 242 f.; MOVE (Hrsg.): 25 Years on the Move. Philadelphia 1986, S. 49

221 Gerechtigkeit für Mumia fordern etwa der African National Congress, Amnesty International und das Europäische Parlament. Vgl. auch www.freiheit-fuer-mumia.de (Anm. des Übers.)

222 Die gegen Abu-Jamal verhängte Todesstrafe wurde 2011 in lebenslange Haft ohne Revisionsmöglichkeit umgewandelt. (Anm. des Übers.)

Kapitel 18
Das Sexkomplott

»Hab gehört, wie sie mit ihren Knarren schießen,
aber meinen Mund werde ich niemals schließen.«
Tupac Shakur: »Against all Odds«, 1996

Zwei Wochen nach dem Anschlag in Atlanta wurde Tupac durch seinen neuen »Freund« Jacques Agnant, Musikveranstalter und gebürtiger Haitianer, in eine Falle gelockt. Mitte November 1993 begleiteten ihn Agnant und sein Mitarbeiter Rick »Trevor« Alinzey in einen Tanzclub in Greenwich Village, einem Künstler- und Szeneviertel in Manhattan mit vielen Cafés, Bars und Restaurants. Der Abend begann für Tupac noch sehr gut, als mehrere Profisportler sich als seine Fans bekannten. Dann stellten ihm Agnant und Trevor die 19-jährige schwarze Marinewerftmitarbeiterin Ayanna Jackson vor. Es dauerte nicht lange, und sie tanzte sehr innig mit Tupac. Nachdem sie noch auf der Tanzfläche mit Oralverkehr angefangen hatten, gingen sie in ein Hotelzimmer, um Sex zu haben.

Einige Tage nach dem kleinen One-Night-Stand hinterließ Ayanna mehrere Nachrichten auf dem Anrufbeantworter von Tupacs Hotel, worauf sie den Wunsch äußerte, ihr gemeinsames Abenteuer zu wiederholen. Als sie vorbeikam, waren auch Agnant, Trevor und Tupacs Roadmanager Charles Fuller bei Tupac im Zimmer. Anschließend klagte sie Tupac, Agnant und Fuller wegen erzwungenem Sex an, später sagte sie allerdings, Fuller hätte nur zugesehen. Die Polizei beschuldigte Tupac zusätzlich des illegalen Waffenbesitzes. Trevor entging einer Verhaftung. Ob Jackson die Wahrheit erzählte, bleibt offen. Eine Ärztin, die sie im Krankenhaus untersuchte, meinte aber, es gebe keine Hinweise auf erzwungenen Sex, was Tupacs Aussage bestätigte.

Zu diesem Zeitpunkt kannte Tupac bereits die falsche Darstellung seiner Person in den Medien. Einige Filmausschnitte aus den Nachrichten verwendete er sogar in seinen Musikvideos: In »Changes« wird gezeigt, wie er wieder einmal vor dem Hotel festgenommen wird. Die Polizisten tragen keine Uniform, ein erster Hinweis darauf, dass sie zur berüchtigten New Yorker Street Crime Unit gehörten. Sie bringen Tupac zu einem Polizeiwagen, und kurz bevor er sich hineinsetzt, schaut er in die Kamera und proklamiert scherzhaft: »Schuldig.«

Der New Yorker Anwalt Michael Tarif Warren war für seine erfolgreichen Prozesse bekannt und verfügte als ehemaliger SNCC-Organisator selbst über Erfahrungen als Ziel der Behörden. Zudem wusste er viel über die Geheimdienstarbeit der Polizei, da die Einheit Black Desk in den 80er-Jahren bei Black Liberation Movement spioniert hatte, wo er arbeitete. In den 90er-Jahren vertrat er Mumia Abu-Jamal, und er erreichte 2002 beim Vergewaltigungsprozess der Central-Park-Jogger die Aufhebung der Verurteilungen.[223]

Dass Jacques Agnant für den Geheimdienst der Polizei arbeitete, um die Verhaftung von Tupac herbeizuführen, erkannte Warren unter anderem daran, dass ihn ein Vertreter der Policemen's Benevolent Association (PBA, ein Wohlfahrtsverband der Polizei) gegen Kaution freikaufte. Agnant ließ sich zudem von einem

---

[223] Einer der größten Justizskandale der jüngeren US-Geschichte. Er wird in der Filmserie »When They See Us« (2019) von Ava DuVarney behandelt. (Anm. des Übers.)

PBA-Anwalt vertreten. Warren erhielt Einblick in sein Vorstrafenregister mit einer langen Liste an Verhaftungen und Klagen entlang der Ostküste, die komischerweise alle abgewiesen wurden – ein sicheres Zeichen dafür, dass er ein Agent war.[224] Dies alles untermauert den Verdacht, dass der Vorfall mit Ayanna Jackson arrangiert war. Erinnert sei hier an jene Taktik, durch die Herstellung sexueller Kontakte politisch aktive Musiker in die Falle zu locken.

Jacques »Haitian Jack« Agnant (li.) und Tupac am 30. März 1994

Ayanna Jackson berichtete der Polizei, sie habe nach dem angeblich erzwungenen Oralsex Sperma auf ihr Kleid und die Bettdecke gespuckt. Doch wurde das Kleid nie in ein Labor geschickt, um es auf mögliche Rückstände untersuchen zu lassen. Dann tat die Polizei so, als würde sie über die Telefonnachrichten von ihr verfügen, was ja Tupacs Verteidigung unterstützt hätte, doch hatten die Beamten die Nachrichten in Wahrheit gelöscht. Man versuchte auch andere Frauen zu drängen, noch vor dem Prozess

[224] Persönliche Interviews mit Michael Tarif Warren am 25.12.1994, 15.10. 1996, 08.11.1998

öffentlich auszusagen, Tupac habe sie sexuell missbraucht. Die stellvertretende Bezirksstaatsanwältin Melissa Mourges wollte Tupacs Kaution widerrufen lassen und behauptete, er habe Jackson vor dem Prozess belästigt.[225] Der Geheimdienst ließ häufig Beweise unter den Teppich fallen, etwa beim Prozess gegen Geronimo Pratt, der 1969 beschuldigt wurde, eine Frau in Los Angeles ermordet zu haben. So behauptete das FBI, dass der Teil des Protokolls des Live-Audio-Überwachungsvideos einer Panthers-Konferenz, der bewies, dass Pratt dort zur Tatzeit teilnahm, versehentlich zerstört worden sei.[226]

Michael Tarif Warren und Robert Ellis konnten im Prozess gegen Tupac eine Reihe von Falschaussagen nachweisen. Zum Beispiel gab Officer Craig McKernan zu, dass Jackson von Beginn an ausgesagt hätte, Fuller habe beim Sex nur zugesehen. Und Detective Kimberly Slimak, eine frühere Undercover-Prostituierte, hatte zwar behauptet, am Ort des Geschehens Waffen gefunden zu haben, doch in Wirklichkeit wurden ihr die von einem Polizisten zugesteckt. Nach und nach schwanden die Chancen auf eine Verurteilung Tupacs, zumal sich auch Jackson vielfach widersprach. Während die Geschworenen noch über ein Urteil berieten, plädierte Melissa Mourges für einen ergebnislosen Prozess, offenbar aufgrund ihrer schlechten Karten. So hatte sie zugeben müssen, der Verteidigung Beweismaterial vorenthalten zu haben. Obwohl Tupac dadurch zunächst einer Gefängnisstrafe entgangen wäre, lehnte er das Angebot ab, da nur ein Freispruch seinen Namen reinwaschen würde.[227]

Die Voreingenommenheit des Gerichts bewirkte, dass man Tupac eine Kaution verweigerte, da er versuchen könne zu fliehen,

---

[225] Vgl. Daily News, 26.11.1993; New York Post, 30.11.1993, 17.12.1993
[226] Vgl. Churchill/Vander Wall: Agents of Repression, S. 90
[227] Vgl. New York Times, 02.12.1994

was höchst fragwürdig war, wenn man bedenkt, dass er als Künstler seine Haupteinnahmequelle verlieren würde, wenn er auf der Flucht wäre. Die Geschworenen befanden ihn aber schließlich in allen wichtigen Anklagepunkten für nicht schuldig. Sexueller Missbrauch läge allein darin vor, dass er Jacksons Hintern gegen ihren Willen berührt habe, wobei Jacques Agnant half.

Wie auch bei vergangenen Prozessen nach Übergriffen auf die Panthers zeigte sich auch hier eine bevorzugte Behandlung des mutmaßlichen Polizeiagenten. So warf man Agnant nur zwei Ordnungswidrigkeiten vor. Mourges meinte zudem, dass man ihn davonkommen ließ, weil man Ayanna Jackson keinen weiteren Prozess zumuten wollte, doch hatte diese ja bereits eine Zivilklage gegen Tupac angestrengt.[228] Außerdem liegt nahe, dass sie mehr Täter als Opfer war und mit dem Geheimdienst kollaborierte.[229] So rief die 19-Jährige trotz ihrer Behauptung, sie sei traumatisiert, nach dem Vorfall sofort die Polizei. Und mit Michael Kaplan engagierte sie einen berühmten Anwalt, der am frühen Morgen des folgenden Tages gleich mit den Medien sprach und für sie eine Zivilklage einreichte.

Noch lange nach dem Prozess wurde die angebliche Vergewaltigung vonseiten der Medien breitgetreten, obwohl die Klage abgewiesen und Jacksons Behauptungen widerlegt worden waren. In dem vom *Vibe-Magazine* herausgegebenen Buch über Tupac wird etwa ein Zitat in einem Kasten hervorgehoben, welches be-

---

[228] Bruck: The Takedown of Tupac, S. 54 f.; persönliches Interview mit Michael Warren, 08.11.1998

[229] Der Missbrauch von Frauen soll hier nicht kleingeredet werden. Eine Studie fand heraus, dass *»fast ein Fünftel der Frauen (18 Prozent) berichtete, irgendwann in ihrem Leben eine vollendete oder versuchte Vergewaltigung erlebt zu haben«*. National Institute of Justice und Centers for Disease Control and Prevention: Prevalence, Incidence, and Consequences of Violence against Women. November 1998. Eine andere Studie fand heraus, dass nur 48 % dies der Polizei melden. Vgl. Bureau of Justice Statistics Special Report. 1992-2000, März 2003

sagt, dass sie es »*nicht verdient habe, von einer Gang vergewaltigt zu werden*«.[230]

Als die Beratungen im Rahmen des Prozesses noch liefen, kam es dann am 30. November 1994 in New York City zum sechsten bewaffneten Angriff auf Tupac. Auch hier weist alles auf eine Beteiligung des Geheimdienstes hin. Agnant war von Tupac zwar abserviert worden, doch war er im Auftrag der Polizei weiterhin hinter ihm her. Einige Tage später rief sein Partner Booker Tupac an und bot ihm 7000 Dollar, wenn er in einem Studio am Times Square mit einem anderen Rapper Aufnahmen machen würde.[231] Als Tupac in der Lobby der Quad Studios eintraf, schossen, so hieß es vonseiten der Polizei, »Straßenräuber« auf ihn. Doch handelte es sich eher um eine versuchte Hinrichtung im Militärstil: Die Schützen trafen ihn erst am Hodensack, und als er mit dem Gesicht nach unten am Boden lag, jagten sie ihm noch zwei Kugeln in den Kopf.[232]

Zu den vielen rätselhaften Aspekten des Angriffs gehört, dass ein Schütze in der Lobby auf Tupac gewartet hatte, obwohl es im Studio strenge Sicherheitsvorkehrungen und eine Videoüberwachung der Türen gab, da hier Dutzende Künstler von Madonna bis zu den Rolling Stones ihre Hits aufnahmen. Jemand musste ihn also hineingelassen haben. Die Polizei verkündete, der Vorfall sei lediglich ein weiterer Überfall auf dem Times Square. Die mutmaßlichen Räuber aber ignorierten die diamantene Rolex-Uhr von Tupac und rannten sogleich mit Pistolen in der Hand zur Tür hinaus auf die gut beleuchtete Straße, und keines der dort vorbeifahrenden Polizeiautos schaffte es, ihnen zu folgen.[233]

230 Vibe: Tupac Shakur, S. 54
231 Vgl. ebd., S. 46
232 Vgl. New York Times, 26.09.2001
233 Vgl. ebd.; Vibe: Tupac Shakur, S. 41, 61; Amsterdam News, 17.12.1994

Sogar die Mainstream-Medien führten eine ganze Reihe polizeilicher Versäumnisse an, obgleich sie praktisch vollständig zensiert wurden. Nun aber berichteten einige wenige Journalisten über merkwürdige Aspekte des Vorfalls, zum Beispiel die *Washington Post.* Aufgefallen war, dass ausgerechnet dieselben Polizeibeamten vor Ort erschienen, die auch schon beim vorherigen Fall um Ayanna Jackson die Ersten waren.[234] Ein NYPD-Officer brachte die beiden mit der Street Crime Unit in Verbindung.[235] Darüber hinaus wurde die Aussage eines Angestellten des Sicherheitsdienstes wiedergeben, wonach die Überwachungskamera den Schusswechsel zwar aufgenommen habe, der Polizeiermittler ihm aber sagte, er wolle das Video gar nicht erst sehen.[236]

Afeni Shakur und Michael Tarif Warren gingen beide davon aus, dass die Polizei das Attentat inszeniert habe. Nachdem Tupac noch in der gleichen Nacht im Krankenhaus einen Telefonanruf mit Morddrohungen erhielt, nahmen sie das Angebot von Tupacs Freundin Jasmine Guy an und brachten ihn in ihre Wohnung. Trotz Ein- und Austrittslöchern im Kopf wurde sein Gehirn auf wundersame Weise nicht getroffen, und er überlebte. Tupac hatte zunächst zurückgewiesen, dass Jacques Agnant ein Polizeiagent wäre. Aber in seinem Song »Against All Odds« rappt er über den Haitianer Jacques, der für das FBI arbeite und ihn in die Falle gelockt habe.

---

[234] Vgl. Washington Post, 02.12.1994
[235] Persönliches Interview mit Officer Heinz, 04.05.1999
[236] Vgl. Scott: The Murder of Biggie Smalls, S. 65

Kapitel 19
CIA, Nazis und die Medienkontrolle durch Großkonzerne

In vielen von Tupacs Texten spiegelt sich seine Überzeugung wider, dass Medien, Polizei und auch das Justizsystem als verlängerter Arm des US-Geheimdienstes fungieren. So forderte er die Menschen auf, sich für ihren Teil vom Kuchen einzusetzen und im Sinne der Selbstverteidigung und der Revolution dafür zu kämpfen, notfalls mit einer Waffe.

Die Verzahnung der genannten Einrichtungen und ihre Kontrollmöglichkeiten darüber, was an die Öffentlichkeit gelangt, mag erklären, warum selbst alternative Medien instrumentalisiert werden konnten, an der Vertuschung einiger wichtiger Aspekte der Schießerei am Times Square mitzuwirken. Nicht nur dass Agenten angewiesen waren, Artikel zu lancieren, in denen politisch aktive Musiker verleumdet werden – betrachtet man das gesamte Bild, war die Medienarbeit gegen Tupac viel umfangreicher.[237] So wurden auch Aspekte aus seinem Leben verschwiegen, die der Geheimdienst zensiert sehen wollte. Zum Beispiel war es nicht möglich, auch nur einen einzigen Presseartikel oder ein Buch zu finden, das ausführlich über seine Führungsrolle bei den New Afrikan Panthers berichtete.

---

[237] Vgl. Constantine: The Covert War against Rock, S. 9

Die Aussagen der Zeugen bei der Schießerei mit der Polizei von Atlanta wurden ebenfalls nicht wiedergegeben. Und die Behauptung, der Vorfall am Times Square sei ein gewöhnlicher Überfall gewesen, wurde nie infrage gestellt. Einer der schlimmsten Fälle von Ignoranz findet sich in einem Artikel vom 13. Dezember 1994 in der *Village Voice:* Ein junger schwarzer Reporter namens Toure schreibt darin, es sei *»irrelevant, wer auf Tupac geschossen hat«*. Tupac sagte, dass er beim Lesen angefangen habe, *»wie ein kleines Baby zu weinen«.*[238] Die Zeitung war einmal die Stimme der sozialistischen Kreise. Doch in den 80er-Jahren übernahmen sie sehr wohlhabende konservative Geschäftsleute, so wie bis Mitte der 90er auch die meisten Wochenzeitungen, etwa die *L. A. Weekly.* Liberale Redakteure wurden in der Folge durch konservative ersetzt und nur noch selten Artikel gedruckt, die sich von denen anderer Zeitungen unterschieden.[239] Michael Warren vermutet, dass Toure direkt oder indirekt für den Geheimdienst arbeitete, da er während des gesamten Prozesses von Tupac wegen angeblich sexuellen Übergriffs in der ersten Reihe saß, den Prozess aber völlig falsch darstellte.[240]

Die CIA wurde einst durch die Eigentümer multinationaler Eliteunternehmen gegründet. Durch den National Security Act von 1947 herrscht sie über mehr als vierzehn andere Geheimdienst-Institutionen,[241] etwa das FBI, die NSA und den Heeres- sowie den Marinenachrichtendienst. Der Whistleblower Victor Marchetti, ehemals stellvertretender CIA-Direktor und vierzehn Jahre im Amt, schrieb, dass praktisch die gesamte Führung und die mittleren Ränge schon immer aus weißen, männlichen, protes-

---

[238] Zit. wie Vibe: Tupac Shakur, S. 46
[239] Vgl. Modern Times, 05.10.1995; Bagdikian: The Media Monopoly, S. 25
[240] Persönliches Interview mit Michael Warren, 04.01.1995
[241] Zu einigen Änderungen seit dem Jahre 2000 vgl. Ruppert: Crossing the Rubicon, S. 427 ff.

tantischen Angehörigen der wohlhabendsten Familien bestanden habe und dass dies mit wenigen Ausnahmen auch so geblieben sei.[242]

Außerdem hegte man große Sympathie für die Nazis. Im Jahre 1999 veröffentlichte die US-amerikanische Regierung über 240 000 Dokumente über die Zeit nach dem Zweiten Weltkrieg, eine Zusammenfassung findet sich in dem Buch »U. S. Intelligence and the Nazis«. *The Times of London* verwies darauf, dass die CIA über einhundert Spione und andere Kriegsverbrecher angeheuert habe.[243] Dazu gehörten Mitarbeiter des berüchtigten Adolf Eichmann[244] sowie der Leiter des Heeresnachrichtendienstes Reinhard Gehlen[245], ab 1956 Chef des Bundesnachrichtendiensts (BND). Die *New York Times* schrieb, dass die CIA einigen Nazis, von denen viele verdächtigt wurden, Tausende von Juden getötet zu haben, zur amerikanischen Staatsbürgerschaft verholfen habe, was einer Anstellung gleichkäme. Das britische Äquivalent zur CIA, der MI6, stellte ebenfalls ehemalige Nazis als Agenten ein, darunter auch einen, der für die Tötung von fast einhundert britischen Agenten verantwortlich gewesen sein soll.[246]

Bereits in den 80er-Jahren wurde aufgedeckt, dass die CIA nach dem Krieg mit ehemaligen Nazis kooperierte. In Christopher Simpsons Buch »Blowback« werden Hunderte von Regierungsarchivdokumenten und Tausende weiterer Dokumente aufgelis-

---

242 Vgl. Marchetti/Marks: The CIA and the Cult of Intelligence, S. 44 ff., 66 ff., 962

243 Vgl. The Times, 14.05.2004

244 Eichmann war SS-Obersturmbannführer, Leiter des sogenannten »Judenreferats« und Organisator des Holocaust. (Anm. des Übers.)

245 Gehlen war Generalmajor, Leiter »Fremde Heere Ost« und ab 1946 Leiter der CIA-geführten »Organisation Gehlen«. (Anm. des Übers.)

246 Vgl. New York Times, 13. und 14.05.2005

tet. Zwei der gut ein halbes Dutzend Operationen zum Schutze und zur Beschäftigung von Nazis trugen die Codenamen »Sunrise« und »Paperclip«. Erstere betraf die Zusammenarbeit mit NS-Spionen, die zweite die mit NS-Wissenschaftlern. Robert Lovett, Allen Dulles (beide Geschäftsfreunde der Familien Harriman, Rockefeller und Bush) und Frank Wisner, alle wichtige Führungskräfte im US-Geheimdienst, drängten darauf, Nazis für CIA-Aktionen in den USA, in Europa, Lateinamerika und im Nahen Osten einzustellen. *»Hunderte, vielleicht sogar Tausende der Rekrutierten«* seien SS-Mitglieder gewesen, dazu gehörte auch Alois Brunner, ein wichtiger Mitarbeiter Eichmanns. Das Simon-Wiesenthal-Zentrum schätzt, dass er für die Ermordung von 128 500 Menschen bei dem von den Nazis verübten Genozid verantwortlich war.[247]

Die Beziehungen zu den Nazis, die für die CIA arbeiteten, ähnelte der zwischen der Polizei des Südens und den Männern des Ku-Klux-Klans für die regionale Zusammenarbeit. Entgegen der landläufigen Meinung nutzten die CIA und das FBI rassistische Praktiken, vermutlich sogar noch mehr als die örtliche Polizei. Die *New York Times* und andere Medien meinten, dass Polizisten in den Städten des Südens dem Ku-Klux-Klan bei der Tötung von Bürgerrechtlern geholfen hätten, genannt seien zum Beispiel die berüchtigten Morde an Schwerner, Goodman und Cheney, berühmt geworden durch den Film »Mississippi Burning«, der das FBI als Retter der Schwarzen zeigt.[248] Die *Baltimore Sun* gab am 6. Mai 2005 im Rahmen einer Buchbesprechung das Zitat eines Undercover-Agenten innerhalb des KKK wieder, der *»aus nächster Nähe fast alle Eruptionen der rassistischen Gewalt im segregierten Alabama sah, das sich in den frühen 60er-Jahren völlig im Aufruhr befand. Er war bei Schlägereien, Bombenanschlägen und*

[247] Vgl. Simpson: Blowback, S. 248, Endnote 7
[248] Vgl. Zinn: Eine Geschichte des amerikanischen Volkes, S. 446 ff.

schließlich sogar bei Morden zugegen.« In dem Buch »The Informant« heißt es, der Mann habe praktisch nie jemanden verhaftet und mehrere hochrangige Klan-Mitglieder davor bewahrt, nach ihren brutalen Verbrechen verhaftet zu werden.[249]

Der hochrangige CIA-Beamte Victor Marchetti stimmt mit der britischen Journalistin und Historikerin Frances Stonor Saunders darin überein, dass der US-Geheimdienst von der Gründung an als Vertreter der Elite agierte und nicht für die Interessen aller Amerikaner einstand.

Präsident Harry Truman gründete 1948 das Office of Policy Coordination (OPC), das von dem ehemaligen OSS-Agenten Frank Wisner geleitet wurde, 1951 mit der CIA fusionierte und rasch anwuchs. Im Jahre 1952 beschäftigte es 2800 Mitarbeiter in den USA und 3100 in Übersee und war mit einem Budget von 82 Millionen Dollar für Operationen zur psychologischen Kriegsführung ausgestattet. Wisner verfügte zudem über einen streng geheimen »Vermögensfonds für Propagandazwecke«, der in ein Netzwerk von mehr als 800 Nachrichten- und Informationsorganisationen und Einzelpersonen floss, um gezielt Desinformation in US-amerikanischen und internationalen Mainstream-Medien zu verbreiteten.[250] William Casey, von 1981 bis 1987 Direktor der CIA, leitete eine Gruppe von Geheimdienstbeamten, die 1954 das Medienunternehmen Capital Cities gründete. Es kaufte 1985 das Fernsehnetzwerk ABC für eine Rekordsumme von 3,5 Milliarden Dollar auf, die aus dem »Vermögensfonds für Propagandazwecke« stammten.[251]

---

249 Vgl. May: The Informant, S. 217 f.
250 Vgl. New York Times, 26.12.1977
251 Vgl. Mazzocco: Networks of Power

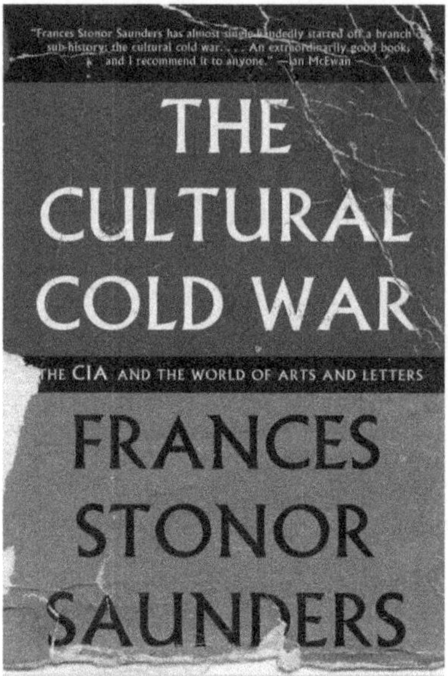

In »The Cultural Cold War« zeigt Frances Stonor Saunders akribisch auf, wie die CIA 1950 den »Kongress für kulturelle Freiheit« gründete, um genau das Gegenteil dessen zu bewirken, was der Name vorgab, nämlich eine gezielte Infiltration des Kulturbetriebs

Frances Stonor Saunders grub einige besondere Schätze aus, welche die Ziele des Geheimdienstes offenbarten. Zum Beispiel schrieb der Nationale Sicherheitsrat, also der Dachverband der US-Geheimdienste, in seiner NSC-Direktive von 1950, psychologische Kriegsführung durch Propaganda sei dazu da, das Denken und Handeln der Menschen dahingehend zu beeinflussen, dass das Subjekt sich in die Richtung bewegt, die es für seine eigenen Wünsche hält.[252] Die CIA und der OPC sowie weitere Gruppen mit einer ähnlich hyperkapitalistischen Agenda gaben riesige Geldsummen für nationale und internationale Meinungsbildung aus, indem sie Schriftsteller, Musiker und Mitarbeiter von Bühnenproduktionen, der Filmindustrie und der bildenden Künste finanzierten.[253]

Da auch viele Stiftungen, welche zum Teil noch heute bestehen, Unterstützung erhielten, realisieren es die meisten Künstler gar nicht, dass sie von der CIA finanziert und zensiert werden. Eine der Stiftungen, das Madison Center for Educational Affairs

---

[252] Vgl. Stonor Saunders: The Cultural Cold War, S. 4

[253] darunter Bertrand Russell, Arthur Koestler, George Orwell, Mary McCarthy, Nicolas Nabokov, W. H. Auden, Heinrich Böll, Siegfried Lenz und viele mehr. Diese waren nicht selten gerade dem linken Spektrum zugeneigt. Der Coup fußte auf der Idee, dass nicht die Rechte, sondern vielmehr die nichtkommunistische Linke sich als beste Waffe im Kampf gegen den Kommunismus erweisen würde. (Anm. des Übers.)

(MCEA), 1953 gegründet, legte den Schwerpunkt auf die Rekrutierung von Studenten. Die CIA finanzierte bereits seit Ende der 40er-Jahre Studentenzeitungen.[254] Das MCEA fügte nun noch mehr Geld hinzu und verschaffte seinen Rekruten Spitzenpositionen in den Medienanstalten, wo sie ihre Befehle dann ausführen konnten. Dafür kämen *»an einer Universität … vielleicht 30 oder 40 rechtsgerichtete Studenten infrage«*, diese erhielten Mittel, um durch die Zeitungen andere Studenten zu beeinflussen.[255]

In den 1980er-Jahren machten People of Color[256] kaum fünf Prozent aller professionellen Journalisten aus. In den 90ern änderte das MCEA seinen Namen in Intercollegiate Studies Institute (ISI) und unterstützte 50 bis 75 Zeitungen an führenden Hochschulen im ganzen Land mit einer Auflage von 300 000 bis 400 000 Exemplaren.[257] Obwohl die Mitglieder des MCEA/ISI nicht bekannt sind, deutet vieles darauf hin, dass Toure einer der vielen gewesen sein könnte. Innerhalb kurzer Zeit erhielt er eine Stelle bei der Musikzeitschrift *Rolling Stone* und dann bei MTV. Auch freiberuflich schrieb er Artikel, etwa jenen in *Village Voice*, in dem es hieß, Tupac habe die Schießerei in New York möglicherweise um der Publicity willen selbst inszeniert.

---

254 Vgl. ebd., S. 241

255 Vgl. EXTRA!, September/Oktober 1991

256 People of Color = farbige Menschen. Wikipedia hierzu: *»… jene Individuen und Gruppen, die vielfältigen Formen von Rassismus ausgesetzt sind und die die ›gemeinsame, in vielen Variationen auftretende und ungleich erlebte Erfahrung (teilen), aufgrund körperlicher und kultureller Fremdzuschreibungen der weißen Mehrheitsgesellschaft als ›anders‹ und ›unzugehörig‹ definiert [zu] werden‹. … Der Begriff people of color bekam Bedeutung in der Black-Power-Bewegung und der Gründung der Black Panther Party in den USA.«* https://de.wikipedia.org/wiki/Person_of_Color (abgerufen am 20.03.2022); Zitat aus Anne Broden, Paul Mecheril: Rassismus bildet: Bildungswissenschaftliche Beiträge zu Normalisierung und Subjektivierung in der Migrationsgesellschaft (Anm. des Übers.)

257 Vgl. Washington Times, 03.12.1995

Das Rolling Stone *war eines der raren unabhängigen Magazine jener Tage (im Bild: Ausgabe vom 31. Oktober 1996 mit Tupac auf dem Cover)*

Andere Magazine schrieben ebenfalls Unwahrheiten über Tupac, *People* behauptete etwa am 23. September 1996, Tupac habe Jackson vergewaltigt, obwohl er ja für unschuldig befunden worden war. Der Geheimdienst förderte diese Art der Verleumdung, was ihm aufgrund seiner umfassenden Kontrolle mit Leichtigkeit gelang. CIA-Propaganda-Chef Frank Wisner brüstete sich sogar damit, er könne *»die Medien wie einen Mighty Wurlitzer spielen lassen«.*[258] In einem CIA-Memo heißt es, man habe Vertreter in allen Medien des Landes, die bei der Entstehung und dem Zensieren der Nachrichten helfen würden.

Der Watergate-Reporter Carl Bernstein schrieb 1977 eine bahnbrechende Enthüllungsgeschichte über die Medien. Trotz seiner Bekanntheit druckte nur *Rolling Stone* seinen aufschlussreichen Artikel. Ein Geheimdienstausschuss des Senats zwang CIA-Direktor George H. W. Bush im gleichen Jahr zuzugeben, dass *»mehr als 400 Journalisten ein Doppelleben geführt und verdeckte Beziehungen zur CIA unterhalten hatten«.* Andere Quellen meinten, dass die Zahl weit höher läge. Der Ausschuss stellte fest, dass praktisch alle führenden Medienunternehmen Spitzenmanager, Redakteure und Journalisten beschäftigten, die vom Geheimdienst bezahlt wurden und Artikel der CIA unter ihrem Namen veröffentlichten.[259]

---

[258] Ein »Mighty Wurlitzer«, eigentlich ein Musikinstrument, ist ein Medienpropagandabegriff, der sich auf das CIA-Programm Operation Mockingbird bezieht. (Anm. des Übers.)
[259] Vgl. Rolling Stone, 20.10.1977

Bernsteins Enthüllungsartikel über den immensen Einfluss des Geheimdiensts auf die Medienberichterstattung (Quelle: Rolling Stone*)*

Ben Bagdikian, Dekan der Journalistenschule der Universität von Berkeley in Kalifornien, erläutert in seinem Buch »The Media Monopoly«, dass die meisten großen Medienunternehmen Direktoren in ihren Vorständen haben, die auch in den Vorständen der großen multinationalen Unternehmen sitzen, etwa aus den Bereichen Rüstung, Öl und Pharmazeutika sowie Banken, Finanz- und Versicherungsunternehmen, so auch beim *Time Magazine* und der *New York Times.* Tupac kritisierte die Regierungspolitik, welche die Rüstungsfirmen bereicherte und andere vernachlässigte, in vielen seiner Songs und Interviews.

Enthüllungen kommen in der *New York Times* zwar häufiger vor als in anderen Nachrichtenquellen, aber die Redakteure kürzen die Artikel in der Regel, oder es werden noch andere Artikel abgedruckt, die den Aussagen widersprechen. Pulitzer-Preisträger

Bagdikian weist auf einen historischen Fall von Medienkontrolle durch Unternehmen hin, als der reformorientierte Journalismus im frühen 20. Jahrhundert dazu beitrug, reformistische Politiker wie Theodore Roosevelt zum US-Präsidenten zu wählen. Rockefeller und J. P. Morgan hätten die Kontrolle über die meisten einflussreichen Medien, diese Raubritter setzten ihre eigenen Manager ein und hinderten sie daran, Informationen zu veröffentlichen, die ihrem Profit schaden oder populistische Politiker fördern könnten.[260]

Auch der berühmteste Wissenschaftler aller Zeiten hat sich zu diesem Thema geäußert: Albert Einstein veröffentlichte 1949 in *Monthly Review* den Artikel »Warum Sozialismus?«. Darin führte er an, dass erobernde Völker eine *»Priesterschaft aus den eigenen Reihen«* beschäftigten, die das Bildungswesen kontrolliere und die Klassenteilung der Gesellschaft auf Dauer sicherstelle. Notwendig sei, über diese *»räuberische Phase der menschlichen Entwicklung«* hinauszukommen, *»… wir sollten nicht davon ausgehen, dass Experten die Einzigen sind, die ein Recht haben, sich zu Fragen der Organisation der Gesellschaft zu äußern«*. Später konstatierte er die Entwicklung einer *»Oligarchie des privaten Kapitals«*, die nicht einmal von einer demokratisch organisierten Gesellschaft wirksam eingedämmt werden könne. Weiterhin äußerte er: *»Privatkapitalisten kontrollieren unweigerlich … direkt oder indirekt die Hauptinformationsquellen (Presse, Radio, Bildung)«*, was die Menschen drastisch darin einschränke, Gebrauch von ihren politischen Rechten zu machen.[261]

Im 20. Jahrhundert wurde der US-Geheimdienst nach und nach direkter Eigentümer eines Großteils der Informationsan-

---

[260] Vgl. Bagdikian: The Media Monopoly, S. 210 f. Der Film »America: Freedom to Fascism« (2006) von Aaron Russo berichtet auch über diese Zusammenhänge. Erstmals angeführt wurden sie 1917 vom US-Kongressabgeordneten Oscar Callaway.

[261] www.monthlyreview.org/598einst.htm

bieter. Das *Armed Forces Journal* berichtete, dass das Pentagon (also der militärische Geheimdienst) 1971 Herausgeber von 371 Zeitschriften war und damit 16 Mal größer als der größte Verlag der Nation in jenem Jahr. Diese Zahl stieg bis 1982 auf 1203 Zeitschriften an.[262] Diese Menge weist darauf hin, dass darunter Nachrichten-, Mode- und Sportmagazine waren, deren Themen sich über viele Lebensbereiche erstreckten, sodass ein breites Spektrum kontrolliert wurde.

Mitte der 70er-Jahre gab der Geheimdienstausschuss des Senats einen Bericht heraus, in dem es hieß, die CIA besitze *»mehr als 200 Presseagenturen, Zeitungen, Zeitschriften und Verlagsgruppen«.*[263] Die *New York Times* berichtete über fünfzig weitere Medien und dass bis 1977 heimlich über 1200 Bücher in Auftrag gegeben wurden, davon alleine zweihundert im Jahre 1967. Sie seien *»von CIA-Agenten geschrieben«* und *»von anderen CIA-Agenten in der New York Times positiv bewertet«* worden.[264]

Vor allem über die Werbung haben Firmen einen riesigen Einfluss auf Medieninhalte. So gab der Herausgeber der *New York Times,* Arthur Ochs Sulzburger, offen zu, dass er seine Redakteure dazu anhalte, bei Fragen der Autosicherheit und Umweltverschmutzung die Meinung der Autoindustrie wiederzugeben, weil es *»ansonsten schlecht für unser Werbegeschäft«* sei.[265] Sie würde auch stets berücksichtigt, wenn es um Programmentscheidungen gehe.[266] Einer der bekanntesten Insider, Dan Rather, meinte hierzu nüchtern: *»Was wir hier haben, ist eine Miniaturversion dessen, was Sie in totalitären Staaten haben.«*[267]

---

262 Vgl. Chomsky: Manufacturing Consent, S. 20
263 Zit. wie Parenti: Inventing Reality, S. 233
264 Zit. wie Mintz/Cohen: Power, Inc., S. 364
265 Zit. wie Parenti: Inventing Reality, S. 48
266 Vgl. ebd., S. 49
267 Zit. wie »Why We Fight« (Dokumentarfilm 2005)

Kapitel 20
Macht über Berichterstattung und Musikbusiness

Kaum eine andere Kunstform bereitete dem US-Geheimdienst und den konservativen Spitzenunternehmen so viele Sorgen wie die populäre Rock- und Rap-Musik, welche, so hieß es, die Meinungsbilder der Menschen ebenso zu beeinflussen wusste wie der Geheimdienst selbst. Entsprechend wurden seit Mitte der 50er-Jahre Akten von Elvis Presley und anderen angelegt. Obwohl offiziell bestätigt, gelang es erst nach vielen Anfragen und jahrelangem Kampf, einige wenige Kopien der FBI- und CIA-Dokumente des Beatles John Lennon einzusehen.[268]

Der erste Rock'n'Roll-DJ, der auch Songs Schwarzer im Radio spielte: Alan Freed (1921-1965)

Es war Alan Freed, ein junger jüdischer Discjockey aus Cleveland, der in den 50er-Jahren die Rockmusik einem breiten weißen Radiopublikum näherbrachte, indem er tanzbare Rhythm-and-Blues-Musik schwarzer Interpreten auflegte. Noch zu Beginn des Jahrzehnts dominierten Schnulzensänger die Sendungen, die meisten Sender ließen nur weiße

[268] Vgl. Constantine: The Covert War against Rock, S. 12

Musiker zu, welche die Songs von schwarzen Musikern coverten.

Freed prägte wohl auch den Begriff »Rock'n'Roll«, der aus dem Slang der Schwarzen stammte und zuvor für Sex benutzt wurde. Kleinere Sender im ganzen Land zogen nach, bald blieb auch den großen nichts anderes übrig, als Rhythm-and-Blues-Musik zu spielen. 1952 kamen 25 000 Menschen zu Freeds erstem Konzert in eine Arena mit eigentlich nur 10 000 Plätzen. Sein Einfluss war enorm, bis seine Karriere 1960 wegen eines Bestechungsskandals abrupt endete. Es wird vermutet, dass der Geheimdienst dahintersteckte, hierauf verweisen andere Beispiele aus der Musikwelt.

Dem ehemaligen OSS-Agenten John Elroy McCaw gehörte WINS, einer der Top-Musiksender in New York City. Frederic Dannens Bestseller »Hit Men« dokumentiert die Kooperation zwischen dem Geheimdienst und dem organisierten Verbrechen, zum Beispiel mit Morris Levy, der Jazzclubs in New York sowie Song-Verlagsrechte besaß. Die Fäden aber zog McCaw. 1954 bot er Alan Freed ein riesiges Gehalt an, damit er bei WINS einsteigt, und Freeds Sendung wurde innerhalb weniger Monate zur Nummer eins. 1957 wurden dann bei WINS Veränderungen vorgenommen, welche die Musikwelt weithin prägen sollten. Das »Top 40«-Musikformat verhalf Anlegern zu dominantem Einfluss: Mittels Promo-Geldern und Radioplaylisten kontrollierten sie fortan die Schallplattenabsätze. Dies war ein Einfallstor für Zensur, denn politische Songs konnten nun leichter aus dem Programm ausgeschlossen werden.[269]

Dass Paramount Pictures Alan Freed damals 29 000 Dollar pro Tag für einen Teenie-Film zahlte, zeigt seinen immensen Erfolg.

[269] Vgl. ebd., S. 19 ff.; Sklar: How the All-Hit Radio Stations Took Over, S. 11, 17, 19

Im darauffolgenden Jahr wurde er dann kontinuierlich angegriffen. Und als es 1958 bei einer Freed-Show in Boston zu Gewalttätigkeiten kam, klagte man ihn wegen »Anstiftung zum Aufruhr« an, ähnlich wie später H. Rap Brown, Jimi Hendrix, Tupac und andere. Freeds Anklage wurde schließlich fallen gelassen, doch 1958 wurde er aus unbekannten Gründen gefeuert. Am selben Tag suchte ein bewaffneter Mann, angeblich ein verärgerter Konzertveranstalter, Freed im Studio von WINS auf und bedrohte ihn. Doch er konnte entkommen und begann danach für WABC zu arbeiten. 1959 wurde Freed dann zum Sündenbock erklärt, als öffentlich wurde, dass Bestechungsgelder dafür gesorgt hatten, bestimmte Lieder im Radio öfters zu spielen. Morris Levy aber, die Quelle eines Großteils des Schmiergeldes, wurde nie als Zeuge aufgerufen. Auch waren solche Geschäfte damals nicht illegal. Nichtsdestotrotz beendete der Skandal unbestreitbar die Karriere Freeds.[270]

John McCaws vier Söhne traten in seine Fußstapfen: Den Geheimdienst im Hintergrund, hatten auch sie weitreichenden Einfluss auf die Medien. Mit großen Besitzanteilen von Kabelfernsehnetzwerken und anderen Kommunikationsgesellschaften konnten sie einen Nettowert von jeweils mindestens 750 Millionen Dollar anhäufen.[271] Auch die Mafia war beteiligt und kontrollierte in der Musikbranche Arbeitsplätze in Musikclubs sowie Labels und Marketingfirmen, den Plattenvertrieb und sämtliche Musiktourneen. Laut Lou Wolfe von *Covert Action Quarterly* war die Mafia zudem im Besitz der Firma East/West, einem Zeitschriftenvertrieb für Kioske und Zeitungsstände, der mit der CIA zusammenarbeitete, um die Konkurrenz auszuschalten.[272]

---

270 Vgl. Constantine: Covert War against Rock, S. 37 f., 42 ff.
271 Vgl. ebd., S. 22 f.
272 Persönliches Interview mit Louis Wolfe, 10.05.2004

Als Time Inc. und Warner in den 80er-Jahren fusionierten, entstand das größte Medienimperium der Welt. Diese Macht wurde auch genutzt, um Tupac zu zensieren und Ereignisse in seinem Leben zu vertuschen. Sowohl Time als auch Warner hatten in der Vergangenheit die Republikaner unterstützt, zum Beispiel Richard Nixon. Warner zeigte seine Loyalität gegenüber dem Geheimdienst, als es das von Warner Modular Books herausgegebene Buch »Counter-Revolutionary Violence« von Noam Chomsky und Ed Herman nach dem Druck vernichteten ließ, weil darin die Politik des Geheimdienstes kritisch dargelegt wurde.[273] Time Inc. wird als das Unternehmen mit der engsten Zusammenarbeit mit der CIA hervorgehoben, da Firmengründer Henry Luce mit CIA-Direktor Allen Dulles befreundet war.

C. D. Jackson 1937

Der Vizepräsident des Medienunternehmens Time-Life, Charles Douglas Jackson (1902–1964), wurde zum Leiter des US-Geheimdienstes ernannt. Er war Mitverfasser *»einer vom CIA gesponserten Studie, die die Reorganisation der amerikanischen Geheimdienste«*[274] empfahl. Die Journalistin Frances Stonor Saunders bestätigte, dass Jackson eine große Rolle bei der Gestaltung des US-Geheimdienstes spielte, insbesondere im Hinblick auf die Manipulationen innerhalb von Kunst und Kultur. Jackson legte während seiner jahrzehntelangen

[273] Vgl. Bagdikian: The Media Monopoly, S. 31 ff.
[274] Vgl. Rolling Stone, S. 63

Karriere bei Time-Life mehrere Pausen für die Führungsarbeit des US-Geheimdienstes ein. Er war stellvertretender Leiter der Abteilung für psychologische Kriegsführung, danach »externer Direktor für verdeckte Operationen der CIA«. Darüber hinaus arbeitete er als Sonderberater von Präsident Eisenhower für psychologische Kriegsführung. Jackson schlug vor, die Einheiten für psychologische Kriegsführung und Propaganda zusammenzulegen und deren Aufgaben zu den Hauptfunktionen der neu geschaffenen CIA zu machen. Darüber hinaus leitete er CIA-Frontgruppen wie den Kongress für kulturelle Freiheit (Congress for Cultural Freedom), der riesige Geldsummen für die Beeinflussung aller möglichen Kunstrichtungen erhielt.[275]

C. D. Jackson verkörperte geradezu die antisemitische, rassistische und antikommunistische Einstellung, das für so manche Elitefamilie nur allzu typisch war. Mit ihnen hatte er einst die CIA ins Leben gerufen und fanatische antikommunistische Pläne durchgeführt, die Tausende von Menschen die Arbeit kostete. Dies alles ist beispielhaft für die Weltanschauung und den Einfluss von Jackson und seiner Abteilung für psychologische Kriegsführung. So entstand unter anderem auch die Schwarze Liste mit einer großen Anzahl von Menschen in Hollywood und der bildenden Künste, die in irgendeiner Art und Weise mit dem Kommunismus in Verbindung gebracht wurden.[276]

Die eigenen Ziele erreichte der Geheimdienst teilweise durch Einschüchterung und das Statuieren von Exempeln. In der ersten Hälfte des 20. Jahrhunderts fanden zwei berühmte Hinrichtungen statt. In beiden Fällen unterstützte FBI-Direktor J. Edgar Hoover das Anvisieren der Zielpersonen, noch bevor er sein

[275] Vgl. Stonor Saunders: The Cultural Cold War, S. 116 f., 146 ff., 152 f.; Wiesen Cook: The Declassified Eisenhower
[276] Vgl. Navasky: Naming Names

Spionageabwehrprogramm COINTELPRO überhaupt gestartet hatte. C. D. Jackson half dann, die späteren Hinrichtungen durchführen zu lassen.

Nachdem bei den Palmer-Razzien 1919 Tausende von Anarchisten, Sozialisten und andere Gewerkschaftsaktivisten zusammengetrieben worden waren, ordnete die US-Regierung die erste Hinrichtung an. Die Mehrheit war aus Italien eingewandert. Im Jahre 1920 verhaftete die Polizei dann die anarchistischen Gewerkschaftsorganisatoren Nicola Sacco und Bartolomeo Vanzetti. Trotz Beweisen ihrer Unschuld, darunter ein Geständnis des tatsächlichen Mörders, und eines internationalen Aufschreis ließ die Regierung die beiden 1927 dennoch hinrichten. Alle Berichte deuteten auf eine weit fortgeschrittene Planung und die Nutzung der öffentlichen Veranstaltung hin, um andere Aktivisten abzuschrecken.[277]

New York, 1920: Anarchisten und weitere linke Aktivisten warten auf ihre Deportation. Für einige wurde sie zur Hinrichtung, lange im Voraus vom Geheimdienst geplant. Maßgeblich verantwortlich zeichnete C. D. Jackson, der später führende Positionen bei Time-Life einnahm

[277] Vg. Encyclopedia of the American Left, S. 667 ff.

C. D. Jacksons Regierungsmemorandum zeigt, dass er und seine Geheimdiensteinheit auch die zweite Hinrichtung bereits lange im Voraus geplant hatte. Die Anklage gegen Julius und Ethel Rosenberg, Eltern von zwei kleinen Kindern (den späteren Anti-Todesstrafen-Aktivisten Robert und Michael Meeropol), machte erneut deutlich, wie die Regierung mit Kommunisten umzugehen beabsichtigte. In einer höchst umstrittenen Verurteilung wegen Weitergabe atomarer Geheimnisse an die Sowjetunion waren sie die ersten Menschen, die in Friedenszeiten wegen Spionage hingerichtet wurden. Später veröffentlichte Protokolle unterstützten die Annahme, dass die Schlüsselbeweise gegen die Rosenbergs in betrügerischer Art und Weise fabriziert worden waren.[278]

Der Geheimdienst finanzierte auch schwarze Musiker, Schriftsteller und Schauspieler, die sich nicht über den Rassismus in den USA beklagten und damit die Anstrengungen von politisch engagierten schwarzen Künstlern untergruben.[279] TimeWarner schloss sich mit dem Musikmogul Quincy Jones zusammen, um *Vibe* zu gründen, das bald meistverkaufte Rap-Magazin. Positiv daran war, dass schwarze Musiker durch solche Zeitschriften bekannter wurden, und doch waren sie von einer ähnlichen konservativen Gesinnung wie viele Mainstream-Produkte. Watani Tyehimba und Michael Warren bestätigten, dass darin einiges über Tupacs politisches Engagement verschwiegen wurde. *Vibe* druckte ähnliche Informationen wie das Rap-Magazin *The Source,* das sich im Besitz von Weißen befand und radikale politische Ansichten zensierte.

TimeWarner kontrollierte fast 25 Zeitschriften, darunter *Time, Life* und *People.* Der Mediengigant war im Jahr 2000 Eigentümer von zwanzig ehemals unabhängigen Rap-Labels sowie der

278 Vgl. Stonor Saunders: The Cultural Cold War, S. 180 ff., 291
279 Vgl. ebd., S. 180 ff., 291

meisten Rockmusik-Labels.[280] Nun stellte der Konzern große Summen zur Verfügung, um Tupacs Label Death Row Records zu promoten, das Verbindungen zum Geheimdienst wie auch zur Mafia hatte und somit in der Lage war, Geheimdienstoperationen zu unterstützen.[281]

[280] Vgl. The Source, April 2000; Associated Press: Hip-Hop Magazines Taking Off, 5.7.1998

[281] Vgl. Vanity Fair, März 1997; Ro: Have Gun Will Travel, S. 315; Sullivan: LAbyrinth, S. 173

Kapitel 21
Zwang und Schikanen im Gefängnis

Nach seiner schweren Schussverletzung folgte für Tupac Shakur eine lange Zeit der Regeneration. Entgegen ärztlicher Anweisung zur Bettruhe zwang ein Richter ihn dazu, bis zur Urteilsverkündung im Gefängnis zu bleiben.

Tupacs harte Verurteilung zu eineinhalb bis viereinhalb Jahren Haft deutet auf den Einfluss des US-Geheimdienstes hin. Zudem stellte der Richter mit drei Millionen Dollar eine unverhältnismäßig hohe Kaution – eine Taktik, die bereits gegen seine Mutter angewandt wurde. Bei Tupac wurde sogar das Angebot einer Bankbürgschaft mit der Hinterlegung einer Summe von 1,3 Millionen Dollar abgelehnt, obwohl normalerweise nur 10 Prozent der Kaution für eine Freilassung benötigt wurden.

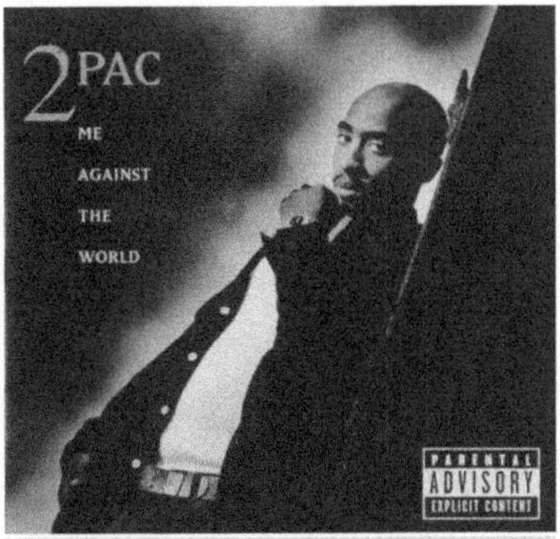

»Me Against the World« erschien im März 1995. Der Albumtitel spricht Bände ...

Tupacs drittes Album »Me Against the World« stand 45 Tage nach der Urteilsverkündung an der Spitze der Charts. Interscope Records verkaufte innerhalb von sieben Monaten zwei Millionen CDs. Viele Reporter suchten Tupac daraufhin im Gefängnis auf, und die Interviews boten ihm

Gelegenheit, seine politischen Ansichten kundzutun: *»Was haben denn die USA gerade getan, als sie nach Bosnien flogen? Die haben dort nichts zu suchen.«* Tupac fügte hinzu: *»Amerika ist die größte Gang auf der Welt. Seht doch, wie sie damals mit Kuba nicht einverstanden waren, also haben sie sie einfach vom Rest der Welt abgeschnitten.«*[282] Kuba war das Land, welches Assata Shakur sowie anderen schwarzen Radikalen einen sicheren Hafen bot.

Eine Woche später wurde Tupac in das Hochsicherheitsgefängnis Clinton Correctional Facility, neun Stunden nördlich von New York City, verbracht, offenbar um die Medien auf Distanz zu halten. Auf jeden Fall kann man die Verlegung auf seine vielen Besucher zurückführen. Im Clinton wurde Tupac wie ein politischer Gefangener behandelt, so wie zuvor schon die Black Panthers und die Aktivisten der Revolutionary Armed Task Force von Mutulu Shakur. Seit den 70er-Jahren gab es in den Gefängnissen die Abteilung für besondere Dienste (Special Services Division), die zum Geheimdienst gehörte. Amnesty International warf deren Mitarbeitern Folter und Gehirnwäsche vor.[283] Alfred McCoy stellt in seinem Buch »A Question of Torture« die Techniken der CIA vor, die in den Gefängnissen angewandt wurden, darunter verschiedene Methoden, um Strafgefangene psychologisch zu brechen und zu manipulieren, beispielsweise durch Isolation und Erniedrigung, eingeschränkte Bewegungsfreiheit, Todesdrohungen, Verhinderung von Körperpflege, Spott und Hohn sowie die Verweigerung der Privatsphäre und Durchsetzung kleinlichster Regeln. Die Gefängnisbeamten setzten bei Tupac sogar noch härtere Maßnahmen ein. Einer seiner Anwälte, Stuart Levy, berichtete darüber voller Unglauben: *»Tupac wurde rektal untersucht, bevor er in die Besucherzone durfte. Wir verbrachten dann dort sechs Stunden vor den Augen der Wachen. Irgendwann riefen die Wachen mit*

---

[282] Zit. wie Dyson: Holler If You Hear Me, S. 125
[283] Vgl. Amnesty International Report on Torture 1983

hoher Stimmlage: ›Tupac! Tupac!‹, winkten und zeigten ihre Finger mit den Plastikhandschuhen: ›Auf jetzt! Es ist wieder Zeit!‹ Und ich fragte mich, warum bloß sollten sie jetzt eine zweite rektale Untersuchung durchführen wollen, wenn er dort in freier Sicht mit seinem Anwalt gesessen hatte? Warum, außer um ihn zu demütigen?«[284] Amnesty International sieht den Zweck solcher Methoden darin, die geistige und körperliche Widerstandsfähigkeit zu schwächen. Tupac musste die Untersuchungen über sich ergehen lassen, wenn er während seiner acht Monate währenden Einzelhaft Besucher sehen wollte. McCoy zitiert Albert Biderman, der Techniken des Strafzwangs entwickelte. Er notierte, dass *»die Gefahr, Schmerzen zugefügt zu bekommen, Ängste auslösen kann, welche schädlicher sind als der wirklich unmittelbar gefühlte Schmerz«.*[285]

Tupac litt nach den Schüssen auf ihn unter einer posttraumatischen Belastungsstörung. Das führte dazu, dass er ständig schwitzend und schreiend aus dem Schlaf erwachte. Außerdem drohten ihm sowohl Wärter als auch Insassen, wie seine Familienfreundin Yaasmyn Fula, die Tupac häufig besuchte, bestätigte. Einer der Wärter zeigte ihm sein T-Shirt mit dem Ku-Klux-Klan-Emblem: »Wir sind die größte Gang der Stadt. Vergessen Sie das nie.« Von einem Onkel bekam Tupac allerdings auch Hilfe im Gefängnis, der konnte zumindest die Drohungen seitens der Gefangenen abwehren. Auch wurde ihm die Möglichkeit zu duschen verweigert, außer als berichtet wurde, dass Madonna ihn besuchen käme.[286]

Watani Tyehimba und Michael Tarif Warren gehen davon aus, dass bezahlte Informanten ihm Nachrichten zukommen ließen,

---

[284] Zit. wie Bruck: The Takedown of Tupac, S. 56

[285] McCoy: A Questian of Torture, S. 56

[286] Vgl. Bruck: The Takedown of Tupac, S. 56; Melody Maker, 11.11.1995; Ro: Have Gun Will Travel, S. 246 f.; Vanity Fair, März 1997; New York Times, 15.12.1995; Hoye/Ali: Tupac: Resurrection, S. 162, 173

die ihn glauben lassen sollten, dass sein Freund, der Rapper Biggie Smalls (alias Notorious B.I.G., geboren als Christopher Wallace) oder Biggies Produzent Sean »Puffy« Combs die Schießerei am Times Square inszeniert hätten. Dies führte zu einem neuen, von den Medien aufgebauschten Krieg zwischen Ost- und Westküste wie jenem, den der Geheimdienst 1970 innerhalb der Black Panther Partei geschürt hatte. Nun wiederholte sich die Geschichte, indem das FBI den Konflikt zwischen Tupac und Biggie anheizte. Man bedenke, dass Geheimdienstagenten in Bezug auf politisch aktive Musiker angewiesen waren, *»Proben ihrer Handschrift zu beschaffen«,* offenbar um durch gefälschte Briefe Zwietracht zu säen und *»Zielgruppen zu Rivalitäten zu provozieren«.*[287]

Tyehimba versuchte Tupac noch davon zu überzeugen, dass Biggie höchstwahrscheinlich nichts mit den Schüssen auf ihn zu tun hatte. Biggie hatte Tupac im Krankenhaus besucht und ihm auch ins Gefängnis geschrieben. Doch Tupac ließ sich nicht überzeugen. So eskalierte der Rap-Krieg Ost gegen West.

[287] Zit. wie Constantine: The Covert War against Rock, S. 9

Kapitel 22
Death Row Records, der Geheimdienst und die Drogen

Death Row Records hatte Tupac bereits mehrere Angebote unterbreitet, doch war er zu keiner Vertragsunterzeichnung bereit gewesen, obwohl er 1994 für ein einziges Lied 200 000 Dollar von der Firma erhalten hatte. Die beiden Plattenbosse reisten regelmäßig aus Los Angeles an, um ihn im Gefängnis zu besuchen. Eigentlich aber war nicht wirklich nachvollziehbar, warum TimeWarner/Interscope darauf drängte, dass Tupac zu ihrer Tochterfirma wechselte. Nachdem er zehn Monate im Gefängnis verbracht hatte, unterzeichnete er im September 1995 dann doch den Vertrag. Und innerhalb weniger Tage akzeptierte das Berufungsgericht plötzlich das Kautionsangebot und ließ ihn frei. Death Row behauptete, die Kaution bezahlt zu haben, doch war es wohl TimeWarner.

Außer dem US-Geheimdienst waren nur wenige überhaupt in der Lage, das Berufungsgericht zu beeinflussen. Und Death Row Records fungierte offenbar als eine Art Scheinfirma für verschiedenste Operationen. Pulitzer-Preisträger Gary Webb bringt das Label mit der CIA in Verbindung und geht ausführlich auf deren Kokain-Handelsnetzwerk ein, ein CIA-Generalinspektor bestätigte 1998 seine Ergebnisse.[288]

---

[288] Vgl. Webb: Dark Alliance, S. 558

Der Haupteigentümer von Death Row Records, der Rechtsanwalt David Kenner, vertrat den Drogenboss Michael Harris, der zusammen mit Ricky Ross an der Westküste ein von der Agency beliefertes Kokainnetzwerk unterhielt, ähnlich dem Netzwerk der CIA an der Ostküste. Kenner stellte Harris dem geschäftsführenden Teileigentümer Suge Knight vor.[289] Ein Mitglied des CIA-Drogennetzwerks der Ostküste arbeitete verdeckt gegen die Familie Shakur: Als Afeni Shakur in den 80er-Jahren Ken »Legs« Saunders Crack konsumierte, hatte dies frappierende Ähnlichkeit mit der Art und Weise, wie Kenner sich Tupac näherte und ihn manipulierte, damit die Ziele des Geheimdienstes erreicht wurden. Es gab aber noch weitere Fälle, bei dem ein Spion als Manager von berühmten Musikern installiert wurde, beispielsweise Jay Richard Kennedy bei Harry Belafonte.[290]

Detective Russell Poole, Whistleblower der Polizei von Los Angeles, lieferte den besten Beweis dafür, dass Death Row Records als Deckmantel für Operationen des US-Geheimdienstes diente, indem er feststellte, dass *»Dutzende und Aberdutzende«* Polizisten nebenberuflich als Sicherheitsbeamte bei der Firma arbeiteten.[291] Gemeinsam mit seinem Kollegen Ken Knox begann er mit Untersuchungen. Als die beiden bei ihren Vorgesetzten nachfragten, *»wurde ihnen gesagt, dass einige dieser Polizisten, die für Death Row arbeiteten, nicht als Sicherheitsbeamte betrachtet werden könnten, sondern viel eher als Vertraute, als Problemlöser oder verdeckte Agenten«.*[292]

Die Zusammenarbeit von Suge Knight mit dem polizeilichen Geheimdienst begann wahrscheinlich um 1990 herum. Ein

289 Vgl. Ro: Have Gun Will Travel, S. 76 ff.
290 Vgl. Brown: Taste of Power, S. 86; Pepper: Orders to Kill, S. 82
291 Vgl. Biggie & Tupac (Dokumentarfilm 2002)
292 Sullivan: LAbyrinth, S. 166

Richter hatte ihn damals wegen schwerer Körperverletzung zu einer zweijährigen Bewährungsstrafe mit drei Jahren Bewährungsfrist verurteilt. Knight bekannte sich in den nächsten zwei Jahren in mindestens fünf weiteren Anklagepunkten schuldig, aber er verbrachte keinen einzigen Tag im Gefängnis.[293] Auch von 1993 bis 1995 griff er viele Male Personen gewalttätig an, ohne dass die Polizei ihn eines Verbrechens bezichtigte. Offenbar wurde er rekrutiert, als ihm eine Gefängnisstrafe drohte. Mit dieser Taktik wurden Agenten oder Informanten gewonnen, die dann zum Beispiel gegen die Panthers eingesetzt wurden, wie 1968 bei Fred Hampton geschehen.[294]

Einige Autoren mutmaßen, dass Knight vom stellvertretenden Staatsanwalt Kaliforniens Lawrence Longo geschützt wurde, nachdem er seiner Tochter einen Plattenvertrag gegeben hatte. Denn Longo bewirkte 1995 trotz sehr glaubwürdiger Anklagen eine Bewährungsstrafe für Knight. Zwei von Death Row Records unter Vertrag stehende Musiker zeigten der Polizei die Kugeln, die noch in der Wand des Tonstudios steckten. Knight habe, nachdem er sie verprügelte, auf sie geschossen.[295]

Als Tupac seinen Plattenvertrag mit Death Row unterzeichnete, verließ ihn sein Manager Watani Tyehimba. Er meinte, er wisse genug über die Plattenfirma, und er wolle sich und die NAPO nicht in Gefahr bringen. Auch deren Vorsitzender Chokwe Lumumba beendete aus diesem Grund die Zusammenarbeit mit Tupac.[296]

---

293 Vgl. Ro: Have Gun Will Travel, S. 36 f.
294 Vgl. Churchill/Vander Wall: Agents of Repression, S. 64 ff.
295 Vgl. Sullivan: LAbyrinth, S. 107; Ro: Have Gun Will Travel, S. 197
296 Persönliches Interview mit Tyehimba, 10.05.2000

Tupac Shakur und sein Manager Watani Tyehimba (li.)

Suge Knight und David Kenner setzten die Nötigungstaktiken der Gefängnisbehörden gegenüber Tupac fort. Mehrere Personen, die Tupac vor und nach dem Gefängnisaufenthalt nahestanden, bezeugten, dass er als völlig veränderte Person herauskam. Seine erste Managerin und Freundin Leila Steinberg erklärte, Tupac habe eine brutalisierende Gefängniserfahrung hinter sich, in deren Zuge seine leuchtende, fröhliche Persönlichkeit *»komplett verändert, verdunkelt wurde«.*[297] Nun musste er mehrmals beo-

[297] Dyson: Holler If You Hear Me, S. 215 f.

bachten, wie Mitarbeiter seiner neuen Plattenfirma zusammengeschlagen wurden, da sie Anzeichen dafür gezeigt hatten, ihren Arbeitgeber verlassen zu wollen.[298] Knight nahm Tupac zu mehreren Reisen nach Hawaii mit, als wolle er ihn weiter isolieren. Außerdem bot er ihm reichlich Marihuana und Alkohol an, um ihn zu manipulieren, ähnlich wie Agenten es bei Huey Newton und Afeni Shakur versucht hatten. Aufgrund der Abhängigkeit seiner Mutter hatte Tupac ein erhöhtes Suchtrisiko. Bereits vor dem Gefängnis konsumierte er täglich Gras.[299] Der Geheimdienst wollte es wohl in den schwarzen Gemeinden populär machen, doch Ende der 80er-Jahre blieb der Verbrauch dort weit hinter dem der weißen Gemeinden zurück.

Es hieß, dass Tupac Probleme mit Marihuana- und Alkoholmissbrauch hatte. Eine enge Freundin, Jada Pinkett Smith, sagte: *»… er war die ganze Zeit high«.*[300] Doch schien er dies ändern zu wollen, möglicherweise durch den Einfluss seiner Verlobten Kidada Jones, denn gegen Ende des Sommers 1996 versuchte er auf alles zu verzichten. Auf einer Party tanzte er etwa vier Stunden lang mit einer Frau im Rollstuhl, anstatt zu trinken oder zu rauchen.[301]

---

[298] Vgl. Ro: Have Gun Will Travel, S. 271 f., 319 f.; Sullivan: LAbyrinth, S. 35 ff.
[299] Vgl. Vibe: Tupac Shakur, S. 45 ff.
[300] Zit. wie Dyson: Holler If You Hear Me, S. 240
[301] Vgl. Vibe, Nov. 1996

Kapitel 23
Undercover-Agenten bei Death Row torpedieren den Waffenstillstand zwischen Bloods und Crips

»Bullen scheren sich einen Dreck um einen Neger.
Sie betätigen den Abzug, töten ihn und werden auch noch zum Helden …
Stellt euch nur mal vor, was passieren würde,
wenn die Schwarzen sich zur Vergeltung zusammenschließen würden …«

Tupac Shakur: »I Wonder if Heaven Got a Ghetto«, 1997

Seit der Gründung ihres Plattenlabels Ende 1991 erwirtschafteten David Kenner und Suge Knight große Summen, waren aber insgesamt nicht gut für das Rap-Business. Zunächst war Knight an der Spaltung der Hip-Hop-Gruppe N.W.A. beteiligt, die Ende der 80er-Jahre große Erfolge feierte und bereits ins Visier des FBI gerieten. Nachdem Andre »Dr. Dre« Young die Band verlassen hatte, gab es vermehrt negative Schlagzeilen über ihn. In dem Track »Express Yourself« hatte sich N.W.A. noch gegen den Konsum von Gras ausgesprochen, doch dann drang Suge Knight auf eine Kehrtwende, und Dr. Dre betitelte sein neues Album nach dem Slang-Namen für eine besonders starke Sorte:

»The Chronic«. Knight zettelte zudem öffentliche Schlägereien an und hatte Dre dabei im Schlepptau. Er selbst entging immer einer Verhaftung, Dre hingegen nicht.[302]

Als Nächstes versuchte Suge Knight, sozialkritische Rapper von der Ostküste abzuwerben, so auch einige New Yorker Musiker. Trotz Gewaltandrohung wehrten ihn Def Jam und der Wu-Tang Clan allerdings ab. Def Jam brachte die politischen Top-Rapper Public Enemy und den ehemaligen N.W.A.-Star Ice Cube hervor. Der Wu-Tang Clan war mit dem Anführer der Bewegung zur Befreiung der Schwarzen, Sonny Carson, und den Hip-Hop-Aktivisten der Zulu Nation verbunden. Suge Knight sorgte außerdem für Unruhen und Ausschreitungen auf Rap-Veranstaltungen an, beispielsweise dem Rap-Kongress in Atlanta, wo auch Tupac sprechen sollte.[303]

Label-Boss Suge Knight (geb. 1965): »immun« gegen Verhaftungen

COINTELPRO-Undercover-Agenten unterstützten den Geheimdienst dabei, Aktivistenführer und -gruppen gegeneinander auszuspielen. Auch Suge Knight half dabei, den neuen Eastcoast-Westcoast-Krieg herbeizuführen. Seine Sicherheitskräfte und er hinterließen dabei eine Spur an Gewalttaten. So waren sie in hohem Maße verdächtig, den Rap-Manager Bruce Richardson ermordet zu haben, der sowohl bei den Bloods als auch den Crips sehr beliebt war. Richardson, der einen schwarzen Gürtel trug, konnte sich zwar noch

[302] Vgl. Ro: Have Gun Will Travel, S. 83 f., 97, 109
[303] Vgl. ebd., S. 122 f., 158, 174 ff.; Sullivan: LAbyrinth, S. 85

zur Wehr setzen, als er Suge Knight wegen des Abwerbens von Rappern zur Rede stellte und daraufhin angegriffen wurde, doch nur kurze Zeit später wurde er in seinem Haus ermordet. Tupac teilte dem Vater des Rap-Managers mit, dass er damit nichts zu tun habe. Über Knight würde er wohl nicht dasselbe sagen können.[304]

Suge Knight und weitere Undercover-Agenten bei Death Row griffen bei ihren Spaltungsversuchen unter den Rap-Größen zu COINTELPRO-Taktiken. Solcherart manipuliert, schrieb Tupac Songs, in denen andere Rapper angegriffen und bloßgestellt wurden.[305] Knight behauptete immer wieder, dass Biggie und Puffy für die Schüsse auf ihn in New York verantwortlich gewesen seien, und schürte damit die Gewalt zwischen den Musikern, er war ein wahrer Meister darin, Öl ins Feuer zu gießen.[306] Knight überzeugte Tupac wohl auch, sich gegen Dr. Dre zu wenden, den er früher noch vergöttert hatte.

Russell Poole fand Hinweise darauf, dass die bei Death Row als Wachpersonal beschäftigten Polizisten mit Kokain und Waffen handelten und in Geldwäsche verwickelt waren.[307] Auch David Kenner selbst sei ein Drogenhändler.

Ziel des Geheimdienstes war es, die Versöhnung zwischen Bloods und Crips zu verhindern. Polizei und FBI arbeiteten zusammen, um die Personen zu verleumden, die den Friedensgipfel der beiden Gangs anführten. So wurde der Anführer der Crips, Dewayne Holmes, während der Veranstaltung wegen des Diebstahls von

---

304 Vgl. Sullivan: LAbyrinth, S. 37 ff., 190 f.
305 »Hit 'em Up« beispielsweise ging als einer der einflussreichsten Diss-Tracks in die Geschichte des Hip-Hop ein. (Anm. des Übers.)
306 Vgl. Vibe: Tupac, S. 102
307 Vgl. Sullivan: LAbyrinth, S. 40, 124, 192, 197

10 Dollar verhaftet und aufgrund eines solchen Bagatelldelikts zu einer mehrjährigen Gefängnisstrafe verurteilt.[308]

Mehrere Sicherheitsleute von Death Row Records störten den Friedensgipfel, darunter auch Raphael »Ray« Perez, der für die verdeckte Anti-Gang-Eliteeinheit CRASH (Community Resources Against Street Hoodlums) arbeitete,[309] oder Reggie Wright, dessen Vater Chef einer Polizistengang in Compton war, einem Bezirk von Los Angeles, der überwiegend von Schwarzen bewohnt wurde. Wahrscheinlich leitete der Vater den Sohn darin an, gegen schwarze Aktivisten vorzugehen. In ähnlicher Weise wurde Richard W. Held, der in den 60er-Jahren die FBI-Einheit COINTELPRO in L. A. leitete, von seinem Vater, dem ehemaligen stellvertretenden Direktor des FBI, Richard G. Held, angeleitet. Er wies seine Agenten bei den United Slaves an, Panthers zu ermorden, bevor er Newton, Bari und Tupac ins Visier nahm.

Nachdem die Bandenführer der Crips und Bloods den Waffenstillstand ratifiziert hatten, provozierte Suge Knight Schlägereien zwischen den bei Death Row beschäftigten Gangmitgliedern. Mindestens einer dieser Konflikte endete damit, dass ein Crip ermordet wurde. Einige der Bloods könnten Undercover-Agenten gewesen sein, aber die Polizei ging dem nie nach. Bei einem anderen Vorfall, als ein Crip-Mitglied von Death Row sagte, er habe mit einem Bewaffneten telefoniert, um sich an Knight zu rächen, griff sofort ein Polizeiwagen ein, als ob sein Telefon überwacht gewesen wäre.[310]

---

308 Vgl. Davis: Who Killed Los Angeles?, S. 35
309 Vgl. Sullivan: LAbyrinth, S. 197, 201 ff.
310 Vgl. Ro: Have Gun Will Travel, S. 166

Kapitel 24
Das FBI sieht zu, wie Tupac ermordet wird

Im August 1996 war Tupac den Psychoterror bei Death Row Records leid. In Interviews kündigte er an, dass er die Plattenfirma verlassen werde. Er wolle sich niederlassen und mit seiner Verlobten Kidada Jones zusammenziehen, der Tochter des Musikproduzenten und Besitzers des Vibe-Magazins Quincy Jones. Kidada erzählte, dass Tupac eine neue Wohnung für sie gefunden hätte und aus dem von Death Row gemieteten Haus ausziehen wolle. Er habe auch davon gesprochen, Kinder haben zu wollen.[311]

Nachdem viel darüber berichtet worden war, dass Tupacs Energie nachgelassen habe und er aufgrund der Probleme mit Death Row bedrückt gewesen sei, wurde er nun wieder lebenslustiger und aktiver. Seine CD »The Don Killuminati: The 7 Day Theory« enthielt seine radikalsten politischen Tracks. Der Song »White Manz World« integrierte etwa Auszüge aus seinen Reden als schwarzer Aktivist, in denen er seine Mentoren nannte: Mutulu Shakur, Geronimo Pratt, Sekou Odinga und Mumia Abu-Jamal. Weiterhin zitierte er Louis Farrakhan: *»Die Masse der Bevölkerung, ob Weiße oder Schwarze, Rot-, Gelb- oder Braunhäutige, sie sind die Verletzlichsten dieser Nation und haben alle zu leiden.«* Die USA seien ein Land *»von Weißen und für Weiße«*, alle anderen *»nur die Lastenträger für die richtigen Einwohner dieser Nation«.*[312]

---

[311] Vgl. Vanity Fair, März 1997; Scott: The Killing of Tupac Shakur, S. 81
[312] Zit. wie Vanity Fair, März 1997

Die zunehmende Radikalisierung Tupacs kommt auch in seinen Songs zum Ausdruck (im Bild: Cover von »The Don Killuminati: The 7 Day Theory«, veröffentlicht 1996)

Tupac hatte Pläne, darunter die Fertigstellung eines Filmdrehbuchs, das er über die Erfahrungen seiner Mutter mit den Black Panthers schrieb.[313] Zudem überlegte er, eine unabhängige Wahlpolitik zu organisieren und Gemeindezentren zu eröffnen. Vor allem aber wollte Tupac den Krieg der Rapper an Ost- und Westküste beenden. In dem Sinne erklärte er, sein »W«-Handzeichen stünde nun nicht mehr für den »Westen«, sondern für »War« (Krieg), und zwar im Namen eines geeinten schwarzen Amerikas. Weiterhin plante er, verschiedene ethnische Gruppierungen zu politisieren, Mao Tse-tung lesen zu lassen und zur politischen Arbeit seiner Familie zurückzukehren. Dies würde er nun gemeinsam mit seinen revolutionären Brüdern von der NAPO wieder in Angriff nehmen.[314]

Tupac war mit 25 Jahren ein Megastar. Die bei Death Row Records im Januar 1996 erschienene Doppel-CD »All Eyez On Me« stürmte mit zehn Millionen Dollar Umsatz die Charts – zu diesem Zeitpunkt die zweithöchste Verkaufsrate innerhalb der ersten Woche aller Zeiten (nur übertroffen von der Anthologie der Beatles im Jahre 1995).[315] Bis August wurden sieben Millionen Alben verkauft. Tupacs prozentualer Anteil am Gewinn würde sich bald durch die Produktion von eigenen CDs massiv erhöhen, sobald er

[313] Im April 2023 erschien die fünfteilige Doku-Saga »Dear Mama« des preisgekrönten Regisseurs Allen Hughes.

[314] Vgl. Marriott: Last Testament. Vibe, November 1996; Vibe: Tupac Shakur, S. 97, 125 f., 280; White: Rebel for the Hell of It, S. 168; The Source, Oktober 1996

[315] Vgl. Ro: Have Gun Will Travel, S. 281

bei Death Row Records ausstieg. Er hatte bereits seine eigene Platten- und Filmproduktionsfirma namens Euphanasia[316] gegründet, die von der Ehefrau des inhaftierten ehemaligen Anführers der Panthers aus der Bronx, Sekou Odinga, Yaasmyn Fula geleitet wurde.

In jenem Sommer gerieten Tupac und Suge Knight wegen der Vorschüsse, die sein Vertrag versprach, in einen Streit, der so heftig ausfiel, dass er fast in einen Faustkampf umschlug.[317] Noch im August vollendete er das Album, das seinen Vertrag bei Death Row Records abschließen sollte, denn er war auf genau drei CDs ausgelegt. Dann feuerte er seinen Vertragsanwalt David Kenner, der ja auch Miteigentümer von Death Row war. Zehn Tage später war er gemeinsam mit Knight zu einem Boxkampf von Mike Tyson in Las Vegas eingeladen, dem er für gewöhnlich nach den Kämpfen gratulierte. Diesmal aber versuchte Tupac einen Rückzieher zu machen.[318] Er war skeptisch, was das Timing und auch den Ort anging.

Kenners Verbindungen zur New Yorker Mafiafamilie von Albert Carone waren bekannt, ebenso dass die Mafia am Glücksspiel in Las Vegas mitverdiente. Carone hatte als Oberst Verbindungen zum US-Militär sowie zur New Yorker Polizei.[319] William Pepper berichtet darüber, wie die Mafia von der CIA den Auftrag zur Ermordung Martin Luther Kings erhielt, die offiziell *»ausschließlich vom organisierten Verbrechen durchgeführt wurde«.*[320] Death Row hatte viele Kontakte zu Personen innerhalb der Mafia, die wiederum Verbindungen zu den US-Regierungsbehörden hatten. Mehrere Autoren erwähnen die Verbindung von Death Row

---

316 Der Name ist eine Mischung aus »Euphorie« und »Euthanasie«, wörtlich übersetzt »guter Tod«. (Anm. des Übers.)

317 Vgl. Sullivan: LAbyrinth, S. 188, 192

318 Vgl. Bruck: The Takedown of Tupac, S. 62; Anson: To Die Like A Gangsta, S. 281

319 Vgl. Ruppert: Albert V. Carone

320 Pepper: Orders to Kill, S. 485

zur Mafiafamilie Genovese, die mit dem US-Geheimdienst am längsten zusammenarbeitete.[321] Oscar Goodman, Anwalt von Death Row Records, fungierte als Consigliere für die Mafia und hielt die Mitglieder jahrelang frei von Gefängnisstrafen. Ende der 90er-Jahre wurde er zum Bürgermeister von Las Vegas gewählt. Goodmans Partner, Death Row-Anwalt Dave Chesnoff, ist ein ehemaliger stellvertretender Staatsanwalt.[322]

Trotz seiner Bedenken besuchte Tupac am 7. September 1996 gemeinsam mit Knight den Boxkampf von Tyson. Später am Abend sollte er noch ein Benefizkonzert geben, wozu ihn ein Gericht in Los Angeles wegen Marihuana-Besitzes verurteilt hatte. An jenem Wochenende war Tupac zum ersten Mal in der Öffentlichkeit praktisch ungeschützt, denn einer seiner beiden wichtigsten Leibwächter, Kevin Hackie, war von Death Row entlassen worden, weil er Tupac ermutigt haben soll, nach Atlanta zu ziehen. Dem anderen Bodyguard, Frank Alexander, wurde gesagt, er dürfe seine Waffe nicht mehr bei sich tragen, weil Death Row vergessen habe, sie registrieren zu lassen. Außerdem gab man ihm ein Mobiltelefon mit leerem Akku.[323]

Am Samstagabend vor dem Tyson-Kampf veranstaltete Suge Knight eine Party in seiner Villa, bei der reichlich Alkohol und Gras im Spiel waren. Zu Gast waren sowohl nebenberuflich arbeitende Polizisten aus Las Vegas als auch aus L. A.[324] Im Anschluss fuhren alle zum MGM Grand Hotel und schauten zu, wie Tyson seinen Gegner bereits in der ersten Runde k. o. schlug. Anschließend kam es in der riesigen Lobby des Hotels zu einer

---

321 Vgl. Sullivan: Labyrinth, S. 99; Bruck: The Takedown of Tupac, S. 64; Lusane: Pipe Dream Blues, S. 39, 117 f.; McCoy: The Politics of Heroin, S. 32 ff., 43 f., 73 ff., 255f.

322 Vgl. Scott: The Murder of Biggie Smalls, S. 81, 130

323 Sullivan: LAbyrinth, S. 188, 192 f.; Scott: The Killing of Tupac Shakur, S. 5

324 Vgl. Anson: To Die Like A Gangsta, S. 282

tumultartigen Szene. Denn als Orlando Anderson von den Crips dort gesichtet wurde, liefen alle ohne lange Umschweife zu dem jungen Mann und attackierten ihn mit Faustschlägen und Tritten, wie ein Videotape beweist. Auch Tupac beteiligte sich. Frank Alexander meinte später dazu: *»Tupac war wahrscheinlich leicht zu beeinflussen, um in dieses Handgemenge verwickelt zu werden, zum einen wegen seines wahrscheinlich berauschten Zustands nach der Party und zum anderen, weil er zuvor von einigen Crips-Gang-Mitgliedern ohne Grund geschlagen worden war.«*[325]

Anschließend verließ die Gruppe das Hotel, ohne von den Wachen oder Polizisten, die zum Tatort eilten, aufgehalten zu werden. Nicht lange nach dem Vorfall brach die ganze Death-Row-Entourage zum Benefizkonzert auf. Eine Menge Indizien sprechen dafür, dass es sich um einen geplanten Korso zur Ermordung Tupacs handelte.

Tatort Las Vegas: Die Straßenkreuzung, an der das Attentat auf Tupac verübt wurde

[325] Zit. in The Source, September 1994

Knight überzeugte Tupac, mit ihm zu fahren. Frank Alexander folgte im Auto dahinter.[326] Kevin Hackie, der ebenfalls für die Bundespolizei gearbeitet hatte, behauptete, er habe Dokumente, die bewiesen, dass auch ein FBI- und ein ATF-Agent im Gefolge waren.[327] Die Polizeireporterin der *Las Vegas Sun,* Cathy Scott, schrieb, es sei weithin bekannt, dass Tupac *»zum Zeitpunkt seiner Erschießung vom FBI überwacht wurde«.*[328] Zudem hieß es, dass Polizeibeamte aus Los Angeles, die für Death Row arbeiteten, dabei waren.[329] Tupac saß also auf dem Beifahrersitz in Knights Auto. Ein Death-Row-Leibwächter sagte, dass die Sicherheitsvorkehrungen bei dieser Fahrt anders gewesen seien als sonst, denn normalerweise wären immer zwei bewaffnete Sicherheitsleute im Auto mitgefahren. Doch bei dieser Fahrt war keiner dabei.

An einer Ampel vor dem Maxim Hotel mussten sie anhalten. Ein Wagen von Death Row stand vor ihnen, alle anderen dahinter. Links daneben hielt Death-Row-Mitarbeiter Travon Lane, dahinter stand ein Auto voller Frauen, denen Tupacs Aufmerksamkeit galt, da sie seinen Namen riefen. In diesem Moment hielt ein weißer Cadillac rechts von Tupac, und ein oder zwei bewaffnete Männer feuerten daraus mehr als ein Dutzend Schüsse ab. Vier Kugeln trafen Tupac, darunter zwei in die Brust. Knight wurde an der Stirn gestreift, andere sagten, ihn hätte nur ein abprallendes Kugelfragment oder ein Glassplitter getroffen. Der Cadillac floh vom Tatort, die Täter wurden nie gefasst.

---

[326] Vgl. Bruck: The Takedown of Tupac, S. 63
[327] Vgl. Biggie & Tupac, Dokumentarfilm 2002
[328] Zit. wie Scott: The Murder of Biggie Smalls, S. 94
[329] Vgl. Sullivan: LAbyrinth, S. 157 ff.

Kapitel 25
Eskalation nach dem mörderischen Attentat auf Tupac

»Ich spüre, ich werde sterben,
noch bevor meine Zeit hereinbricht.
Zu tief ist der Schatten, der über mir liegt.«
Tupac Shakur: In the Event of My Demise. 1996[330]

Viele Indizien deuten darauf hin, dass Suge Knight in Tupac Shakurs Ermordung verstrickt war, für den Geheimdienst dabei aber nur eine untergeordnete Rolle spielte. Während Tupac viermal getroffen wurde, entging der 150 Kilo schwere Knight auf wundersame Weise den Kugeln. Er meinte zwar, eine Kugel abbekommen zu haben, was einen Krankenhausaufenthalt über Nacht erforderte, aber dass er ein oder zwei Tage später wieder gut zu Fuß unterwegs war, beweist, dass ihn keine direkten Schüsse trafen.[331] Die Gefahr, der er ausgesetzt war, legt den Schluss nahe, dass er den genauen Plan nicht kannte. Die Sorgfalt wiederum, mit der die Schützen darauf achteten, ihn nicht zu treffen, spricht dafür, dass sie dies bewusst getan haben müssen.

---

[330] Aus der Gedichtesammlung »The Rose That Grew From Concrete«
[331] Vgl. Scott: The Murder of Biggie Smalls, S. 52

Knights Aussage zufolge versuchte Tupac noch auf den Rücksitz zu klettern. Er habe Tupac nach unten ziehen wollen und deutete an, dass er dessen Körper intuitiv mit seinem eigenen zu bedecken versuchte und dadurch riskierte, getroffen zu werden, und das trotz ihrer jüngsten Kämpfe und der Tatsache, dass Tupac sein Label verlassen wollte.[332] Seine Reaktion nach der Schießerei lässt jedoch einige Fragen offen. Zum einen raste er in die entgegengesetzte Richtung davon, obwohl sich das nächstgelegene Krankenhaus in dem Block befand, in dem auch der Club lag, wo das Konzert stattfinden sollte. Knight war der Besitzer dieses Clubs und hatte viele Jahre dort gearbeitet. Außerdem hatte er das College in Vegas besucht. Das bedeutet, dass er von dem Krankenhaus wissen musste. Zum anderen hätte Knight auch einen Notarzt rufen können, was er ebenfalls nicht tat. Stattdessen fuhr er wie wild über sämtliche rote Ampeln zurück in Richtung MGM-Hotel. Viele aus dem Gefolge fuhren hinterher, ebenso zwei Polizisten, die in der Nähe des Tatorts auf Fahrrädern unterwegs waren. Bei einem Manöver, die Fahrtrichtung über die Mittelleitplanke aus Beton zu wechseln, platzten alle vier Reifen des BMW, und er kam mit dem schwerverwundeten Tupac schließlich zum Stehen.

Die Polizei umstellte das Auto und befahl allen, sich an Ort und Stelle auf den Boden zu legen. Dann erst brachte man den blutgetränkten Tupac in ein Krankenhaus. Cathy Scott bezeichnete das Vorgehen der Polizei als *»äußerst hilfreich für die Flucht der Mörder«* und verwies auf *»fragwürdige Entscheidungen und Fehlhandlungen«*. Erstens befanden sich die Fahrradpolizisten nur wenige Meter von der Schießerei entfernt, doch versäumten sie es, den Tatort zu sichern. Ihre Vorgesetzte ignorierten entweder die Meldungen zu dem Geschehen, oder es gab gar keine Mel-

332 Vgl. Bruck: The Takedown of Tupac, S. 63

dungen. Weder Beweise noch Zeugen wurden erfasst. Offenbar hatten die Polizeibeamten an diesem Abend beschlossen, gegen alle Standardverfahren vorzugehen, indem sie weder einen Fahndungsaufruf herausgaben noch einen der verfügbaren Polizeihubschrauber beauftragten, nach den Mördern zu suchen. Luftaufnahmen machte ebenfalls niemand. Und das obwohl die Polizei selbst davon sprach, dass das Attentat auf Tupac bis zu diesem Zeitpunkt der größte Mordfall in der Geschichte von Las Vegas gewesen sei.[333]

Augenzeugen der Schießerei sprachen davon, dass die Polizei sie einfach ignoriert habe, während die offiziellen Polizeierklärungen besagten, es habe keine weiteren Zeugen gegeben. Die Leute in den Autos hinter Knight und Tupac meinten, sie hätten die Angreifer gesehen, und Yaki »Kadafi« Fula und Malcolm »E.D.I. Mean« Greenridge sagten beide aus, sie könnten sie möglicherweise identifizieren. Bodyguard Frank Alexander sagte, er habe die Angreifer noch vor den Schüssen kommen sehen. Die Polizei ignorierte dies. Erst als die *Los Angeles Times* ihre Aussagen veröffentlichte, wurden sie registriert.[334]

Die Polizei arbeitete auch nicht mit den Medien zusammen, die helfen wollten, etwa durch *Unsolved Mysteries,* eine Serie, die sich mit ungeklärten Mordfällen beschäftigt und eine Notrufleitung anbot, welche zu einer Flut von Hinweisen führte. Die Polizei jedoch meinte, dass es einfach zu viele Anrufe gewesen seien und sie irgendwann aufhören musste, sie entgegenzunehmen. Ein weiterer erwähnenswerter Umstand ist, dass der Polizeibeamte Ken Knox aus Los Angeles Anfang des Jahres 1996 einen seiner Kollegen, Richard McCauley, an der Rezeption im Aufnahmestudio von Death Row Records bei einem illegalen Nebenjob über-

---

[333] Vgl. Scott: The Killing of Tupac Shakur, S. 7 ff., S.18 f., 35 ff., 95 ff.
[334] Vgl. Los Angeles Times, 28.2.1997

raschte. Knox meldete dies seinen Vorgesetzten, und McCauley wurde offiziell getadelt. Angeblich wurde ihm von einem Polizeichef befohlen, die Nebentätigkeit aufzugeben. Viele Zeugen und Hotelaufzeichnungen zeigten aber, dass er weiterhin für Death Row arbeitete, auch als Tupac erschossen wurde.[335] Trotz dieser offensichtlichen Befehlsverweigerung wurde McCauley interessanterweise kurz nach dem Mord zum Sergeant befördert.[336] Bemerkenswert ist auch, dass McCauleys Vater ein altgedienter LAPD-Officer war. Und der Vater des Sicherheitschefs von Death Row, Reggie Wright, war – wie bereits erwähnt – Chef der Compton-Gang-Einheit.[337] Details kamen erst viel später heraus. Ermittler berichteten Russell Poole, dass sie kein Interesse daran gehabt hätten, die Hinweise weiterzuverfolgen, denn sie hätten die Anweisung erhalten, den Mord an Tupac nicht weiter zu untersuchen.[338]

Die Frage, ob der Geheimdienst Motive dafür hatte, den Polizisten, die für Death Row Records arbeiteten, dabei zu helfen, den Mordanschlag auf Tupac Shakur zu inszenieren, lässt sich leicht beantworten: Zunächst einmal fürchtete man weiterhin, Tupac könnte sein Megastar-Image, seine finanziellen Mittel und die damit einhergehende Macht dafür nutzen, politisch weitreichenden Einfluss auszuüben. Jede seiner CDs verkaufte sich jeweils mehr als doppelt so gut wie die vorhergehende. Die Produktion eigener CDs hätte seine ohnehin schon multimillionenschweren Gewinne exponentiell gesteigert. Außerdem hatte er Angebote für weitere Filmrollen,

---

[335] Vgl. Commander Keith D. Bushey vom Human Resources Bureau, Personnel Group: Subject: Widerruf der Arbeitserlaubnis, Police Officer III Richard McCauley, 1.8.1995

[336] Vgl. Sullivan: LAbyrinth, S. 161 f.

[337] Vater-Sohn-Teams wurden in vielen Fällen vom US-Geheimdienst eingesetzt. Das LAPD suspendierte McCauley erst endgültig, als ein anderer Polizeidetektiv, Lt. Alba, den Erkenntnissen von Knox und Poole nachging und die Sache vorantrieb.

[338] Vgl. Sullivan: LAbyrinth, S. 157, 159, 162 ff.; Anson: To Die Like A Gangsta, S. 281; Scott: The Killing of Tupac Shakur, S. 81

und durch seine geplante Hochzeit mit Kidada Jones hätte er in eine angesehene und einflussreiche Familie eingeheiratet.[339]

Zu Tupacs Fans zählten unter anderem Modedesigner wie Versace, die ihn und seine Verlobte, das Model Kidada, ausstatteten. Die Mainstream-Magazine berichteten über ihn. Tupac spielte in zwei neuen Filmen, »Gridlock'd« und »Gang Related«, mit, die beide innerhalb weniger Monate nach seinem Tod in die Kinos kamen. Sein Freundeskreis reichte von schwarzen Künstlern und Profisportlern bis hin zu Madonna, Mickey Rourke und dem Medienmogul Ted Fields von Interscope Entertainment. Etwa 70 Prozent der Personen, die seine Alben kauften, waren Weiße. Viele Popstars lobten Tupacs unglaublichen Charme. Jada Pinkett Smith beschrieb Tupac als brillant, belesen und als eine Art Bruder.[340]

In einem seiner letzten Interviews hatte Tupac angekündigt, dass er die Weisheiten, die er von der Straße kannte, mit einer bekannten und bewährten Philosophie zusammenführen wolle. Und er erklärte, mit Sanyika Shakur (alias »Monster« Kody Scott) zusammenarbeiten zu wollen, dem revolutionären Sozialisten und ehemaligen Anführer der Crips. Dies alles versetzte den Geheimdienst in Alarmbereitschaft. Offenbar wollte man die Politisierung der Gangs durch Tupacs Ermordung beenden und den Bandenkrieg zwischen den Bloods und Crips neu entfachen.

Frank Alexander meinte, Suge Knight habe Orlando Anderson dafür bezahlt, dass er nach dem Kampf von Tyson in der Hotellobby wartete und sich eine Tracht Prügel verpassen ließ, um für den Mord an Tupac ein Alibi zu haben.[341] Viele glaubten, so auch Tupacs Bodyguard Kevin Hackie, dass Death Row hinter dem

[339] Vgl. Vibe: Tupac Shakur, S. 114, 141
[340] Vgl. Tupac: Resurrection, DVD 2003
[341] Vgl. Sullivan: LAbyrinth, S. 188 f.

Mord gesteckt habe. Später gab er zu, bis 1996 als verdeckter Ermittler für das FBI gearbeitet zu haben. Offenbar widersetzte er sich aber nach und nach seinem Arbeitgeber.[342]

Afeni Shakur urteilte, Tupacs Arbeit für Knight sei ein Leben in Knechtschaft gewesen. Yaasmyn Fula stimmte mit Hackie darin überein, dass Tupac an jenem Wochenende eher nach Atlanta statt nach Vegas fahren wollte. Hackie ermutigte ihn, sich in der Nähe seiner Familie und seiner Freunde in Atlanta niederzulassen, wahrscheinlich aus Sicherheitsgründen. Dort lebte etwa Watani Tyehimba und nicht weit entfernt auch Afeni, während Tyehimbas Sohn für Tupac in L. A. arbeitete. Nachdem Poole versucht hatte, seine Berichte von Hackie gegen die Death-Row-Cops zu verwenden, sagte Hackie, dass die Behörden ihn hereingelegt hätten und er Monate im Gefängnis verbracht habe.

Im Film »Tupac: Assassination« von Richard Bond wird Michael Moore von Death Row vorgestellt. Er bestätigt, dass Reggie Wright allen Leibwächtern gesagt hatte, dass sie in dieser Nacht keine Waffen bei sich tragen dürften. Er sei schockiert gewesen und habe als Einziger eine registrierte Waffe dabeigehabt. Er erzählte, dass er mit Wright direkt zum Club gefahren sei. Etwa zu dem Zeitpunkt, als Tupac erschossen wurde, habe er eine Stimme über Wrights Funkgerät gehört, die sagte: *»Wir haben ihn!«*[343]

Nach Tupacs Erschießung besuchte Suge Knight innerhalb weniger Tage mindestens zweimal die Polizei von Las Vegas und sprach mindestens einmal mit dem FBI. Einer der Gründe sei die Meldepflicht als Ex-Verbrecher in einem neuen Staat gewesen, dies aber bleibt fragwürdig, da er ein Haus in Vegas besaß.[344]

---

[342] Vgl. Chevigny: Cops and Rebels, S. 113
[343] Vgl. Scott: The Killing of Tupac, S. 105
[344] Vgl. Sullivan: LAbyrinth, S. 141 ff.

Knight und seine Vertrauten der Anti-Gang-Einheit CRASH trugen dazu bei, den Krieg zwischen den Bloods und den Crips neu zu entfachen, indem sie unter den Bloods das Gerücht streuten, dass Orlando Anderson Tupac schwer verwundet habe. Dies führte am 9. September zu Gangmorden in L. A., zwei Tage nach den Schüssen auf Tupac.[345] Ein Polizeiinformant behauptete, Knight habe zuvor eine ganze Ladung AK-47-Sturmgewehre an die Bloods geliefert. In der darauffolgenden Nacht begann die Gewalt mit gezielten Erschießungen jener Crips-Anführer, welche als Erste dem Friedensabkommen zugestimmt hatten. Weitere Morde folgten und belebten den Bandenkrieg nach einer mehrjährigen Waffenstillstandspause.

Im Krankenhaus von Las Vegas wurden derweil Pressekonferenzen abgehalten; Reporter der internationalen und nationalen Medien erkundigten sich nach Tupacs Gesundheitszustand. Auch Aktivisten, Entertainer und prominente Sportler versammelten sich mit Familienangehörigen und dem großen Bekanntenkreis. Kidada Jones erzählte, wie sie an seinem Bett saß und ihn fragte, ob er wüsste, dass sie ihn liebe. Er habe leicht mit dem Kopf genickt und seinen Fuß bewegt. Kidada spielte dann für ihn das Lied »Vincent« von Don McLean, welches Tupac immer schon geliebt habe.

Als Tupac dann ins Koma fiel und sein Herz mehrere Male aussetzte, ließ Afeni Shakur am 13. September 1996 die lebenserhaltenden Maßnahmen beenden. In den vergangenen sieben Tagen waren im Bandenkrieg etwa zwanzig Crips und Bloods gestorben. Doch als alle wegen Tupacs Tod trauerten, verbreiteten Aktivisten die Nachricht, dass die Crips nicht hinter dem Mord standen, und die Schießereien fanden ihr Ende.

[345] Vgl. ebd.; Davis: Who Killed Los Angeles?, S. 35

Kapitel 26
Exakt getimte Morde

»Helft mir, eine Nation für uns Schwarze zu bauen
... könnt ihr nicht sehen, dass wir angegriffen werden?
...
Werden wir es in bessere Zeiten schaffen?
In dieser Welt des weißen Mannes«

Tupac Shakur: »White Man'z World«, 1996

Die Vertuschungen nach Tupacs Ermordung setzten sich über Jahre hinweg fort. So war sein Cousin und enger Vertrauter Yaki »Kadafi« Fula bereit, als Zeuge auszusagen, doch dies wurde zwei Monate lang ignoriert. Im November 1996, in der Nacht von Mike Tysons nächstem Boxkampf, wurde dann auch er erschossen, offenbar wurde wieder einmal die perfide Taktik des besonderen Timings angewandt.

Von den Medien wurde gebetsmühlenartig wiederholt, der Mord habe mit Drogen zu tun gehabt, obwohl es gar keine Beweise dafür gab, Kadafi war nicht einmal vorbestraft. Der Geheimdienst hatte gleich mehrere Gründe, ihn zu ermorden: Zum einen war er Hauptzeuge in Tupacs Mordfall und zum anderen ein weiterer radikaler Popstar mit großem politischen Potenzial. Er sah gut aus, war prädestiniert für Hollywood, und sein Vater war der ehemalige Black Panther Sekou Odinga, seine Mutter Yaasmyn leitete Tupacs neue Plattenfirma.

Auch die Attentate im Zusammenhang mit Tupac waren wohl zeitlich abgestimmt. So hatten ihn bewaffnete Männer am Todestag von Huey Newton angegriffen. Und der wichtigste Zeuge der Schießerei in New York, Randy »Stretch« Walker, wurde genau ein Jahr, nachdem Tupac am Times Square angeschossen wurde, ermordet. Wie bereits zuvor bei der Ermordung von Newton und Martin Luther King sollte dies eine Warnung darstellen.

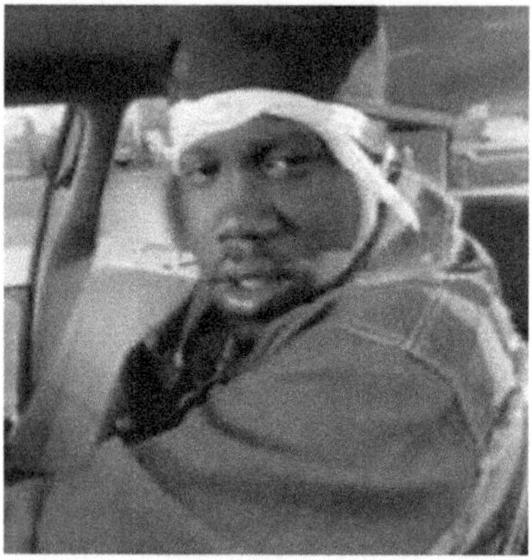

Yaki »Kadafi« Fula (unten) und Randy »Stretch« Walker: zwei weitere Morde, die auf Tupac folgten

Immer mehr Indizien sprachen dafür, dass Orlando Anderson eine Rolle beim Mord an Tupac gespielt haben musste. Er habe sich in jener Nacht sehr seltsam verhalten, wollte keine Beschwerde einreichen oder eine Aussage darüber machen, wer ihn angegriffen habe. Auch sei er *»überhaupt nicht wütend gewesen, er wollte nur da raus«*. Ein Freund sagte, er habe ihn kurz nach dem Vorfall gesehen, und er *»schien über das, was passiert war, nicht allzu verärgert zu sein und sagte, alles sei in Ordnung«.*[346]

Der Filmemacher Nick Broomfield bezeichnete Anderson als den Lee Harvey Oswald des Mordes an Tupac. In Interviews mit Andersons Freunden, seiner Familie und seinem

[346] Scott: The Murder of Biggie Smalls, S. 81

Anwalt erfuhr er bei der Recherche zu seinem Film, dass er urplötzlich Zahlungen aus einer unbekannten Quelle erhalten und sich kurz nach dem Mord an Tupac ein sehr teures Auto geleistet habe.[347] Afeni Shakur behauptete sogar, dass er ihren Sohn erschossen habe und dass Jerry Bonds von den Crips das Auto des Schützen gefahren sei. Weitere Ermittlungen unterstützen die These, dass er durch den Polizeigeheimdienst bezahlt wurde. Andere meinten allerdings, dass es Anderson an den üblichen Symbolen einer Gangzugehörigkeit fehle, er habe nicht getrunken, nicht geraucht, keine Drogen genommen oder Tätowierungen zur Schau gestellt, und er sei nicht vorbestraft gewesen. Und doch schien er von irgendwoher illegal Geld erhalten zu haben. Er war auch dabei, eine eigene Plattenfirma zu gründen ohne eine bekannte Finanzierungsquelle.

Kevin Hackie glaubte, Death Row Records stehe hinter der Ermordung von Anderson im Mai 1998, um die Wahrheit zu vertuschen. Die Schießerei endete mit zwei weiteren Toten und einer Verhaftung.[348] Hackie wies auch darauf hin, dass Reggie Wright einen champagnerfarbenen Chevrolet Blazer besessen habe, was der Beschreibung des Autos des Verdächtigen in der Schießerei entsprach.[349]

Neben Kadafi standen wohl auch andere wichtige, Tupac nahestehende Personen im Visier, etwa Watani Tyehimbas Sohn Yakhisizwe, der fast so alt war wie Tupac und eng mit ihm in Los Angeles zusammenarbeitete. Er starb schließlich kurz nach dem Mord an Tupac.

---

[347] Vgl. Darrin Keene: Nick Broomfield Blows the Lid Off of Biggie and Tupac. ChartAttack.com, 15.10.2002
[348] Vgl. Scott: The Murder of Biggie Smalls, S. 80, 155 ff.
[349] Vgl. Sullivan: LAbyrinth, S. 193

Kapitel 27

Der Mord an Biggie Smalls

Am 9. März 1997 wurde dann Biggie Smalls aus einem vorbeifahrenden Auto heraus erschossen, und zwar kurz nach Mitternacht – exakt sechs Monate nach dem Mord an Tupac Shakur. Als Ermittler des Bureau of Special Operations stolperte Russell Poole auch hier über korrupte Polizeibeamten, die für Death Row arbeiteten. Nick Broomfield lässt ihn in seinem Dokumentarfilm »Biggie & Tupac« zu Wort kommen, und Randall Sullivan stellt ihn in »LAbyrinth« (beide 2002) vor. Sowohl der Film als auch das Buch entstanden nach Pooles Rücktritt, als das LAPD seine Ermittlungen bereits blockierte.

Laut Poole diente der Mord an Biggie dazu, es so aussehen zu lassen, als sei Tupac infolge der Eastcoast-Westcoast-Rivalitäten im Rap-Geschäft getötet worden. Als Poole seine Erkenntnisse den Vorgesetzten beim LAPD mitteilte, wurden sie ignoriert und er in eine andere Abteilung versetzt. Dann wurde er auch noch bedroht, er solle keine weiteren Untersuchungen anstellen und seine bisherigen Einsichten verwerfen.

Biggie wurde vor einem Automuseum ermordet, wo eine Party anlässlich der elften Verleihung der Soul Train Music Awards stattfand, ausgerichtet von Qwest Records, einer Plattenfirma von Quincy Jones und der Zeitschrift *Vibe*. Viele Polizeibeamte waren bei der öffentlichkeitswirksamen Veranstaltung anwesend, darunter einige, die als Leibwächter für das Plattenlabel Bad Boy Records von Sean »Puffy« Combs arbeiteten, das Biggies Alben produzierte. Auch dieses Mal versuchten nur wenige, die Angreifer zu verfolgen, nicht einmal ein Teil des Autokennzeichens wurde bekannt.

In seinem Auto ermordet wie Tupac: der überaus erfolgreiche Rapper Biggie Smalls alias The Notorious B.I.G.

Freunde von Biggie, die auf dem Rücksitz saßen, als er ermordet wurde, die Rapper James Lloyd und Damien Butler, beschrieben den Schützen, sodass am nächsten Tag eine Phantomskizze angefertigt werden konnte. Als aber die preisgekrönte Reporterin Cathy Scott die Polizei von Los Angeles um eine Kopie bat, hieß es, sie sei nicht verfügbar. Es dauerte 36 Monate, bis das Phantombild in die Medien gelangte, und auch nur deswegen, weil die Existenz des Bildes bekannt geworden war. Angeblich ähnelte das Phantombild Harry Billups, einem engen Freund des Death-Row-Cops David Mack. Auch Eugene Deal, Bewährungshelfer des Staates New York und Leibwächter von »Puffy« Combs, identifizierte Billups, seine Beschreibung des Mörders stimmte mit der von Lloyd überein.

Damien Butler wiederum identifizierte David Mack, der kurz vor dem Mord in der Nähe der Party gesehen wurde. In Macks Haus fanden sich zudem in Deutschland hergestellte Projektile, und er besaß einen dunklen Chevrolet Impala, beides wurde bei dem Drive-by-Mord benutzt. Trotzdem wurden keine forensischen Tests an dem Auto durchgeführt.[350]Auch Orlando Ander-

---

[350] Vgl. Scott: Murder of Biggie Smalls, S. 1 ff., 8 ff., 14 f., 120; Sullivan: LAbyrinth, S. 180 ff., 208 f. 282 f.

son wurde am Tatort gesehen, zusammen mit seinem Crip-Onkel Keith Davis und den Death-Row-Cops, was die bereits vorhandenen Hinweise auf Verbindungen zwischen diesen Cops und den Morden an Biggie und Tupac stützt.[351]

Der Buchhalter und Whistleblower von Death Row Mark Hylland sagte aus, dass Suge Knight den Death-Row-Polizeikollegen Raphael »Ray« Perez und David Mack Geld gab, damit sie sich eine Waffe besorgen, um Biggie zu töten.[352] Wichtig zu erwähnen ist, dass verschiedenen Quellen zufolge auch ein FBI-Mitarbeiter vor Ort war, ähnlich wie bei Tupacs Ermordung, dessen Auto von einem Agenten beschattet wurde. Die *L. A. Times* berichtete, dass Beamte der New Yorker Polizei anwesend waren, als Biggie erschossen wurde.[353] Einer der Detectives arbeitete auch für das FBI und schoss noch Minuten zuvor Fotos. Cathy Scott betont ebenfalls, dass das FBI sowohl Biggies als auch Tupacs Ermordung beobachtet habe, obwohl sie eingreifen sollten, wenn ein Verbrechen stattfindet.[354]

---

[351] Vgl. Sullivan: LAbyrinth, S. 126
[352] Vgl. ebd., S. 279 f.
[353] Vgl. Los Angeles Times, 23.04.1997; Sullivan: LAbyrinth, S. 136, S. 313 f.; Washington Post, 24.06.2003
[354] Vgl. Scott: The Murder of Biggie Smalls, S. 94, 128 f.

Kapitel 28
Die Vertuschung der Morde an Tupac und Biggie

Die Berichte, wonach Reggie Wright und Suge Knight von Death Row Records in Zusammenarbeit mit der Polizei und dem Geheimdienst die Morde an Tupac und Biggie inszeniert hätten, fanden bei den meisten Medien wenig Beachtung. Mit Ausnahme der *Las Vegas Sun* und deren Reporterin Cathy Scott arbeiteten praktisch alle Medienkonzerne bei der Vertuschung des Mordes an Tupac umfassend mit der Polizei von Los Angeles zusammen. Kaum verwunderlich vor dem Hintergrund, dass die CIA weit über 400 Medienvertreter beschäftigte, wie 1977 bekannt wurde.

Die größte offensichtliche Falschmeldung war ein Artikel von Chuck Philips in der *Los Angeles Times* vom 6. September 2002, wonach Biggie Smalls eine Waffe nach Las Vegas gebracht und den Crips eine Million Dollar gezahlt haben soll, damit sie Tupac töten. Doch hatte Philips bereits im Vorfeld seine uneingeschränkte Unterstützung für Suge Knight zugegeben und betont, ihn rehabilitieren zu wollen.[355] Der Journalist und Buchautor Robert Sam Anson wies Philips' Aussagen zurück; *Vibe* ließ außerdem Personen in Vegas befragen und konnte untermauern, dass viele Erklärungen von Philips nicht passten.[356] Und schließlich bezeugte Biggies Mutter Voletta Wallace, dass er sich in der

[355] Vgl. Sullivan: LAbyrinth, S. 285
[356] Vgl. Anson: Reasonable Doubt; Geoffrey Gray: Time Bomb. Vibe, Dezember 2002

Nacht von Tupacs Ermordung im Gebiet von New York aufgehalten habe.[357]

Am 17. März 2008 erschien von Philips ein »investigativer« Artikel in der *Los Angeles Times,* worin er behauptete, dass Sean »Puffy« Combs die Erschießung von Tupac inszeniert habe. Innerhalb von zehn Tagen stellte sich heraus, dass die zugrundeliegenden FBI-Dokumente gefälscht waren und es dem angeblichen Informanten an Glaubwürdigkeit mangelte. Die *L. A. Times* entschuldigte sich und zog die Story zurück. Erklärungen, warum der Artikel vor der Veröffentlichung nicht anständig geprüft worden war, gab es keine. Wahrscheinlich wusste man, dass der Beitrag im Internet über eine Million Aufrufe erreicht hatte und der Schaden somit schon angerichtet war.

Bezeichnend ist auch, dass konservative Kreise versuchten, die Veröffentlichung von Randall Sullivans Buch »LAbyrinth« zu stoppen oder ihn zu verleumden. Seine Erkenntnisse breitete er zunächst im Rolling-Stone-Magazin aus, wo er auch sein Buch ankündigte und berichtete, die *L. A. Times* habe zusammen mit Death Row Records und dem LAPD versucht, ihn davon zu überzeugen, viele Informationen wegzulassen, doch er weigere sich, denn diese Gruppen versuchten nur, ihn zu diskreditieren.[358]

Mark Hylland, berichtete, er habe für zwei Death-Row-Cops Drogengelder gewaschen, darunter David Mack, der in den Mordfall von Biggie verwickelt gewesen sei. Vier Polizisten hätten mit Drogenhandel ein Vermögen verdient und zogen einen Immobilienbetrug mit hispanischen Bandenmitgliedern durch. Als Russell Poole seine Ergebnisse vorlegte, begann man im LAPD die illegalen Aktivitäten dieser Beamten zu untersuchen.

---

[357] Vgl. Chicago Tribune, 16.09.2002
[358] Vgl. Interview mit Randall Sullivan. Rolling Stone, Januar 2011

Ein stellvertretender Bezirksstaatsanwalt bezeichnete Pooles Arbeit als das Öffnen der Pandorabüchse, dem der »schlimmste Skandal seit Jahrzehnten« bei der Polizei von Los Angeles folgen sollte, der Rampart-Skandal. Denn die sogenannte »Rampart Task Force«, die Pooles Ermittlungsergebnisse prüfen sollte, vertuschte alles.[359] Ray Perez, Hauptzeuge der Task Force, schützte seine Kollegen von Death Row, während andere Polizisten suspendiert wurden.[360]

Poole trat also aus dem LAPD aus und reichte Klage gegen es ein. Er sehe dies als letzten Ausweg, um die Öffentlichkeit zu informieren. Obwohl viele ihn warnten, seine Informationen unter keinen Umständen an das FBI weiterzugeben, tat er es trotzdem. Zudem vertrat er Biggie Smalls Mutter Voletta Wallace in einem Prozess gegen das LAPD, die ihre Klage gemeinsam mit Biggies Ehefrau Faith Evans einreichte. Der Fall kam im Juni 2005 vor Gericht,[361] und im Januar des Folgejahrs gewannen Wallace und

---

[359] Die Abteilung Rampart stand auch im Verdacht, im Jahre 1968 bei den Vertuschungsaktionen der CIA nach der Ermordung von Robert F. Kennedy, dem ersten linken US-Präsidentschaftskandidaten, geholfen zu haben. Noch im Sommer 1996 wurden Indizien zurückgehalten. Der damals 15-jährige Fotograf Scott Enyart berichtete etwa, die Polizei habe seine Negative konfisziert und zerstört. Dass nach dem Attentat die meisten Beweise vernichtet wurden, ging wohl auf Befehle der CIA zurück, die das Attentat inszeniert hatte. Im Ermittlungsbericht der Polizei hieß es, dass Sirhan Sirhan die Schüsse auf Kennedy abgegeben habe. Eine Menge an Hinweisen widerspricht jedoch dieser Aussage, zum Beispiel die Erkenntnisse des Leichenbeschauers: Pulververbrennungen um die Eintrittswunde herum deuteten darauf hin, dass die tödliche Kugel aus weniger als einem Zentimeter vom Kopf abgefeuert wurde, obwohl fast alle Zeugen Sirhan nicht näher als einen Meter vor Kennedy verorteten. Außerdem wurden zwei der Kugeln nicht aus derselben Pistole abgefeuert und zudem fliehende Menschen nach der Tat beobachtet. Vgl. D'Eugenio/Pease: The Assassinations, S. 555 ff., 619 ff.; Turner/Christian: The Assassination of Robert F. Kennedy, S. 162, 350 f.

[360] Vgl. Sullivan: LAbyrinth, S. 180 ff., 201 ff., 228, 279 f.; PBS, Frontline: LAPD Blues, www.pbs.org/wgbh/pages/frontline/shows/lapd/interviews/poole.html (abgerufen am 05.07.2021); New York Times 14.04.2000, 30.08.2000

[361] Vgl. Sullivan: LAbyrinth, S. 292

Evans den Prozess. Der Richter verurteilte die Stadt Los Angeles zur Zahlung von 1,1 Millionen Dollar an die Familie, als festgestellt wurde, dass das LAPD absichtlich 200 Seiten an Dokumenten, welche die Anklage unterstützten, zurückgehalten hatte.[362] Aus den Unterlagen, die in der Schublade eines Detectives gefunden wurden, war hervorgegangen, dass ein Informant mitgeteilt hatte, dass Ray Perez und David Mack zugegeben hätten, für Death Row gearbeitet und Biggie ermordet zu haben.

Einen Monat zuvor bereits hatte der Journalist und Drehbuchautor Randall Sullivan in der Zeitschrift *Rolling Stone* geschrieben, dass sich besagte Dokumente auf verschiedene Verhöre des Gefängnisinsassen Kenneth Boagni bezogen, der bezeugt habe, Ray Perez habe, als sie gemeinsam einsaßen, seine Beteiligung an Verbrechen gestanden, zu denen auch der Mord an Biggie gehörte. Und Suge Knights Zellengenosse Mario Hammonds wiederum habe von diesem mitbekommen, dass er Biggie mithilfe von Reggie Wright, Mack und Billups getötet habe.

Eine Wiederaufnahme des Verfahrens auf Veranlassung von Wallace und Evans wurde vom Gericht mehrfach vertagt. Offenbar wurde seitens der Politik befürchtet, dass die Familie in einem erneuten Prozess den geschätzten Verdienstausfall Biggies von über 360 Millionen Dollar zugesprochen bekommen würde, was die Stadt in den Bankrott getrieben hätte.[363]

Poole und auch die Autoren, die seine Ermittlungen veröffentlichten, leisteten großartige Arbeit. Sie schien nur insofern zu kurz zu greifen, als sie die Motive des LAPD und der Death-Row-Cops nicht vollständig aufzeigten, welche neben dem Mord

---

[362] Vgl. Boston Herald, 21.01.2006

[363] Vgl. Sullivan: The Notorious B.I.G. The Murder and Cover-up, Rolling Stone, 15.12.2005

an Tupac und der Vertuschung der Hintergründe des Mordes an Biggie auch den Handel mit Drogen und Waffen sowie das Wiederaufflammen des Bandenkrieges zwischen den Bloods und den Crips zu verantworten hatten. Sullivan vermutete, dass die Vorgesetzten des LAPD die Erkenntnisse Pooles auch aus rassistischen Gründen vertuschten.

Kapitel 29
Afeni, Snoop Dogg und Dr. Dre werden schikaniert

Dass der Chef von Death Row Records, Suge Knight, der zuvor trotz Schuldgeständnissen und Verurteilungen sieben Jahre lang nicht inhaftiert wurde, schließlich doch ins Gefängnis wanderte, lag wohl daran, dass der Geheimdienst ihn fallen ließ. Jedenfalls wurde er 45 Tage nach Tupacs Tod zu neun Jahren Haft verurteilt, weil er Orlando Anderson in jener Nacht in der Hotellobby »getreten« hatte.[364]

Bei der Plattenfirma übernahm nun Reggie Wright das Ruder, der bereits mit Ray Perez zusammengearbeitet hatte, welcher regelmäßig Kokain aus der Asservatenkammer der Polizei gestohlen und weiterverkauft hatte. Wegen des Diebstahls von Kokain wurde Perez letztlich zu einer fünfjährigen Haftstrafe verurteilt.[365] David Kenner und Reggie Wright indes arbeiteten weiter mit dem Geheimdienst zusammen. Kenner hatte indirekte Verbindungen, auch zu vielen Mafiagrößen, und Reggie Wright verfügte durch seinen Vater, den Chef der Bandeneinheit der Polizei in Compton, ebenfalls über viel Macht und blieb frei von jeglichen Anklagen.

Bezüglich Tupacs Vermächtnis folgte Death Row Records den Vorgaben des Geheimdienstes, indem alles unternommen wurde, um das Vermögen, das Afeni Shakur von ihrem Sohn geerbt

[364] Vgl. Scott: The Murder of Biggie Smalls, S. 82 ff., 97; Ro: Have Gun Will Travel, S. 323 f.
[365] Vgl. Sullivan: LAbyrinth, S. 278 f.

hatte, zu verringern. Vor seinem Tod hatte Tupac täglich drei Lieder aufgenommen. Um die unveröffentlichten Songs, die einen geschätzten Wert von über 100 Millionen Dollar hatten, gewann Afeni Shakur einen Prozess. Doch Death Row widersetzte sich den Anordnungen des Richters und händigte nur knapp ein Drittel der Summe aus. Dort ließ man es auch zu, dass mehr als einhundert Lieder verschwinden konnten. In Europa wurde eine Raubkopie zum Verkaufsschlager.[366]

Death Row manipulierte zudem Tupacs Backup-Gruppe, die Outlawz. Das Bandmitglied Yaki Kadafi wurde 1996 vermutlich vom Geheimdienst ermordet.[367] Die verbliebenen Mitglieder reichten im Jahre 2000 eine Klage gegen die Plattenfirma ein. Der Geheimdienst konzentrierte sich dann offensichtlich auf Tupacs Freund bei Death Row, den Chartstürmer Snoop Doggy Dogg (eigentlich Calvin Cordozar Broadus Jr.), der Tupac bei Kundgebungen begleitet und sich für verschiedene politische Anliegen eingesetzt hatte. Snoop widersetzte sich den Versuchen Suge Knights, den Rap-Krieg zwischen Ost und West zu verschärfen, und stimmte stattdessen einer gemeinsamen Tournee mit dem New Yorker Sean »Puffy« Combs zu. Er äußerte auch die Vermutung, dass Knight Tupacs Mord initiiert habe, weil dieser das Plattenlabel verlassen wollte. Berichten zufolge schikanierte Suge Knight Snoop regelmäßig. Als Snoop 1998 zu einem anderen Musiklabel wechselte, griffen ihn Death-Row-Wärter nach einem Konzert hinter der Bühne an. Er rief die Polizei, doch anstatt die Angreifer in Gewahrsam zu nehmen, verhafteten sie ihn aufgrund von Marihuana-Besitz.[368] Dann wandte Suge Knight noch eine COINTELPRO-Taktik an und unterstellte, dass Snoop ein Polizeiinformant sei.

---

[366] Vgl. Rap Pages, September 1998
[367] Vgl. Kap. 26
[368] Vgl. Ro: Have Gun Will Travel, S. 119 f.; Sullivan: LAbyrinth, S. 194

Snoop Doggy Dogg (heute: Snoop Dogg) im Jahr 1998

Der Rap-Produzent Dr. Dre hatte Death Row bereits 1996 verlassen und jede Beteiligung an der Plattenfirma, die für ihn enorm profitabel gewesen wäre, aufgegeben, um Vergeltungsmaßnahmen von Death Row zu vermeiden.[369] Er gründete Aftermath Records, das ebenfalls sehr erfolgreich wurde, etwa durch die Rapper 50 Cent und Eminem. Beide unterstützten das Hip-Hop Summit Action Network und produzierten im Auftrag von Afeni Shakur ehrenamtlich Tupac-Songs. Die Vibe Music Awards verliehen Dr. Dre 2005 einen Preis für sein Lebenswerk. Bei der feierlichen Übergabe ging ein Mann namens Jimmy Johnson, der ganz vorne gesessen hatte, zum Mikrofon und schlug auf Dre ein, als er den Preis entgegennehmen wollte. Johnson behauptete, Suge Knight habe ihm dafür 5000 Dollar gezahlt. Dre hatte eine einstweilige Verfügung gegen Knight aufgrund früherer Drohungen eingereicht.[370]

[369] Snoop Dogg erwarb 2022 die Rechte an Death Row Records und ist seitdem Eigentümer des Plattenlabels.

[370] Vgl. Nolan Strong: Man Who Assaulted Dr. Dre Claims Suge Knight Paid for Punch, allhiphop.com/News, 16.01.2005

Kapitel 30
Rapper Profiling

Mitte der 90er-Jahre sickerte durch, dass der Geheimdienst sein Gegenspionageprogramm COINTELPRO bei Maßnahmen gegen politisch engagierte schwarze Musiker im Rahmen einer Rap-Aufklärungseinheit der New Yorker Polizei weiterführte. Diese erstellte eine Datenbank über mehr als 40 Rapper, darunter Jay-Z, DMX, Sean »Puffy« Combs und Frederick Cuffie, und gab Fotos und Informationen weiter, etwa zu ihren Fahrzeugen und Plattenfirmen. Der Sprecher des NYPD, Sergeant Brian Burke, bestritt dies zunächst, gab dann aber zu, dass das »rücksichtslose Verhalten« der Rapper sie dazu gebracht hätte. Journalisten unterstützten die Polizei und sprachen von *»Rapper-Profiling«*.[371]

2004 wurde in Miami geleakt, dass die New Yorker Rap-Einheit landesweit Außenstellen aufgebaut hatte. Zur Ausbildung gehörte, detailliert Bescheid zu wissen über persönliche Daten der Musiker – bis zurück ins Jahr 1995. Die Datenerhebung hatte also mindestens bereits zu diesem Zeitpunkt begonnen.[372] Ein Journalist berichtete, dass in einigen kalifornischen Gemeinden der Polizeichef bestimme, welche Rap-Künstler *»erlaubt«* seien.[373]

Derrick Parker, ein früherer New Yorker Detective, gab später Informationen über die Arbeit in seiner Rap-Einheit weiter, die lange vor dem Mord an Biggie Smalls tätig gewesen sei, und auch

[371] Vgl. New Yorker, 30.04.2001
[372] Vgl. Miami Herald, 14.05.2004
[373] Dave Marsh: And the Beat(ing) Goes On …, Counterpunch, 09.11.2002

dass er in der COINTELPRO-Taktik geschult wurde.[374] Seine Enthüllungen unterstützen die Vermutung, dass die New Yorker Polizei einen Komplott gegen Tupac Shakur geschmiedet und dann einen Mordversuch unternommen hatte. Mehrere Undercover-Einheiten, darunter die Street Crime Unit und die Rap Intelligence Unit, arbeiteten zusammen. Viele Verhaftungen von Rappern seien hierauf zurückzuführen.[375]

Ein Polizeibeamter namens Heinz gab unabsichtlich zu, dass ein oder mehrere Beamte, die Tupac unter Beobachtung hatten, Teil der Street Crime Unit waren. Sie hatten auch jene Mailbox-Nachrichten gelöscht, die Tupac bei der Anklage wegen sexueller Übergriffe entlastet hätten, und sie hielten Bilder von einer Sicherheitskamera zurück, auf denen die bewaffneten Männer zu sehen waren, die Tupac vor dem Aufnahmestudio am Times Square angeschossen hatten.[376]

Derrick Parker sagte aus, das NYPD habe ihn nach Houston und Miami geschickt, um die Polizei bei der Arbeit zu unterstützen.[377] Die Ereignisse sprechen dafür, dass die Beamten auch dort COINTELPRO-Taktiken anwandten, wie einst gegen die Panthers. Der *Miami Herald* enthüllte am 9. März 2004 eher zufällig, dass die Rap-Morde in Miami 2001 exakt dann geschahen, nachdem die Polizei von der New Yorker Rap-Einheit trainiert worden war. Auch in Los Angeles und Atlanta sei eine Einheit ausgebildet worden. New York, Atlanta und Los Angeles waren die drei Städte, in denen Polizeibeamte an Mordversuchen sowie der Ermordung von Tupac Shakur beteiligt waren, sie überwachten und vertuschten.

---

374 Vgl. The Village Voice, 23.03.2004; The Source, Juni 2004, S. 44
375 Vgl. The Village Voice, 06.04.2004
376 Vgl. Kap. 18
377 Vgl. The Village Voice, 06.04.2004

Nick Broomfield, Randall Sullivan und Russell Poole deckten auf, dass einige Polizisten der Rap-Einheit auch für das FBI arbeiteten. So fotografierte zum Beispiel der NYPD-Polizist Oldham Biggie Smalls Minuten vor seinem Tod und überwachte drei Jahre später den Prozess gegen Sean »Puffy« Combs wegen Waffenbesitzes in New York.[378] Oldhams Doppelrolle als FBI-Agent erleichterte ihm die Arbeit in anderen Rechtsbezirken wie etwa Los Angeles.[379]

---

378 Vgl. Kap. 27, 32

379 Vgl. Sullivan: LAbyrinth, S. 136, 314

Kapitel 31
Rage Against the Machine, Wu-Tang Clan, ODB und Dead Prez im Fadenkreuz

»Ich habe es satt, für nichts und wieder nichts zu arbeiten,
während die Gefängnisse voll und voller werden.
...
Organisiere den Reichtum in einer sozialistischen Wirtschaft,
Eine Lebensweise, die auf gemeinsamen Bedürfnissen basiert.
Und alle meine Genossen sind dazu bereit.
Wir streuen nur den Samen aus.«

Dead Prez: »Police State«, 2000

Über die Jahre ging der US-Geheimdienst gegen Musiker und ihre Shows vor. Die Aktionen richteten sich etwa gegen den Rapper Paris, der 1992 den Song »Bush Killa« aufgenommen hatte.[380] Behindert wurden immer wieder auch die Auftritte von Rage Against the Machine, zum Beispiel als sie 1998 mit dem Wu-Tang Clan auf Tournee waren. Stadionmanager sagten die Shows ab, da die Polizei keine Sicherheitsvorkehrungen treffen wollte. Doch die Drohungen der Musiker, Klage einzureichen, führten schließlich doch dazu, dass die Konzerte stattfinden

[380] Vgl. Radical History Review, Herbst 1996; Shapiro/Glebbeek: Jimi Hendrix, S. 190, 426

konnten.[381] Als Rage Against the Machine mit mehreren Rappern, etwa Chuck D von Public Enemy, eine Benefizveranstaltung für Mumia Abu-Jamal plante, versuchte man diese ebenfalls zu verhindern, allerdings ebenso erfolglos.

Daraufhin konzentrierte man sich auf die für den Grammy nominierte Band Wu-Tang Clan, die mit Sonny Carson zusammenarbeitete, einem Gründungsmitglied der Republic of New Afrika, sowie mit der weltweiten Hip-Hop-Aktivistenorganisation Zulu Nation.[382] Sonny Carsons Sohn Lumumba Carson hatte die äußerst einflussreiche Gruppe Blackwatch in Brooklyn gegründet, eine der ersten, welche die Politik der schwarzen Nationalisten mit dem Hip-Hop verband. Lumumba Carsons eigene Gruppe, der X-Clan, erreichte Ende der 80er-Jahre Platz 11 der Rap/R&B-Charts von Billboard, bevor sie sich Anfang der 90er-Jahre wieder auflöste.

Aktivisten berichteten, dass die Musikindustrie die subtilen Angriffe auf die Rapper unterstützte. So versuchte man etwa einen Konflikt zwischen Public Enemy und dem X-Clan zu schüren. Time Warner (heute Warner Bros. Discovery) kaufte die Mehrheit der Rap-Labels auf. Wie bereits beschrieben, war der CIA-Architekt und Experte für psychologische Kriegsführung, C. D. Jackson, seinerzeit im Topmanagement von Time Inc.[383] Das brachte die klare Verpflichtung mit sich, dass der Medienkonzern die Operationen gegen schwarze, politisch aktive Musiker zu unterstützen hatte.

Vermutlich war auch die Befürchtung von ODB berechtigt, dass er ins Visier des FBI genommen wurde. Der exzentrische Rap-

---

[381] Persönliches Interview mit Zack de La Rocha, 05.05.1999

[382] Persönliches Interview mit Zulu-Nation-Gründer Afrika Bambata beim Third Black Panther Film Festival in New York City, 2002. Vgl. auch New York Times, 13.11.2000

[383] Vgl. Kap. 20

per der Band Wu-Tang Clan glaubte auch, dass Tupac getötet wurde, weil der ein Rap-Aktivist war. Um nicht ebenfalls ermordet zu werden, änderte er seinen Namen, dennoch wurde er viermal unter trivialen Vorwürfen verhaftet. So wandte das FBI auch bei ihm die Strategie der Festnahme »wegen Belästigung« an. Im Sommer 1998 brachen Fremde in ODBs New Yorker Haus ein und schossen auf ihn. Er überlebte jedoch.[384] Später organisierte die Polizei am Geburtstag von Martin Luther King, möglicherweise also unter Verwendung der zeitlichen Drohgebärdentaktik, einen Angriff auf ODB und seinen Cousin, den Rapper Fred Cuffie, über den die Rap-Geheimdienststelle des NYPD eine Akte führte. In jener Nacht fuhren zwei Polizisten der New Yorker Street Crime Unit in Zivil den Wagen an, in dem die beiden saßen. Einer der Beamten hielt seine Waffe an den Kopf von Cuffie, der andere forderte ODB auf, aus dem Wagen auszusteigen. Aus Panik trat ODB jedoch das Gaspedal durch und floh. Die Polizisten schossen den Rappern hinterher, offenbar war es ein Mordversuch.[385] Vor der Wohnung von ODBs Tante, wo sie das Auto parkten, umzingelte sie dann eine Gruppe uniformierter Polizisten. Obwohl sie weder bei ODB noch bei Cuffie eine Waffe fanden, behaupteten sie, ODB habe zuerst auf sie geschossen. Monate später verhaftete die Polizei ODB erneut, weil er eine kugelsichere Weste trug, und legte eine Kaution von 115 000 Dollar fest.[386]

Fahndungsfoto des Rappers ODB (Ol' Dirty Bastard), drei Jahre vor seinem merkwürdigen Tod

[384] Vgl. Village Voice, 02.02.1999
[385] Vgl. ebd.; Vibe, Mai 1999
[386] Vgl. New York's Daily News, 05.02.1999, 11.03.1999

The Village Voice meldete am 30. Mai 2000, ein Undercover-Agent des FBI sei Manager beim Wu-Tang Clan geworden: Michael Caruso, Bankräuber und mit Drogen handelnder junger Mafia-Boss. Im Oktober des gleichen Jahres veröffentlichte das Rap-Magazin *The Source* ein Interview mit Caruso, worin er über seine angebliche Spionagearbeit scherzte. Die wesentliche Information aber, dass die Band ihn sofort gefeuert hatte, unterschlug er.

Im Jahr 2004 starb ODB kurz vor seinem 36. Geburtstag. Es dauerte mysteriöserweise über einen Monat, bis ein Gerichtsmediziner bekannt gab, dass er einen Herzinfarkt erlitten habe, weil er Kokain mit einem verschreibungspflichtigen Schmerzmittel vermischt habe. Sein Bruder aber betonte, dass ODB zum Zeitpunkt seines Todes drogenfrei gewesen sei. Er deutete politische Gründe für den Tod an, da sie gemeinsam an Aktivistenkundgebungen teilgenommen hätten.[387]

Auch die Policemen's Benevolent Association ging weiterhin gegen prominente schwarze Aktivisten vor. *The Village Voice* berichtete am 12. September 2000, sie habe versucht, Künstler in ganz New York City verbieten zu lassen, weil sie politische Aufrufe unterstützten. Die Organisation protestierte sogar gegen eine Tournee von Bruce Springsteen wegen eines Songs über Polizeigewalt gegen Schwarze. Zudem habe PBA die Eigentümer von Veranstaltungsorten dazu gedrängt, die alljährliche Aktivistenkonferenz Black August abzusagen, angeblich wegen der Anwesenheit von Dead Prez, einer Rap-Gruppe, die mit Fred Hampton und dessen National People's Democratic Uhuru Movement zusammenarbeitete und das Prisoners of Conscience Committee unterstützte.

---

[387] Vgl. allhiphop.com/news, 12.11.2004, 15.12.2004

Kapitel 32
Russell Simmons, »Puffy« Combs und Public Enemy als Zielscheibe

»Wir streben die fortschreitende Umwandlung der amerikanischen Gesellschaft an, indem wir die Energie, den Aktivismus und die Ressourcen der Hip-Hop-Community organisieren und an der Basis in den USA mobilisieren …«

Aus »What We Want« des
Hip-Hop Summit Action Network

Nach den Morden an Biggie und Tupac berief der Rap-Mogul Russell Simmons zusammen mit vielen Aktivisten 1999 den »Hip-Hop-Gipfel« ein, um die Konflikte zwischen Ost und West zu beenden. Als Mitgründer eines der erfolgreichsten Rap-Labels, Def Jam Records, hatte Simmons großen Einfluss auf die Künstler. Er betreute Hip-Hop-Gruppen wie Run-DMC, Public Enemy, LL Cool J, die Beastie Boys, DMX und Jay-Z.

Infolge des Gipfels entstand die Organisation Hip-Hop Summit Action Network (HSAN). Es entwickelte eine ehrgeizige Zielerklärung: »What We Want«, mit 15 Punkten, ähnlich dem Zehn-Punkte-Programm der Black Panther Partei, denn sie enthielt radikale Ideen, zum Beispiel *»die vollständige Beseitigung* *von Armut, Rassismus und Bigotterie«*[388]. Gefordert wurde eine universelle Gesundheitsversorgung, Gleichberechtigung ohne Diskriminierung, Wiedergutmachung für die Afroamerikaner, Wahlberechtigung und ein Ende der Umweltverschmutzung in armen Stadtvierteln durch Konzernpolitik.

Der Reichtum und Einfluss ihrer Direktoren sowie der ehrenamtlichen Rapper machte HSAN zu einer imposanten Kraft. Auch Russell Simmons hatte enormen Erfolg. Im Jahr 2001 erreichte der Jahresumsatz seiner verschiedenen Unternehmen fast 500 Millionen Dollar.[389] Simmons nutzte seinen Status, um in den Mainstream-Medien über HSAN zu berichten.

Die meisten erfolgreichen Rapper arbeiteten mit HSAN zusammen. Viele von ihnen waren Schikanen der Polizei, des FBI und der Staatsanwaltschaft ausgesetzt, sie wurden aufs Übelste angegriffen, vor allem Sean »Puffy« Combs, Eigentümer von Bad Boy Records, dem Label von Biggie Smalls, mit einem geschätzten Wert von über 400 Millionen Dollar.[390] Einen Teil davon spendete er Ende der 90er-Jahre an Aktivistengruppen. Der US-Geheimdienst nahm Combs daraufhin ins Visier und wandte ähnliche Taktiken an wie gegenüber Tupac. Dazu gehörte etwa der Versuch, ihn in den Ost-West-Konflikt hineinzuziehen.[391] Im Herbst 1999 unterstützte Combs Simmons bei einigen seiner Projekte des HSAN. Im Dezember wurde er beinahe unter dem Deckmantel eines Raubüberfalls ermordet, anschließend wurden viele Ressourcen eingesetzt, um ihn einzusperren. Combs hatte unter anderem dabei geholfen, die Karriere des Film- und Mu-

[388] Hip-Hop Summit Action Network; www.hsan.org/Content/main.aspx?pageid=27
[389] Vgl. Vibe, Dezember, 2002
[390] Vgl. New York Times, 17.03.2001; Village Voice, 03.04.2001
[391] Vgl. Sullivan: LAbyrinth, S. 289

sikstars Jennifer Lopez aufzubauen, mit der er von 1999 bis 2001 liiert war.

Sean John Combs, auch bekannt als Puffy, Puff Daddy, Diddy, Swag oder Brother Love (Foto aus dem Jahr 2000)

Bezirksstaatsanwalt Robert Morgenthau, bekannt für seine Unterstützung der Behörden in den Prozessen gegen Assata und Tupac Shakur, erhob zahlreiche Anklagen gegen Combs, ließ aber schließlich alle bis auf eine wegen Waffenbesitzes fallen. Combs' Verteidigerteam deckte jedoch verschiedene Verbindungen zwischen dem Geheimdienst und den Zeugen auf. Ein altgedienter Polizist der Antibandeneinheit des NYPD meinte: *»Morgenthau will ihn«*, denn seit dem sensationellen Vergewaltigungsprozess gegen Tupac sei der *»nach Aufmerksamkeit dürstende Morgenthau darauf erpicht, einen A-Prominenten wie Combs ins Gefängnis zu schicken«.*[392] Zwar wurde Combs schließlich freigesprochen, aber ähnlich wie bei Tupac häuften sich anschließend kostspielige Klagen gegen ihn sowie andere Rapper, offenbar verfolgte man die Strategie der Belästigung. Russell Simmons' Frau Kimora Lee Simmons wurde etwa in ihrem Auto angehalten und verhaftet, weil ein Mitfahrer angeblich einen Beutel Gras in der Handtasche hatte. Sie erhielt als Ersttäterin sechs Monate auf Bewährung, weil sie sich schuldig bekannte, bei diesem Vorfall nicht schnell genug angehalten zu haben.[393] Solche Aktionen wa-

[392] Zit. wie Village Voice, 09.01.2001
[393] Vgl. HipHop.com: Nachrichten, 28.7.2004; AHH Stray News, 10.08.2005; www.allhiphop.com/news

ren eine subtile Warnung, dass die Schikanen fortgesetzt würden, wenn die Zielperson ihre politische Arbeit nicht stoppte.

Auch die Rap-Gruppe Public Enemy war offenbar schon ziemlich früh ins Fadenkreuz des Geheimdienstes geraten. 1989 wurde Richard »Professor Griff« Griffin aufgrund eines Zitats über Juden, das von der Presse aus dem Zusammenhang gerissen wurde, aus der Band ausgeschlossen. In den folgenden Jahren besuchte er Holocaust-Museen, startete ein Programm zwischen Schwarzen und Juden und arbeitete für die Free-Mumia-Bewegung und Ähnliches. In den 90er-Jahren wurde auf ihn geschossen, zudem versuchte man ihn zu vergiften. Im Jahr 2000 schloss er sich Public Enemy wieder an. 2008 kam es in seinem Haus zu einer Explosion. Und schließlich wurden Dokumente gefunden, aus denen hervorging, dass Public Enemy von der Polizei überwacht wurde.[394]

[394] Vgl. Professor Griff: Analytixz, S. 33, 63, 106, 110, 123, 197 f.

Kapitel 33
Auch im Visier von Polizei und FBI: Jay-Z, DMX, Eminem, Jam Master Jay und Mos Def

Viele der Rapper, die sich dem Hip-Hop Summit Action Network angeschlossen hatten, wurden auf verschiedenste Art und Weise angegriffen. Einige der Anwaltsteams deckten zudem eine größere Anzahl von Mordfällen auf. Solch schwerwiegende Vorkommnisse wären ohne eine Involvierung der Behörden überhaupt nicht möglich gewesen.

Zu den weniger politischen Rappern gehörten Jay-Z und DMX. Obwohl sie einige martialische Texte schrieben oder abfälligen Straßenjargon für Frauen benutzten, bestand die Möglichkeit, dass sich dem HSAN anschlossen und Zeit und Geld in die Unterstützung von Aktivistengruppen investierten. Konspirative Aktionen sollten sie davon abhalten.

Jay-Z, einer der Hip-Hop-Multimillionäre in der Datenbank des NYPD, leitete gemeinsam mit dem Vorstandsmitglied von HSAN, Damon Dash, die Def-Jam-Tochtergesellschaft Roc-A-Fella Records. Die New Yorker Polizei gab an, Zeugen hätten berichtet, Jay-Z habe Ende 1999 in einem Tanzclub einen Plattenproduzenten niedergestochen. Als Beweis legte man einige Filmaufnahmen von Jay-Z in besagtem Club vor. Auf dem Rest des Bandes, den die Staatsanwaltschaft zurückhielt, konnte

Einflussreiche Zielscheibe: Rap-Millionär Jay-Z (2003)

man indes genau sehen, dass er sich zum Zeitpunkt der Messerstecherei auf der gegenüberliegenden Seite des Raumes befand.[395]

Talib »Kweli« Greene, Common, KRS-One oder Immortal Technique waren politisch wesentlich aktiver und unterstützten die im politischen Exil lebende Assata Shakur. Viele dieser Musiker hatten Probleme mit der Polizei, aber nicht ganz so arge, da sie nicht über größere finanzielle Mittel verfügten. Jay-Z hingegen verkaufte viele Schallplatten und zeigte durch Unterstützung des HSAN politisches Bewusstsein. Wegen seines mehrere hundert Millionen Dollar schweren Vermögens und wegen Dashs Position als Vorstandsdirektor des Hip-Hop-Gipfels wurde er zur Zielscheibe. Die Street Crime Unit behauptete, beobachtet zu haben, wie sein Leibwächter eine Waffe in den Hosenbund steckte. Jay-Z, der Leibwächter und zwei Begleiter wurden daraufhin verhaftet. Die Festnahme erfolgte drei Tage vor dem Prozess, in dem Jay-Z von der Anklage wegen Messerstecherei freigesprochen wurde.[396]

Die Rap-Einheit des NYPD schikanierte zudem den damals mit Def Jam in Verbindung stehenden Rap- und Filmstar DMX, der wie Jay-Z viele CDs herausbrachte, die die Charts anführten, was vermutlich mit seiner Hilfe für HSAN und seiner Zusammenarbeit mit Rage Against the Machine zusammenhing.

[395] Persönliches Interview mit dem Anwalt Murray Richman. Vgl. auch Vibe, Februar 2000
[396] Vgl. The Source, Juli 2001

Alleine im Jahre 1999 wurde er dreimal wegen bizarrer Anschuldigungen festgenommen, etwa weil er bei einem seiner Konzerte in Trinidad geflucht hatte, wegen gesundheitlicher Verstöße in einem Hundezwinger, der ihm gehörte, oder als ein Mann seinen Onkel erschoss, der als sein Manager angestellt war. Von den meisten dieser Anklagepunkte wurde er wieder freigesprochen.[397] Im Jahre 2000 wurde er wegen Besitzes von Drogen und Waffen angeklagt – beides wurde allerdings im Auto eines anderen Mannes gefunden –, anschließend wegen Vergewaltigung, dabei hatte er sich nicht einmal in dem Bundesstaat aufgehalten, in dem die Vergewaltigung stattfand, und ein DNA-Test entlastete ihn.[398]

Unterdessen wurde der weiße Rapper Eminem angegriffen, auch bekannt als Slim Shady, Grammy- und Oscar-Preisträger und laut *Billboard-Magazin* der erfolgreichste Musiker der 2000er-Jahre in den Vereinigten Staaten. Weltweit verkaufte er bislang über 220 Millionen Tonträger,[399] womit er außerdem zu den erfolgreichsten Einzelinterpreten aller Zeiten gehört. Er produzierte nicht nur mehrere Songs von Tupac, sondern unterstützte auch den Film »Tupac: Resurrection«, der im Jahre 2003 unter den Top Ten landete und für den Oscar in der Kategorie »Bester Dokumentarfilm« nominiert wurde. Eminem hielt Tupac für den größten Songwriter aller Zeiten und betonte, dass er stark von ihm beeinflusst und inspiriert worden sei. In einem Song äußerte er, dass er sich nicht um »tote Präsidenten« – gemeint sind Dollarnoten – kümmere,[400] sondern den aktuellen Präsidenten tot

[397] Vgl. Vibe, Oktober, 1999

[398] Vgl. XXL Magazine, Juli 2000; persönliches Interview mit Murray Richman, 12.07.2000. DMX starb im April 2021 unter ungeklärten Umständen. (Anm. des Übers.)

[399] Matt Teffer: Believe the hype: Eminem cements his rap god status. In: The Sydney Morning Herald, 24.02.19 (abgerufen am 06.03.2021)

[400] Eminem: We As Americans

sehen wolle, woraufhin eine Untersuchung gegen ihn eingeleitet wurde.[401]

Im Herbst 2004 versuchte Eminem die Präsidentschaftswahlen zu beeinflussen, indem er einen weiteren Song und ein Video veröffentlichte, in dem er sich sehr kritisch über Präsident George W. Bush äußerte. Darin ermutigte er junge Leute dazu, das Weiße Haus zu stürmen und die Bush-Regierung zu stürzen, weil sie über die Gründe für den Irak-Krieg gelogen hätten. Anschließend produzierte Eminem ein Album mit unveröffentlichter Musik von Tupac Shakur, »Loyal to the Game«, das ein voller Erfolg wurde und die Verkaufscharts anführte.

Eminem arbeitete zudem an einem gemeinsamen Song mit Mos Def, Jadakiss und Immortal Technique, in dem die Bush-Administration für den Einsturz des World Trade Centers am 11. September 2001 verantwortlich gemacht wurde.[402] *The Source* versuchte daraufhin, ihn zu diskreditieren: Der weiße Besitzer produzierte und verteilte kostenlose CDs und eine Zeitschrift, in der aus einem Song von Eminem zitiert wurde, worin er sagte, schwarze Mädchen seien dumm, was zu einer Meinungsverschiedenheit mit HSAN führte.[403] Benjamin Muhammad, seinerzeit HSAN-Präsident, aber meinte, die Zeitschrift versuche seine Bewegung zu spalten, indem sie Eminem angriffen. Dessen Arbeit mit schwarzen Künstlern zeigte, dass er weit weniger rassistisch war als die meisten anderen Weißen. Er besuchte ausschließlich schwarze Schulen und hatte während seines gesamten Lebens praktisch ausschließlich schwarze Freunde und Musikkollegen. Eminem erläuterte, das Zitat

---

[401] Vgl. The Washington Post, 06.12.2003

[402] Vgl. Guerilla News Network, 22.12.2004; Immortal Technique ft. Mos Def, Jadakiss & Eminem – Tell The Truth »Bin Laden«

[403] Vgl. The Source, Februar 2004

Eminem (re.) und Proof bei einem Auftritt in München 1999

stamme aus der Zeit nach seiner Trennung von einer schwarzen Jugendfreundin.

Im Dezember 2005 fielen Schüsse auf den Rapper Obie Trice von Eminems Band D12, er wurde dabei verwundet. Am 12. April 2006 erschoss dann jemand Proof, Eminems Trauzeugen und seine rechte Hand. Dessen Vater spielte früher in der Band von Marvin Gaye. Weniger als eine Woche zuvor hatte *Rolling Stone* in einem Artikel über Proof eine Anmerkung von ihm zu dem Song »Kurt Cobain« wiedergegeben: *»Die Umstände von Kurts Tod sind mir unheimlich. Ich glaube nicht, dass er sich umgebracht hat.«* Auch andere äußerten den Verdacht, dass es sich beim Tod des Nirwana-Frontmanns um ein Attentat gehandelt habe. Möglicherweise wurde er von Polizisten ermordet. Einzelheiten der Schießerei, bei der Proof getötet wurde, lassen auf eine gezielte Tötung durch den Geheimdienst schließen. Erstens war eine der Personen, die in die Schießerei verwickelt war, ein ehemaliger Sergeant der US-Armee. In einem anderen Fall mit einem politisch verfolgten Opfer war ebenso ein ehemaliger Sergeant involviert. Zweitens wurde Proof dreimal in Kopf und Brust geschossen, was auf eine militärische Hinrichtung hindeutet. Huey Newton wurde einst auf ähnliche Art und Weise umgebracht und Tupac schwer verwundet.[404]

Auch der erfolgreiche Rapper und Schauspieler Mos Def griff viele politische Themen auf, einige seiner Shows wurden daraufhin verboten. Doch er blieb politisch aktiv, arbeitete mit HSAN und Fred Hamptons Prisoners of Conscience Committee (POCC) zusammen und nahm Anteil am Fall von Assata Shakur und den ehemaligen Panthers, die wegen eines 35 Jahre alten Verbrechens angeklagt wurden.[405] Bei den MTV Video Music Awards wollte er sein Lied »Katrina Clap« vortragen, in dem er gegen Entscheidungen der Bush-Regierung nach dem Hurrikan Katrina protestierte. Als die VMA-Organisatoren seinen Auftritt in letzter Minute absagten, wollte er sein Lied außerhalb der Preisverleihung vortragen und wurde dafür verhaftet.[406]

Die Angriffe des Geheimdienstes auf schwarze Musiker gingen weiter, neue Taktiken wurden eingesetzt und fragwürdige Anschuldigungen wegen sexuellen Übergriffs gegen mehrere Popkünstler erhoben. Eine Frau behauptete, Damon Dash habe sie ein Jahr zuvor vergewaltigt. Eine andere beschuldigte den Entertainer Bill Cosby, er habe sie unsittlich berührt, als sie vor einem Jahr mit ihm zusammenarbeitete. Cosby war zuvor vom *Time Magazine* geschmäht worden, das sich nach der Ermordung seines Sohn Ennis äußerst unsensibel zeigte: Auf der Titelseite prangte boulevardmäßig die Anschuldigung einer Frau, Cosby sei der Vater ihres Kindes. Cosby hatte zuvor mehrere Millionen Dollar für die Fertigstellung von Spike Lees

[404] Vgl. EM News, 11.04.2006; New York Times, 14.04.2006
[405] Vgl. Kap. 36
[406] Vgl. Minister of Information JR, 01.08.2007

Jam Master Jay (Bildmitte) mit Joseph »Run« Simmons (li.) und einem weiteren Bandmitglied von Run-DMC (um 1985)

Film »Malcolm X« (mit Denzel Washington) zur Verfügung gestellt.[407]

Im Jahre 2002 gipfelten die Angriffe auf die Hip-Hop-Gemeinde mit dem ungeklärten Tod von Jam Master Jay, ehemaliges Mitglied von Run-DMC, jene Rap-Gruppe, die vom Bruder des Vorsitzenden von HSAN, Joseph »Run« Simmons, mitbegründet worden war. Jam Master Jay wurde von der Presse für seinen *»Rap mit sozialem Gewissen«* gelobt.[408] Wenngleich die Beweislage unsicher blieb, deuten Einzelheiten auf einen weiteren Anschlag hin. Die Mörder kamen durch die verschlossenen Türen von Jam Master Jays Studio in New York und töteten auch ihn im Militärstil: zwei Kugeln in den Kopf. Sie nahmen weder Geld noch Schmuck mit, ähnlich wie bei Tupacs beinahe tödlicher Schießerei in New York, wo eine diamantene Rolex-Uhr zurückgelassen wurde.

---

[407] Vgl. The Source, März 2004; allhiphop.com/news, 01.02.2005; Drumbeats Magazine, 03.06.2004
[408] Vgl. The Sun, 31.10.2002

Im Dezember 2007 interviewte ein Reporter von *MTV News* den Bruder von Jam Master Jay, Marvin Thompson, sowie seinen engen Freund und Geschäftspartner Randy Allen, der im Nebenraum war, als Jay erschossen wurde. Beide bestätigten, dass eine Sicherheitskamera die Angreifer aufgenommen habe.[409] Doch auch hier wurde das Videotape weder von den Medien noch von der Polizei auch nur erwähnt. Die Polizei hatte es sicherlich überprüft, aber es wurde offenbar absichtlich unterlassen, die Täter zu verfolgen.

[409] Vgl. MTV News, 13.12.2007

Kapitel 34
Geschürte Fehden im Rap-Business

»Bullen behandeln uns mit ihrer Brutalität,
und wir müssen mit ihren Schüssen klarkommen.
Doch jetzt sind wir am Zug, und es ist an der Zeit,
dass wir gewinnen.
Als Stadtrat brauche ich jemanden aus meiner
Nachbarschaft.«

Nas, »American Way«, 2004

Etliche Hinweise untermauern die These, dass der Geheimdienst die Angriffe auf die Musiker aus dem Hintergrund steuerte. Dazu nutzte er die Strategie »Inszenierung von mörderischen Rivalitäten«, um die Intrigen zu tarnen. Deren Anwendung gegen die Black Panthers in den 60er-Jahren ist dokumentiert, die Fortsetzung bei Tupac und Biggie in den 90er-Jahren stark wahrscheinlich, denn diese Vermutung wird durch weitere Indizien gestützt.

Auch die Zusammenarbeit mit den Mainstream-Medien wurde fortgeführt. Während Musiker der Ost- und Westküste gegeneinander ausgespielt wurden, beeinflussten sie die öffentliche Meinung, indem die Auseinandersetzungen, die häufig tödlich endeten, ausschließlich auf interne Feindseligkeiten zurückgeführt wurden. Hinweise auf polizeiliche Provokationen, Morde und Mordversuche wurden gänzlich ignoriert.

Bei Jam Master Jay aber fiel es schwer, ihn zu verleumden. Er war bekannt dafür, positive Texte zu schreiben, und lebte mit seiner Frau und seinen zwei Kindern zusammen. Nichtsdestotrotz deutete die *New York Times* am 1. November 2001 auf der Titelseite an, dass der Mord an ihm möglicherweise auf eine *»Fehde in der Musikindustrie«* zurückzuführen sei, und bezog sich direkt auf Tupac und Biggie. Zitiert wurde ein hochrangiger Polizeibeamter, der die zweifelhafte Behauptung aufstellte, der Täter habe beabsichtigt, *»sich an Jam Master Jays Schützling 50 Cent zu rächen, weil er eine Hit-Single veröffentlicht hatte, die Gangsta-Rap verschmähte«*.

Obwohl der Rap-Krieg zum Großteil in New York stattfand, versuchte man damit landesweite mysteriöse Angriffe zu erklären.[410] Auch die beiden Hauptzeugen für die Klage gegen das LAPD wegen widerrechtlicher Tötung, die von Russell Poole und Biggies Mutter Voletta Wallace eingereicht worden war, Damien Butler und James »Lil' Caese« Lloyd, wurden fünf Monate später attackiert. Im Februar 2001 trafen sich zwei Künstlergruppen vor dem New Yorker Radiosender Hot 97, um Interviews zu geben, darunter auch Damien Butler und Lil' Caese. Eine der Gruppen stand in Verbindung mit der Rapperin Kimberly »Lil' Kim« Jones, die andere Gruppe mit der Rapperin Foxy Brown. Plötzlich wurde von der gegenüberliegenden Straßenseite auf beide Gruppen geschossen und eine Frau verwundet. Butler sagte, er habe zurückgeschossen, als sie attackiert wurden. Die *New Yorker Daily News* meldete daraufhin: *»Rap-Kriege: Schüsse nach Party von Rappern«* und *»Schießerei auf Konflikt zurückzuführen«*, beide Artikel sprachen von einer Fehde zwischen den beiden erfolgreichsten Rapperinnen, Lil' Kim und Foxy Brown. Kevin Liles, Mitvorsitzender des Vorstands von HSAN, leitete das Plattenla-

[410] Vgl. allhiphop.com/news, 10.01.2004

bel Def Jam, das Brown produzierte, und Sean »Puffy« Combs vom Bad Boy Record Label produzierte Lil' Kim. Die *Daily News* schrieb nun, dass die *»auf CD gepressten Ohrfeigen«*, die sich die Rapper gegenseitig gaben, die Schießerei verursacht hätten.[411] Die Musiksender produzierten Sondersendungen zum Ost-West-Konflikt, was die Lage noch verschlimmerte. Es wurde berichtet, die Auseinandersetzung sei bereits vor Tupac und Biggie entstanden. Doch selbst wenn dies der Fall gewesen wäre, war sie damals nicht tödlich.

Im August 2001 wurden Damien Butler und Lil' Caese erneut in eine Schießerei verwickelt und Butler wegen »versuchten kriminellen Waffenbesitzes« zu drei Jahren Gefängnis verurteilt.[412] So wie Tupac Shakur eine schwere Strafe erhielt, weil er den Hintern einer Frau berührt hatte, mit der er vorher einvernehmlichen Sex hatte, mussten auch andere Rapper wegen ähnlich trivialer An-

Erkennungsdienstliche Aufnahmen von Lil' Kim (li.) und Foxy Brown

[411] Vgl. Daily News, 26.02.2001

[412] Yves Salomon: Lil' Cease Arrested and Questioned About Shootout; ders.: Lil' Kim's Former Manager Headed to Jail, music.yahoo.com/news, 20.03.2003

klagen hohe Strafen verbüßen. Im März 2005 befand ein Gericht Lil' Kim in Bezug auf die Schießerei vor dem Radiosender in drei Fällen des Meineids für schuldig, sprach sie aber von der Behinderung der Justiz und anderen schwerwiegenderen Vorwürfen frei. Da sie zum ersten Mal straffällig geworden war, wurde sie zu einem Jahr Gefängnis verurteilt. Auch Foxy Brown ging für ein Jahr ins Gefängnis, und zwar wegen zweier Konflikte mit Maniküristinnen, die nicht die geringste Verletzung nach sich trugen.

Als Nächstes konstruierten die Mainstream-Medien einen Konflikt zwischen dem New Yorker Rapper Nas und Jay-Z. Nas hatte schon vorher miterleben müssen, wie versucht wurde, Tupac gegen ihn aufzuwiegeln, wahrscheinlich waren es Mitarbeiter von Death Row. Jemand erzählte ihm jedenfalls, dass Tupac ihn in dem Song »Against All Odds« kritisiert habe. Doch Nas sprach Tupac darauf an, und sie legten den aufkeimenden Streit bei.[413] Der verantwortliche Direktor von Interscope, Jimmy Iovine plante, dass die beiden sich an dem Wochenende in Las Vegas, wo Tupac letztlich tödlich verwundet wurde, treffen sollten, um über die Beendigung aller Konflikte zwischen ihnen zu sprechen. Nas machte eine Reihe von Aufnahmen, die sein soziales Verantwortungsbewusstsein zeigten, angefangen mit seiner CD »Illmatic« von 1994. Er hielt zudem Reden auf Konferenzen der HSAN und gewann für seine Single »I Can« den HSAN Heroes Award.

Im Jahr 2001 kehrte Nas nach einer langen Auszeit an die Spitze der Musikwelt zurück. Mainstream-Medien wie das Magazin *XXL* griffen in ihrem Leitartikel auf der ersten Seite einen angeblichen Zwist zwischen Nas und Jay-Z auf und stachelten zudem einen Konflikt zwischen Nas und Memphis Bleek an. Nas jedoch verkündete beim Radiosender Hot 97, dass es keinen Konflikt mit

[413] Nas veröffentlichte am 6. Aug. 2021 den Song »Death Row East«, in dem er näher darauf eingeht. (Anm. des Übers.)

Jay-Z gebe.[414] 2003 verhaftete ihn die Polizei dann wegen angeblicher Körperverletzung. Ein Unbekannter hatte sich ihm in einem New Yorker Nachtclub genähert, ihn gepackt und in eine Schlägerei verwickelt. Die Undercover-Polizei in Miami verhaftete auch seine Frau, die Sängerin Kelis, wegen ungebührlichen Verhaltens, nachdem sie die Polizisten angeschrien hatte. Die Attacken gegen Nas gingen weiter, insbesondere in England, wo auch der britische Geheimdienst eine Reihe von Rappern im Visier hatte. Im März 2005 feuerte jemand mehrere Schüsse aus der Menge ab, als Nas bei einem Konzert in London auftrat. Glücklicherweise wurde niemand verletzt. Ein Journalist bemerkte, es sei *»erstaunlich, dass jemand in der Lage gewesen war, eine Waffe in den Veranstaltungsort zu schmuggeln, da über 100 Sicherheitskräfte die Besucher an der Tür mit tragbaren Metalldetektoren kontrollierten«.*[415]

Auch immer wieder im Visier der Polizei: der Rapper Nas (Bild: 1998)

Im folgenden Jahr wurden aus unerklärlichen Gründen zwei Platzanweiser bei einer Londoner Show des Rappers Kanye West erschossen. Einige meinten, dass die USA in Großbritannien, der Heimat eines globalen Spitzenspionagenetzwerks, Probeläufe durchzuführen schienen.[416] Die Medien versuchten auch eine Rivalität zwischen Kanye West und 50 Cent zu schüren, aber die beiden traten Arm in Arm bei einem

[414] Vgl. XXL-Magazin. April 2001
[415] Chartattack.com, 22.03.2005
[416] Vgl. etwa Steve Jones: GCHQ-Government Communications Headquarters, globalresearch.ca, 06.10.2005

Konzert auf. West gewann mehrere Grammy-Auszeichnungen für sein Album »Late Registration«, das radikale politische Texte enthielt. Bei einer Live-Benefizshow verkündete er: »George Bush kümmert sich nicht um die Schwarzen!« Die NBC jedoch löschte seine Bemerkung, als die Show an der Westküste ausgestrahlt wurde. Gegen Kanye West wurden von verschiedenen Seiten fadenscheinige Beschuldigungen vorgebracht, obwohl keine das Niveau der Klagen gegen Tupac oder P. Diddy erreichte.

Einige Journalisten bedienten sich einer Sprache wie im Krieg. Ein Reporter schrieb, 50 Cent habe auf mehrere andere prominente Rapper *»geschossen«,* ein anderer, dass die Rapper ihre *»Munition gegeneinander aufgestockt«* hätten. Die gegenseitige Kritik, so hieß es, habe zu einer Fehde zwischen 50 Cent und The Game geführt, dies sei der Grund dafür, dass auf The Game geschossen worden war, der kürzlich die Gruppe G-Unit von 50 Cent verlassen hatte. Die Mitglieder von HSAN setzten sich nun dafür ein, den von den Medien aufgebauschten Zwist zu beenden. Russell Simmons und sein Bruder Joseph, der Rapper Run, halfen dabei, 50 Cent und The Game wieder zusammenzubringen, um der Öffentlichkeit zu zeigen, dass es keine Fehde zwischen ihnen gab. Sie hielten eine gemeinsame Pressekonferenz ab, in der die beiden Rapper 250 000 Dollar an den Knabenchor von Harlem spendeten, einen Monat später stifteten sie jeweils 100 000 Dollar für Kunstprogramme in Compton, Kalifornien.[417]

[417] Vgl. allhiphop.com/news, 10.03.2003; New York Times, 10.03.2005

Kapitel 35
Operation Condor 2.0 gegen Rapper, schwarze Aktivisten und Latino-Gangs

Aus verschiedenen Berichten geht hervor, dass New Yorker Polizisten in CIA-Aktivitäten involviert waren.[418] Der republikanische Bürgermeister Rudolph Giuliani rief im Jahr 2000 ein äußerst kostspieliges Programm namens »Operation Condor« ins Leben. Daraufhin stieg die Mordrate in der Metropole um etwa 13 Prozent an, während sie vorher landesweit in praktisch allen Großstädten zurückgegangen war. Das Programm verschlang im Laufe der Jahre durch verdeckte Polizeiaktivitäten einen finanziellen Mehraufwand von über 100 Millionen Dollar.[419]

In den 70er-Jahren hatte bereits die CIA ihre mörderische Zusammenarbeit mit brutalen lateinamerikanischen Diktatoren mit »Operation Condor« betitelt. Nach der Wahl von Salvador Allende, dem ersten Sozialisten, der Chile regierte, gab es eine Verschwörung mit Teilen des chilenischen Militärs, um ihn zu stürzen. Das führte zum Putsch von 1973, durch den General Augusto Pinochet an die Macht kam. Die Operation Condor beinhaltete politische Morde an lateinamerikanischen Linken sowie

---

[418] Vgl. D'Eugenio/Pease: The Assassinations, S. 391. Ein Historiker meint, BOSS sei als »das kleine FBI« und »die kleine CIA« bekannt gewesen. Donner: Protectors of Privilege, S. 155

[419] Vgl. New York Times, 05.04.2000, 06.06.2005, 26.12.2000

an US-Bürgern, die mit ihnen zusammengearbeitet hatten. Pinochet, so hieß es in der *New York Times* am 8. Juni 2006, entsandte *»Todesschwadronen …, um Kritiker im In- und Ausland zu töten«.* Zu den Mordopfern gehörten *»lateinamerikanische Regierungsbeamte, … Gewerkschafter, Juristen und mutmaßliche Sozialisten«.*[420]

Sieben weitere lateinamerikanische Länder schlossen sich bald der Operation Condor und dem chilenischen Geheimdienst DINA an, darunter Argentinien, Uruguay, Bolivien, Paraguay, Brasilien, Peru und Ecuador.

Ein weiterer bemerkenswerter Umstand betrifft die chilenische Enklave einer christlichen Sekte, Colonia Dignidad. Im Jahre 2005 wurde Paul Schäfer, der die Enklave 1961 gegründet hatte, verhaftet, sie beherbergte mehrere hundert deutsche Bewohner, unterhielt eine enge Partnerschaft mit der Pinochet-Diktatur, lagerte Geheimdienstakten über politische Dissidenten und verfügte über die militärische Ausrüstung einer ganzen Armee. Der US-Kongress verabschiedete schließlich ein Gesetz, das die Hilfe für Pinochet stoppen sollte. Die Enklave half dem Diktator jedoch weiterhin, seine mörderischen Operationen mittels Condor fortzusetzen. Schäfer wurde schließlich 2006 vor ein chilenisches Gericht gestellt. Die Anklage lautete, dass er mit Pinochets Militär und Geheimdiensten zusammengearbeitet hatte, um politische Oppositionelle zu entführen und foltern zu lassen. In einem weiteren Verfahren wurde Schäfer verurteilt, weil er 26 Kinder sexuell missbraucht hatte.[421]

In gründlich recherchierten Forschungsartikeln wurde ausführlich beschrieben, wie von der CIA bezahlte Nazis dazu beitrugen, Unterdrückung und Drogenhandel in Lateinamerika zu eta-

---

420 New York Times, 06.03.2001

421 Vgl. New York Times, 17.06.2005, 25.05.2006

blieren. Peter Dale Scott von der Universität von Kalifornien in Berkeley zitiert einen ehemaligen Chefankläger der Kriegsverbrechenseinheit des Justizministeriums, John Loftus, der sagte, dass CIA-Direktor Allen Dulles im Rahmen der Operation Sunrise dabei geholfen habe, etwa 5000 Gestapo- und SS-Angehörige nach Südamerika zu schmuggeln. Das OSS, Vorläufer des CIA, habe fälschlicherweise behauptet, Nazis wie Adolf Eichmann, Josef Mengele und Klaus Barbie seien bereits in den 40er-Jahren gestorben. Tatsächlich wurde Eichmann dann in Argentinien entdeckt und kam 1961 in Israel vor Gericht. Mengele, der »Todesengel« vom KZ Auschwitz, wurde ausgesandt, um für die CIA Aufträge in Ecuador und Paraguay durchzuführen, Barbie, der »Schlächter von Lyon«, ging nach Bolivien.[422] Das deutsche Magazin *Stern* berichtete, wie Barbie mithilfe der Netzwerke dazu beitrug, Putsche gegen die Sozialisten in Chile, Argentinien und Bolivien durchzuführen. Viele Bilder nach dem Putsch in Bolivien zeigten Flaggen mit Hakenkreuzen.[423]

Nazi-Netzwerke in südamerikanischen Ländern und anderswo arbeiteten mit Diktatoren zusammen, die ihnen zum Teil dazu verhalfen, den Drogenhandel der CIA zu unterstützen.[424] Und dieselben Geheimdienstleute, die etwa mit chilenischen Nazis gemeinsame Sache machten und an der ersten Condor-Operation beteiligt waren, unterstützten später Giuliani. Sie arbeiteten für den streng konservativen Think Tank Manhattan Institute, welcher 1978 von CIA-Direktor William Casey gegründet wurde und auch die politischen Ansichten von George W. Bush prägte.

---

[422] Vgl. Scott: How Allen Dulles and the SS Preserved Each Other, S. 4 ff.; Boston Globe, 28.05.1984, Washington Post, 15.03.1985; Simpson: Blowback, S. 192 f.

[423] Vgl. Hermann: Eine Killer Karriere. Klaus Barbie: Folterer für Hitler und Militärdiktatoren, Teil 1–5. In: Der Stern, Mai/Juni 1984

[424] Vgl. New York Times, 07.11.2006; Scott: How Allen Dulles and the SS Preserved Each Other, S. 8, 14

Die Denkfabrik beriet Oppositionspolitiker in Lateinamerika, etwa in Argentinien und Chile, beides Stützpunkte von Condor. Die Namensgebung im Jahre 2000 war also wohl kein Zufall. Das Manhattan Institute beriet noch 2005 die Polizeiabteilung des Bürgermeisters von New York City.[425]

Wie kam es nun, dass sich das New Yorker Condor-Programm auf Rap-Stars konzentrierte? Laut FBI richtete sich Phase drei des Geheimprojekts in Chile gegen *»Führer ..., die wegen ihres Potenzials, die Weltöffentlichkeit zu mobilisieren oder eine breite Opposition gegen die Militärdiktaturen zu organisieren, besonders gefürchtet waren«*, hierzu gehörten laut Patrice McSherry Priester, Nonnen, Studenten, Lehrer und Politiker.[426] Auch Chiles populärster Sänger Victor Jara war ein Ziel, da er ähnlich wie radikale Rap-Stars vom Geheimdienst als Bedrohung angesehen wurde.[427]

Undercover-Agenten von Condor ersetzten nun die Polizisten der Street Crime Unit, deren Verhaftungen »wegen Belästigung« sich bewährt hatten. Die Installation von Condor fiel zeitlich mit der Gründung von HSAN zusammen, ebenso mit der verstärkten Arbeit der Rap-Intelligence-Einheit des NYPD. Bis 2003 erhöhte sich dann die Zahl der Verhaftungen beträchtlich, obwohl die Richter viele der Anklagen gegen weniger wohlhabende Rapper sowie ehemalige Bandenmitglieder nicht annahmen. Andere Anklagen führten im Allgemeinen zu langen Gefängnisstrafen. Reiche Rapper konnten sich Rechtsanwälte leisten, die öfter Beweise vorlegten, welche ihre Mandanten entlasteten.

---

[425] Vgl. New York Times, 11.11.2002, 25.10.2005

[426] Vgl. J. Patrice McSherry: Predatory States. Operation Condor and Covert War in Latin America, S. 17 ff.

[427] Vgl. Chomsky/Herman: The Washington Connection and Third World Fascism, S. 9

Die Condor-Operation endete zwar offiziell im Jahre 2001, doch wurden auch deren Praktiken fortgesetzt. Man warf ein weites Netz über die schwarzen Einwohner der Stadt – Condor trug zu 60 000 Verhaftungen innerhalb von neun Monaten bei, davon 40 000 wegen Drogendelikten und 7000 wegen unerheblicher Verstöße und Vergehen.[428] Die Brutalität zeigte sich etwa am Mord an dem unbewaffneten Amadou Diallo im Jahre 1999, den 41 Kugeln trafen. Im Jahr 2000 ermordete die Polizei Patrick Dorismond, nachdem ihm ein Undercover-Agent Drogen angeboten hatte. Als er sich weigerte, sie anzunehmen, wurde er geschlagen und dann von zur Verstärkung anrückenden Polizisten erschossen.[429]

Die Polizei arbeitete bereits Mitte der 1990er-Jahre mit Agenten zusammen, als die Latin Kings ins Visier genommen wurden, mit 3000 Mitgliedern einst die mächtigste Straßengang in New York, die von der lateinamerikanischen Aktivistengruppe Young Lords unterstützt wurde. 1994 änderte die Gang ihren Namen in »Almighty Latin King and Queen Nation« (ALKQN). Der Bürgerrechtler Ron Kuby berichtete von der schikanösen Verhaftungsstrategie gegen den Anführer Antonio »King Tone« Fernandez, sie beinhalte etwa die Fälschung von Beweisen. Kuby meint, die Polizei habe es auf »King Tone« abgesehen, weil die *New York Times* berichtet habe, dass sich die Gruppe in *»eine fortschrittliche revolutionäre Kraft«* verwandeln wolle.[430]

Viele New Yorker Aktivisten waren der Ansicht, dass sich NYPD und FBI zusammengetan hätten, um King Tone und die ALKQN wegen Mordes anzuklagen. Pater Luis Barrios, ein Priester und

---

[428] Vgl. American Civil Liberties Union News, 12.10.2000

[429] Vgl. Bill Vann: The Killing of Patrick Dorismond. 22.03.2000, www.wsws.org/articles/2000/mar2000/nyc-m22.shtml (abgerufen am 13.07.2021)

[430] Vgl. Village Voice, 07.04.1998

Professor am John Jay College, sagte, die Regierung habe nichts dagegen gehabt, als sich die Latin Kings gegenseitig umbrachten, aber als sie politisch aktiv wurden, begann man mit einer massiven Überwachung der Gruppe.

Im Mai 1998 startete das NYPD seinen größten Angriff bei der angeblich umfassendsten Razzia der Stadt seit dem Alkoholverbot in den 1920er-Jahren. Im Rahmen der sogenannten »Operation Krone« verhafteten sie grundlos 90 ALKQN-Mitglieder. Ein Richter setzte die Kaution für Tone auf 350 000 Dollar fest, woraufhin Aktivisten wie Father Douglas, Richie Perez und der Rap-Produzent Sonny Carson ihre Autos und Gehaltsschecks als Sicherheit zur Verfügung stellten.[431] Die Staatsanwaltschaft wandte hier ähnliche Taktiken wie gegen Tupac an. Tone erhielt eine Gefängnisstrafe von 10 bis 15 Jahren. Da der Geheimdienst weiterhin gegen ALKQN vorging – ebenso wie gegen die United Blood Nation und viele Rapper –, warnte der Sprecher Hector Torres, davor, dass man versuche, People of Color gegeneinander aufzuhetzen. Die Polizei täusche einen Krieg gegen Banden vor, um einen Krieg gegen farbige Jugendliche führen zu können.[432]

Als George W. Bush im Januar 2001 als Präsident antrat, erlangten auch die engsten Verbündeten seines Vaters George H. W. Bush die offizielle Macht wieder, darunter die Verantwortlichen des Iran-Contra-Skandals John Poindexter, Elliot Abrams, Richard Armitage, Dick Cheney, Otto Reich, Colin Powell und John Negroponte. Unter der zweiten Bush-Administration wurden die repressiven Operationen des US-Geheimdienstes fortge-

---

[431] Vgl. Black & Gold: The Latin King and Queen Nation. Dokumentarfilm 1999

[432] Persönliches Interview mit Hector Torres, 12.09.1998. Vgl. Daily News, 09.05 2001, 09.07.2001

setzt, so auch Condor.[433] Bereits Bush Sr., ab 1975 CIA-Direktor, führte eine ganze Reihe besonders rassistischer Aktionen durch. Er lud Redner ein, um vor dem Kongress über das Thema Bevölkerungskontrolle zu sprechen, wobei der Fokus auf farbigen Amerikanern lag.[434] Und er organisierte die Kampagne zur Ausweisung des schwarzen Repräsentanten aus Harlem, Adam Clayton Powell, aus dem Kongress. Vermutlich leitete er in den 80er-Jahren die CIA-Operationen, welche Crack in Rekordmengen in schwarze und lateinamerikanische Viertel brachte, während er Vizepräsident des Nationalen Sicherheitsrats war.

Der Geheimdienst hatte unter Bushs Regierung begonnen, Tupac Shakur ins Visier zu nehmen, und führte seinen Krieg gegen die Rapper und Aktivisten vermutlich ohne Wissen des demokratischen Präsidenten Bill Clinton weiter, so wie Bush und Dick Cheney früher Aktionen hinter dem Rücken des Demokraten Jimmy Carter durchführten. Bush sprach dabei etwa im Auftrag des FBI-Direktors mit führenden Politikern weltweit.[435] Und William Casey, später Reagans und Bushs CIA-Direktor, half bei der Einrichtung eines geheimen Büros. Casey war es auch, der eine Clique von Führungskräften formte, die mehr als zwei Jahrzehnte lang in der CIA die Oberhand behielt, darunter Robert Gates, George Tenet, David Cohen und John McLaughlin.[436]

Einige glauben, dass die erweiterten Operationen des New Yorker Geheimdienstes eine Reaktion auf den 11. September 2001 waren, doch immer mehr Experten sind heute der Ansicht, dass die Bush-Administration diese Tragödie zumindest zugelassen,

---

433 Vgl. Ruppert: Crossing the Rubicon, S. 453

434 Vgl. Tarpley/Chaitkin: George Bush, S. 193 ff.

435 Vgl. Unger: House of Bush, House of Saud, S. 41, 50 f., 309 ff.; Benjamin/Simon: The Age of Sacred Terror, S. 301; New York Times, 15.07.2001; Ruppert: Crossing the Rubicon, S. 453

436 Vgl. Robert Parry: The CIA's DI Disgrace, Consortiumnews.com, 13.07.2004

wenn nicht gar selbst orchestriert hat.[437] Ungeachtet dessen bleibt Fakt, dass in der Folge der Polizeistaatsapparat erheblich ausgebaut wurde. David Cohen, von 1991 bis 1995 im Direktorium der CIA, leitete eine globale Polizeioperation, nachdem Bürgermeister Bloomberg ihn im Jahre 2003 zum Chef des New Yorker Polizeigeheimdienstes ernannt hatte. Eine seiner ersten Aktionen bestand darin, Beschränkungen für seine Behörde abzubauen, für deren Durchsetzung Barbara Handschu, die Anwältin der Gruppe von Aktivisten, zu der auch Afeni Shakur gehörte, jahrelang gekämpft hatte. Zudem wurde die Anzahl der Beamten in der Joint Terrorist Task Force (JTTF) von 17 auf 120 erhöht, darunter Beamte aus 35 anderen Behörden. Cohen erweiterte seine Abteilung auch international mit 74 Büros in Übersee.[438]

Am 22. Dezember 2005 veröffentlichte die *New York Times* ein Exposé, woraus hervorging, dass die Polizei verdeckte Agenten einsetzte, um die über 100 000 Demonstranten, die sich gegen den republikanischen Kongress zur Wehr setzten, zu infiltrieren. Sie lösten Konflikte aus, welche als Vorwand für Massenverhaftungen bei Protestveranstaltungen dienten. Cohens NYPD-Geheimdienstabteilung mit ihrem Fokus auf Schwarze wurde auf 600 Beamte aufgestockt, deren Einfluss bis Pakistan reichte. Da der Rap in den meisten Ländern mit großen Gemeinschaften der People of Color populär geworden war, arbeiteten NYPD-Detectives in Polizeidienststellen von Interpol über Tel Aviv, London, Frankreich bis Kanada.

Der Krieg gegen sich politisierende Banden wie die Latin Kings war anscheinend noch größer als der gegen die Rapper. Der Geheimdienst suchte die ethnischen Gemeinschaften politisch

---

[437] Vgl. etwa 911proof.com; www.fromthewilderness.com; Whatreallyhappened.com

[438] Vgl. New York Post, 29.06.2003; New York Times. 09.11.2006

inaktiv zu halten, damit sie die Vorherrschaft der reichen Weißen nicht aushöhlen konnten. Das harte Durchgreifen galt vor allem denjenigen Banden, die Öffentlichkeit erlangt hatten. Das mag zum Teil darauf zurückzuführen sein, dass die mediale Aufmerksamkeit deren Mitgliederzahlen erhöhte, so wie es in den 60er-Jahren bei den Black Panthers der Fall war. Laut *New York Times* vom 31. Januar 2000 versprach der oberste Bandenchef der Ostküste, Omar »O. G. Mack« Portee, als er die United Blood Nation gründete, politische und kulturelle Solidarität mit Latino-Aktivisten, und die Gruppe verkaufte Hemden mit der Aufschrift »Black and Latino Love«. Seine Helden seien die Black Panthers Bobby Seale, Huey Newton und George Jackson. Ein hochrangiges Mitglied des NYPD-Gang-Nachrichtendienstes meinte daraufhin skeptisch, dass es hier um Kontrolle gehe und die Steigerung des Drogenumsatzes. Die Polizei hielt Portee also unter strenger Beobachtung. Er meinte, dass sie sein Telefon angezapft hätten. In der *New York Times* vom 31. Januar 2000 war zu lesen: *»Die Bloods orientieren sich jetzt an den Black Panthers und hoffen, der Gemeinschaft helfen zu können.«*

Fünfzehn Monate später verhaftete die Polizei viele Mitglieder der United Blood Nation wegen *»Verschwörung zum Mord, versuchtem Mord, Erpressung, Raub und einer Reihe anderer Verbrechen«*. Das FBI hatte bei vielen Aktivisten, darunter Tupacs Stiefvater Mutulu Shakur, den Vorwurf der »Verschwörung, ein Verbrechen zu begehen« erhoben, ohne dass sie tatsächlich für eines angeklagt wurden. Ein Bundesgericht verurteilte Portee wegen Erpressung und Verschwörung zum Mord, was zu einer Gefängnisstrafe von 50 Jahren führte.[439]

[439] Vgl. New York Daily News, 09.05.2001; New York Times. 26.07.2006

Kapitel 36
Angriffe auf farbige Polizeigruppen, Aktivisten und Führungspersonen

Die Attacken von Spezialeinheiten richteten sich sogar gegen schwarze und lateinamerikanische Angehörige der New Yorker Polizei. 1997 beklagten die beiden Organisationen 100 Blacks in Law Enforcement Who Care und Latino Officers Association, dass sie illegal ausspioniert wurden, und legte Beweise vor: Fotos von einer politischen Versammlung, die Undercover-Agenten vor einer lateinamerikanischen Polizeigruppe zeigte. Nachdem die Überwachung vor Gericht zugegeben wurde und klar war, dass zwei Jahre lang geheime Sondierungen durchgeführt und Telefonmitschnitte eingeholt worden waren, reichte 100 Blacks in Law Enforcement eine Bundesklage gegen New York City und den Telekommunikationskonzern Verizon ein.[440]

Die von den Black Panthers und der Black Liberation Army (BLA) inspirierte Hip-Hop-Aktivistengruppe Zulu Nation wuchs bis zum Jahre 2000 weltweit auf 10 000 Mitglieder in insgesamt 20 Ländern an, einschließlich Deutschland, der Schweiz und Japan. Obwohl es keine Beweise gab, erklärte die New Yorker Polizei sie zu einer Gang, überwachte sie und verhaftete 34 Mitglieder, als sie Studenten in einem Park in Staten Island Nachhilfeunterricht

---

[440] Vgl. Village Voice, 01.01.2002

gaben, da es illegal sei, wenn sich mehr als 20 Personen öffentlich versammelten. Noch bedenklicher war, dass ein Schüler erschossen wurde, als er eine Versammlung von Zulu Nation verließ.[441]

Eine Stichprobe weiterer Angriffe belegt die Fortsetzung gezielten Terrors gegen schwarze Führer und Aktivisten. Ende der 90er-Jahre wurde etwa Ralph Abernathy Jr., der Sohn von Martin Luther Kings engstem Verbündeten in der Bürgerrechtsbewegung, nach drei Amtszeiten aus dem Senat des Bundesstaates Georgia in Atlanta ausgeschlossen wegen des *»Vorhabens, den Staat um 5700 Dollar zu betrügen, indem er falsche Spesenabrechnungen einreichte«*. Dafür erhielt er vier Jahre Gefängnis und sechs Jahre auf Bewährung.[442]

2002 griffen konservative Medien den schwarzen Rev. Al Sharpton an, um ihn von einer Präsidentschaftskandidatur abzubringen und zu unterbinden, dass er im Fernsehen linke Ansichten zu äußerte. Ein Tonband aus dem Jahr 1983 belegte, dass ein FBI-Agent, der sich als Drogenhändler ausgab, Sharpton versprach, ihm kiloweise Koks beschaffen. Obwohl nicht zu hören war, ob Sharpton das Angebot annahm, wurde es von der *New York Times* so dargestellt.[443]

Im Folgejahr wurde eine 30 Jahre alte Anklage wegen Mordes an einem Polizeibeamten in Georgia wieder aufgegriffen, die damals als unbegründet eingestuft worden war. Beschuldigt wurde Kamau Sadiki (vormals Freddie Hilton), der mit Assata Shakur bei den Panthers in New York gearbeitet hatte, die beiden hatten eine gemeinsame Tochter. Sadiki widerstand den Versuchen der

---

[441] Vgl. New York Times,13. und 26.09.2003; Counterpunch, 09.11.2002; The Source, November 2003

[442] Vgl. Jet, 11.10.2003

[443] Vgl. New York Times, 24.07.2003

Regierung, ihn dazu zu bringen, Assata aus dem politischen Exil auf Kuba zurückzulocken.[444] Zwei Jahre später setzte New Jersey ein Kopfgeld von einer Million Dollar für die Ergreifung von Assata Shakur aus, nachdem sie trotz eindeutiger Gegenbeweise für die Erschießung eines Polizeibeamten verurteilt worden war.[445] Sadiki wurde im November 2003, im antimuslimischen Klima nach dem Anschlag auf das World Trade Center, zu lebenslänglich plus zehn Jahren verurteilt.[446]

Im gleichen Jahr wurde in New York der liberale schwarze Stadtrat James Davis erschossen. Der prominente Aktivist Alton Maddox ging davon aus, dass der Geheimdienst der Polizei dafür verantwortlich war. Das Motiv sei gewesen, den Widerstand gegen die reaktionäre Gesetzgebung des republikanischen Bürgermeisters Michael Bloomberg zu stoppen. Davis wäre zudem eine Bedrohung für eine größere geplante Spionageoperation gewesen. Doch Politiker, Polizisten sowie Reporter versuchten alles zu vertuschen. Die offizielle Version lautete, dass Othniel Askew, ein konkurrierender Bewerber um den Posten im Rathaus, ebenfalls Schwarzer, Davis erschoss, während er mit ihm auf einem Balkon stand, und dass ein Polizist Askew daraufhin tötete.[447] Viele Aussagen gaben jedoch etwas anderes wieder. Ein Polizeikommissar sagte etwa: *»Auf dem Balkon zog jemand eine Waffe und erschoss zwei Personen.«*[448] Auch andere Merkwürdigkeiten lassen auf die Beteiligung des Geheimdienstes schließen. So war die Waffe, die Davis tötete, eine Kahr MK40, die 1995 im Inventar für verdeckte Ermittlungen des NYPD zugelassen worden war.[449]

---

[444] Vgl. www.itsabouttimebpp.com/Political_Prisoners/Kamau_Sadiki.html (abgerufen am 15.07.2021)
[445] Vgl. Kap. 9
[446] Vgl. Atlanta Journal-Constitution, 12.11.2003
[447] Vgl. New York Post, 24.07.2003, Los Angeles Times, 29.07.2003
[448] Zit. wie Amsterdam News, 31.07.2003
[449] Vgl. New York Daily News, 27.07.2003

2004 verwanzte das FBI das Büro des schwarzen demokratischen Bürgermeisters von Philadelphia, John F. Street, sowie das seines Unterstützers, des obersten muslimischen Führers der Stadt, Shamsud-din Ali.[450] 2006 unterzeichnete Street ein Gesetz, das Philadelphia zu einer der ersten Städte in den Vereinigten Staaten machte, die von jeder Bank, die Geschäfte mit der Stadt machte, forderte offenzulegen, ob sie in der Vergangenheit von der Sklaverei profitiert hatte.[451] Maßgeblich beteiligt an der Erstellung war die National Coalition of Blacks for Reparations (N'COBRA), in der sich auch der Gründer von Revolutionary Action Movement, Muhammad Ahmad, engagierte.

Als NAACP-Koordinator Julian Bond kritisierte, dass sich George W. Bush weigerte, sich mit einer Gruppe der immerhin ältesten Organisation zur Verbesserung der Lebensbedingungen Schwarzer zu treffen, leitete die Bundessteuerbehörde (IRS) eine Untersuchung darüber ein, ob dies die NAACP von ihrem gemeinnützigen Status befreien könnte, welcher Lobbyarbeit verbietet.[452] Die IRS hatte bereits während des Vietnamkrieges im Auftrag des US-Geheimdienstes illegale Durchsuchungen in Huey Newtons Haus durchgeführt sowie neben der Black Panther Partei auch andere linke Gruppen ausspioniert, die als politische Organisationen registriert waren.[453]

Im selben Jahr kamen Attacken völlig anderer Natur gegenüber Schwarzen ans Tageslicht. Das *Washington Post Magazine* berichtete über verschiedene Machenschaften, mit denen das US-Landwirtschaftsministerium (USDA) die Auszahlung von zwei

---

[450] Vgl. Washington Post, 10.10.2003, 27.08.2004
[451] Vgl. www.brown-watch.com/reparations-watch/2007/1/31/wachovia-pnc-citizens-bank-bank-of-america-and-mellon-bank-d.html
[452] Vgl. New York Times, 21.03.2005
[453] Vgl. Newton: War against the Panthers, S. 86 f.

Milliarden Dollar an Vergleichsgeldern zu vereiteln suchte, die Tausenden schwarzen Bauern wegen Diskriminierung durch das USDA zugesprochen worden waren, hierfür wurden zwölf Millionen Dollar an Anwaltskosten aufgewendet.[454] Die National Black Farmers Association (NBFA) reichte daraufhin eine weitere Klage ein, da die rassistische Diskriminierung fortdauere.

Die Führungsriege der NBFA erlebte ebenfalls Angriffe, beispielsweise auf Vizepräsident Rick Haynie. 1981 wurden ihm plötzlich Kredite durch das USDA verweigert, nachdem ein Weißer den Abteilungsleiterposten eines Schwarzen übernommen hatte. Bald darauf fand Haynie Einschusslöcher in seinen landwirtschaftlichen Geräten, und mysteriöse Brände vernichteten Vieh und Ausrüstung. Die Banken verlangten von ihm exorbitante Zinsen und verzögerten Kredite, wodurch ein Großteil seines Besitzes dezimiert wurde. Daran änderte sich nichts, bis 1998 ein USDA-Agent suspendiert wurde, weil er Haynie mit einer Waffe bedroht hatte.

Im Jahr 2005 beschlossen republikanische Regierungsbeamte, alte Verfahren gegen die Black Panthers wieder aufzunehmen. Acht Männer wurden wegen Mordes an einem Polizeibeamten aus San Francisco im Jahr 1971 angeklagt. Ähnliche »Verschwörungsanklagen« waren 1975 fallengelassen worden, weil Geständnisse durch Folter gewonnen worden waren. Im Juli 2007 fanden sich die Angeklagten mit einer Kautionsforderung von jeweils drei Millionen Dollar im Gefängnis wieder.[455]

Im gleichen Jahr wurde Stanley »Tookie« Williams hingerichtet, der in den frühen 70er-Jahren die Crips-Gang gegründet hatte.

---

454 Vgl. Washington Post Magazine, 03.10.2004

455 Vgl. Znet, 30.07.2007, www.zmag.org Committee for the Defense of Human Rights, www.freethesf8.org

Einige Historiker sind der Meinung, die Crips hätten als Aktivisten begonnen, bevor sie in Gewalt und Morde verwickelt wurden. Wie dem auch sei, Williams wandelte sich im Gefängnis: Er schrieb mehrere Kinderbücher, die Frieden lehrten, und half mit, die Waffenruhe zwischen den Bloods und den Crips zu organisieren. Williams war sogar für den Friedensnobelpreis nominiert, und Prominente wie Snoop Dogg, Bianca Jagger, Jesse Jackson und Jamie Foxx bemühten sich vergeblich um seine Begnadigung. Foxx spielte die Rolle von Williams im Kinofilm »Redemption«.

Die puerto-ricanische Unabhängigkeitsbewegung bemühte sich derweil darum, die US-Marine dazu zu bewegen, Bombenversuche auf der Insel Vieques einzustellen. Am 23. September 2005, dem Jahrestag der Unabhängigkeitserklärung Puerto Ricos von Spanien, umstellten 200 FBI-Agenten das Haus eines prominenten Aktivisten, des 72-jährigen Filiberto Ojeda Rios, und feuerten einhundert Schüsse ab. Rios feuerte schwer verwundet zurück. Zwölf bis fünfzehn Stunden lang ließ das FBI niemanden ins oder aus dem Haus, in dieser Zeit verblutete er.[456] Bereits zuvor hatte man auf eine »präventive Inhaftierung« Rios' und anderer Aktivisten gedrängt, und er saß sechs Jahre lang im Gefängnis. Nach seinem Tod durchsuchte das FBI die Wohnungen von fünf Unabhängigkeitsorganisatoren, beschlagnahmte Akten und verhaftete mehrere Organisatoren und ihre Familienmitglieder.[457]

---

[456] Vgl. Democracy Now!, 26.09.2005

[457] Vgl. The Dominion, 01.03.2006, http://dominionpaper.ca/international_news/2006/03/01/fbi_raids_.html (abgerufen am 15.07.2021)

Kapitel 37
Der ungeklärte Tod von Jimi Hendrix

»Wir müssen die Black Panthers dazu bringen ..., jemandem Angst einzujagen. ... Wenn niemand bereit ist, es friedlich zu tun, dann muss es wie Krieg sein. ... Es wird immer gesagt ›make love not war‹ und all die anderen schönen Dinge. Doch dann kommst du zurück in die Realität, und da sind dann ein paar von diesen bösen Schurken, und die wollen, dass du passiv, schwach und friedlich bleibst. Dann können sie dich überflügeln ... Und deswegen, sage ich, müssen wir Feuer mit Feuer bekämpfen.«

Jimi Hendrix, TeenSet, 1969

Im Zusammenhang mit den Attacken auf schwarze, politisch engagierte Musiker sind auch frühere Todesfälle zu prüfen. Hier fällt auf, dass bei dem legendären Gitarristen Jimi Hendrix ähnliche Methoden angewandt wurden wie bei Tupac Shakur.

Als Hendrix Mitte der 60er-Jahre mit Musikerlegenden wie Sam Cooke auf Tournee ging, war er in den USA noch wenig bekannt. Dennoch erhielt er bereits eine Warnung, dass er Probleme bekommen könnte. Sam Cooke, berühmt für Hits wie »You Send Me«, »Twistin' the Night Away« und »Working on the Chain Gang«, wurde 1964 von einer Empfangsdame erschossen, die er angeblich angegriffen habe. Einige glaubten, dass er von der mit der CIA in Verbindung stehenden Genovese-Mafia ermordet wurde. Cooke war der erste Schwarze, der seine eigenen Platten produzierte und andere dazu bringen wollte, es ihm gleich zu tun.[458]

Jimi Hendrix zog es dann nach England, wo er Ruhm und Ehre erlangen sollte. Hier erzwang sich Mike Jeffery einen Posten als Manager bei ihm, der wiederum Kontakt hatte zu Personen, die mit der CIA in Verbindung standen. Jefferys plötzlicher enormer Reichtum und seine Fähigkeit, die Steueroase auf den Bahamas zu nutzen, lassen vermuten, dass er verdeckt für den MI6 arbeitete.[459] MI6 und CIA kooperierten dabei, allem entgegenzuwirken, was der hyperkapitalistischen Agenda zuwiderlief. Die US-Regierung stellte enorme Ressourcen zur Verfügung, um kommunistischen Einflüssen entgegenzuwirken.[460]

Auch der französisch-algerische Marxist und Vordenker der Entkolonialisierung Frantz Fanon sowie der afroamerikanische Schriftsteller Richard Wright wurde auf Schritt und Tritt überwacht. Hinter Wrights Tod, der 1960 »unter mysteriösen Umständen verstarb«, vermuten diverse Autoren eine Aktion des Geheimdienstes. Viele, die ihm nahestanden, glaubten, dass er aufgrund seiner linken Ansichten jung sterben musste. Das US-Außenministerium beschlagnahmte bereits im Jahr 1940 seinen Pass kurz nach der Veröffentlichung des Romans »Native Son«.

---

[458] Vgl. Shapiro/Glebbeek: Jimi Hendrix, S. 70 f., 106 ff.; Pra.k.a.sh Gandhi: Sam Cooke. AMI Specials: Rock Secrets and Scandals. 14.03.2000, S. 30, Dannen: Hit Men, S. 34; McCoy: The Politics of Heroin, S. 36 ff.; Lusane: Pipe Dream Blues, S. 117

[459] Vg. Shapiro/Glebbeek: Jimmy Hendrix, S. 120 f., 280, 480 ff.; Constantine: The Covert War against Rock, S. 63 f. Michael T. Klare: Supplying Repression. Field Foundation. Dez. 1977, S. 20 f.

[460] Vgl. Stonor Saunders: The Cultural Cold War, S. 68 f., 167, 174, 376

Das FBI setzte ihn auf eine Liste subversiver Personen, die im nationalen Notfall zusammengetrieben werden sollten. Nach vielen Appellen erhielt er 1946 schließlich seinen Pass zurück und zog mit seiner Familie nach Paris, um den berüchtigten antikommunistischen McCarthey-Anhörungen im Kongress zu entgehen. In Frankreich schrieb Wright weitere wichtige Bücher über die Befreiung der Schwarzen, darunter »Black Power« und »White Man Listen!«, und unterstützte den britischen Sozialisten George Padmore, Mentor zukünftiger afrikanischer Unabhängigkeitsführer wie Kwame Nkrumah, der dazu beitrug, dass Ghana 1957 die Unabhängigkeit von Großbritannien erlangte. Nachdem Richard Wright im französischen Staatsfernsehen die Taktik erläutert hatte, die der US-Geheimdienst gegen ihn anwandte, starb er, obwohl sonst kerngesund, noch in derselben Nacht im Alter von 52 Jahren »plötzlich und unerwartet« in einem Krankenhaus.

Verstarb unter mysteriösen Umständen: Schriftsteller Richard Wright (Foto aus dem Jahr 1943)

Der amerikanische und der britische Geheimdienst gingen dann gemeinsam gegen Jimi Hendrix vor, der nach der Ermordung von Martin Luther King 1968 die Black Panthers unterstützte. Er pries sie in seinen Interviews an, spielte auf Benefizkonzerten für Bobby Seale und für die »Chicago Seven« und widmete den Panthers sein letztes Album. Die Regierung fürchtete *»die verhängnisvolle Verschmelzung von Antikriegs- und Rassendemonstrationen«*[461], und der all-

[461] Zit. wie Lee/Shlain: Acid Dreams, S. 210

seits bewunderte Hendrix stand für beides. In den USA gingen FBI und Polizei gegen ihn vor, und im Ausland unterstützten andere Länder über Interpol die Bemühungen. Das FBI legte eine Akte über Hendrix an und setzte auch ihn auf die Liste subversiver Personen. Polizeibeamte begannen Hendrix und seine Band rund um die Uhr zu überwachen.[462]

Als Hendrix von der kanadischen Bundespolizei auf einem Flughafen verhaftet wurde, da er Drogen transportiert habe, hatte dies wohl Mike Jeffery arrangiert. Entgegen der landläufigen Meinung produzierte Hendrix sein erstes Album »Are You Experienced?« praktisch ohne jeglichen Drogeneinfluss. Jeffery und der Geheimdienst steckten 1969 vermutlich auch hinter der Entführung von Hendrix durch die Mafia, in Zusammenarbeit mit Bandmanager Jerry Morrison. Jeffery und Morrison befreiten Hendrix dann auf wundersame Weise, angeblich mithilfe der »härteren« Mafia.[463] Offenbar war die Entführung arrangiert, um Hendrix einzuschüchtern und zu ermahnen, Jeffery nicht zu entlassen, wie er es vorhatte.

Diese Vorfälle zeigen einige Parallelen zur Geschichte von Tupac Shakur. Beide Musiker-Ikonen verloren ihr Leben, kurz nachdem sie offiziell das Ende ihrer Beziehungen zu ihren damaligen Geschäftspartnern verkündet hatten, die jeweils in Verdacht standen, als Geheimdienstler tätig gewesen zu sein: Tupac, nachdem er David Kenner abservierte, und Jimi Hendrix, als er versuchte, sich von Jeffery zu trennen. Über die Umstände von Hendrix' Tod gab es anhaltende Gerüchte. Seine Verlobte Monika Dannemann berichtete, dass sie ihn am 17. September 1970, einen

[462] Vgl. ebd., S. 226; Constantine: The Covert War against Rock, S. 61; Dannemann: The Inner World of Jimi Hendrix, S. 78; Shapiro/Glebbeek: Jimi Hendrix, S. 360

[463] Vgl. Shapiro/Glebbeek, S. 294 ff., 335, 361, 393 ff.

Tag nach dem er Jeffery dann doch entlassen hatte, bewusstlos im Bett vorfand. Er war in der Nacht zuvor auf einer Party gewesen und hatte Schlaftabletten genommen. Sie rief einen Krankenwagen, doch Hendrix starb. Der Gerichtsmediziner aber sagte, dass die Dosis Schlaftabletten, die er in sich hatte, ihn nicht hätte töten können. Hinzu kamen eine kleine Menge an Alkohol, eine Spur des Barbitursäure-Präparats Seconal und 20 mg Amphetamin, also Speed. Die offizielle Todesursache lautete *»Einatmen von Erbrochenem aufgrund einer Barbiturat-Vergiftung«.*[464]

Dannemann sagte aus, dass Hendrix ihr eine Handvoll Tabletten gezeigt habe, die ihm Leute auf der Party gegeben hatten, doch er spülte sie vor ihren Augen in der Toilette herunter. Das Speed in seinem Körper wurde ihm vermutlich von jemand anderem in sein Getränk gemischt, wahrscheinlich spielten hierbei die britischen Behörden eine Rolle. Anschließend kam es zu Fehlern bei der Untersuchung. Dannemann behauptete, dass sie gewarnt wurde, nichts über den Tod sagen zu dürfen. Sanitäter, die Leute von der Party und die Krankenhausärzte wurden nicht befragt. Die Polizei legte falsche Informationen vor und unterstützte damit Medienberichte, wonach Hendrix selbstmordgefährdet sei. Am verdächtigsten aber war, dass in Hendrix' Körper eine nicht identifizierbare Substanz gefunden wurde. Da mit der Autopsie mehrere Tage gewartet worden war, konnten Gifte in seinem Körper jedoch nicht mehr nachgewiesen werden.[465]

Im Januar 1975 nahm sich das Magazin *Crawdaddy* den Fall noch einmal vor und kam zu dem Ergebnis, dass ein Killerkommando verdeckter Agenten Hendrix getötet habe. 1992 wurde erneut eine Untersuchung angeordnet, woraufhin Scotland Yard, das britische Äquivalent zum FBI, den Fall untersuchte. Dan-

---

[464] Zit. wie Dannemann, S. 165
[465] Vgl. ebd., S. 175 ff.

nemann sowie Shapiro und Glebbeek deckten hier Vertuschungen auf. So wurde die Beurteilung des Notarztes John Bannister wiedergegeben, Hendrix sei *»bei seiner Ankunft tot gewesen …, also im Krankenwagen oder zu Hause gestorben«.*[466] Die Fahrer des Krankenwagens bestritten dies jedoch vehement.[467]

Eine weitere Gemeinsamkeit beim Tod von Jimi Hendrix und Tupac war, dass ihre Songs und die Rechte daran beschlagnahmt wurden. Es dauerte 25 Jahre, bis Al Hendrix von Warner Records eine Entschädigung für Alben und Erinnerungsstücke seines Sohnes erhielt, und zwar nur zwei Millionen Dollar, obwohl sie insgesamt deutlich über 100 Millionen Dollar Umsatz gebracht hatten. Hinzu kommt, dass bei beiden Legenden ihnen nahestehende Personen auf unerklärliche Weise in der Folgezeit verstarben, so auch die enge Freundin von Hendrix, Devon Wilson, angeblich an einer Überdosis Drogen. Freunde jedoch sagten, es sah aus *»wie ein gewaltsamer Mord«.*[468]

Mehrere Gruppen verklagten Mike Jeffery auf hohe Geldsummen, die er ihnen schuldete. Ein Richter erlaubte ihm, während des Prozesses geschäftlich zu verreisen, und er starb 1973 bei einem Flugzeugabsturz. Da er nur durch seinen Schmuck identifiziert wurde, glauben einige, dass er mit dem Vermögen der von ihm gegründeten Mantelgesellschaft entkommen sei (ähnlich wie Tupacs Death-Row-Anwalt ein Vermögen mit einer Mantelgesellschaft gemacht hatte). Monika Dannemann berichtete zudem, Jeffery habe ihr 1974 gedroht, sie zu töten, wenn sie ihre Memoiren über Hendrix veröffentlichen würde.[469] 1995 kam ein Buch von ihr über die politischen Pläne von Hendrix, Jefferys

---

[466] Ebd., S. 188 f.
[467] Vgl. ebd., Shapiro/Glebbeek: Jimi Hendrix, S. 475
[468] Constantine: Covert War against Rock, S. 73
[469] Dannemann, S. 184 f.

Sabotage und die Vertuschungen durch die Regierung heraus. In den Nachrichten hieß es dann, Dannemann habe sich 1996 umgebracht. Ihre engen Freunde aber glaubten, dass sie ermordet wurde, denn sie habe im Laufe der Jahre immer wieder Morddrohungen erhalten und gerade erst ein langes Interview für einen Film über Hendrix beendet.[470]

Jimi Hendrix mit seiner Freundin Monika Dannemann

2009 wurden neue Informationen bekannt. James Wright schrieb in seinen Memoiren »Rock Roadie«, Jeffery habe ihm 1971 betrunken den Mord an Hendrix gestanden: *»Ich war in der Nacht … zusammen mit einigen unserer alten Freunde … Wir gingen zu Monikas Hotelzimmer, holten eine Handvoll Pillen und stopften sie ihm in den Mund …, dann schütteten wir ein paar Flaschen Rotwein hinterher … Ich musste es tun. Jimi war mir tot viel mehr wert als lebendig. Dieser Mistkerl wollte mich hängen lassen.«*[471]

Reporter befragten daraufhin den Arzt der Notaufnahme, John

[470] Constantine, S. 66, 71
[471] Wright: Rock Roadie, S. 231 f.

Bannister, der Wrights Darstellung stützte: Es habe wirklich den Anschein, dass Hendrix ermordet worden sei, da *»die Menge an Wein, die über Hendrix gelaufen war, außergewöhnlich war. Nicht nur sein Haar und sein Hemd waren in Wein getränkt, sondern seine Lungen und sein Magen waren absolut voll mit Rotwein ... Er war wirklich in einer riesigen Menge Rotwein ertrunken.«*[472] Diese Beschreibung scheint dem medizinischen Bericht zu widersprechen, wonach Hendrix zum Zeitpunkt seines Todes sehr wenig Alkohol im Blutkreislauf hatte. Indem ihm Jefferys, wie er zugab, den Wein in die Kehle schüttete, wurde Hendrix offenbar getötet, bevor sich der Alkohol in seinem Blutkreislauf verteilen konnte.

Die Polizei aber scherte sich anscheinend nicht um Bannisters Bericht und übersah absichtlich Mike Jefferys Motiv für den Mord, obwohl bekannt war, dass Hendrix ihn gerade gefeuert hatte. Die *London Times* schrieb zudem am 4. Juli 2007, dass Jeffery *»seine Verbindungen zum organisierten Verbrechen und zum FBI immer zur Schau gestellt«* habe.

[472] Zit. wie www.telegraph.co.uk/news/celebritynews/5869491/Jimi-Hendrix-murder-theory-plausible-says-ER-doctor.html

Kapitel 38
Steckte die CIA auch hinter dem Tod von Bob Marley und Peter Tosh?

»Verlange niemals von einem Politiker, dir einen Gefallen zu tun; er wird dich für immer kontrollieren wollen. Was es wirklich braucht, ist eine Revolution!«
Bob Marley, 1974

Bob Marley wurde weltweit für seine revolutionären Texte gefeiert. Der Reggae-Superstar vergaß nie die bescheidenen Anfänge in seiner Heimat Jamaika. Mit Liedern wie »Get Up, Stand Up« forderte er dazu auf, sich gegen Ausbeutung und staatliche Unterdrückung zu wehren. Marleys Bandmitglied Peter Tosh wuchs ebenfalls in Jamaika unter ärmlichen Verhältnissen auf. Die beiden gründeten Mitte der 60er-Jahre die Band The Wailers und schafften bald den Sprung in die amerikanische und britische Musikwelt. Ihr Album »Burnin'« aus dem Jahre 1974 wurde für Black-Power-Songs wie »I Shot the Sheriff« oder »Burnin' and Lootin'« bekannt. Mit ihrem nächsten Album »Revolution« waren sie besonders aufrührerisch, als sie verkündeten, dass es keinen politischen Wandel ohne revolutionären Kampf geben könne.[473]

[473] Vgl. Constantine: The Covert War against Rock, S. 134 ff., 144

Bob Marley, Peter Tosh und ihre Freunde in der Gemeinschaft der Rastafaris predigten, dass die Jamaikaner sich gegen amerikanische Interventionen wehren müssten. Sie priesen dabei den Genuss von Marihuana an, wohl auch eine Form des Widerstands gegen den von konservativen politischen Kräften angekurbelten Heroin- und Kokainhandel.[474] Berichten zufolge hatte die CIA rechte Verbündete bei der jamaikanischen Polizei, die Tosh angriffen und ihm mehrere Rippen brachen.[475]

Der demokratische Sozialist Michael Manley war mit Bob Marley befreundet, er gewann 1972 mit seiner People's National Party (PNP) die Wahl zum Premierminister von Jamaika. Obwohl von der US-Regierung geleugnet, wurden verdeckte Interventionen gegen Manleys Regierung eingesetzt, die Brandstiftung, Bombenanschläge und Attentate umfassten.[476]

Bob Marley wandte sich in seinen politischen Liedern mit Abscheu gegen die CIA, in »Rat Race« heißt es: »Rastafaris arbeiten nicht für die CIA!« 1976 schürten von der CIA unterstützte Gruppen Unruhen auf Jamaika, um die bevorstehenden Wahlen zu beeinflussen. Der Generalgouverneur rief den Ausnahmezustand aus. Kurz vor dem Wahltag sollte ein Gratiskonzert mit Bob Marley stattfinden, doch wurde auf ihn, seine Frau Rita und seinen Manager geschossen. Wie durch ein Wunder überlebten alle drei. Manley ließ daraufhin die Mitglieder der Band von Polizei, Soldaten und Rastafaris zu einem abgelegenen Berglager eskortieren, wo sie bewacht wurden. Einige Tage später erschien Bob Marley mit Manley auf der Bühne, der die Wahl mühelos gewann.[477]

---

[474] Vgl. White: Catch A Fire, S. 307; Lusane: Pipe Dream Blues, S. 112 f.

[475] Vgl. White, S. 268

[476] Vgl. Constantine, S. 137 f.

[477] Vgl. White, S. 285 ff.

Über das Konzert wurde ein Dokumentarfilm gedreht. Der Kameramann Carl Colby, Sohn des CIA-Regisseurs William Colby, war niemandem im Filmteam bekannt. Auch Lee Lew-Lee, ein ehemaliger Black Panther gehörte dazu. Er berichtete, Carl Colby habe ein neues Paar Stiefel für Marley mitgebracht, doch als der Sänger seinen Fuß hineinsteckte, verzog er schmerzverzerrt sein Gesicht und holte ein Stück Metalldraht heraus. Lew-Lee habe sich damals nichts gedacht, sei aber misstrauisch geworden, als Marley fünf Monate später am selben Fuß von einem bösartigen Tumor befallen war. Der Krebs metastasierte schnell im gesamten Körper. Viele vermuteten, dass der Draht in den Stiefeln entweder aus radioaktivem Metall bestand oder ein hochgradig krebserregendes chemisches Element enthielt. Bei einem Attentat auf einen ehemaligen KGB-Agenten wurden ebenfalls krebserregende Stoffe eingesetzt, woraufhin der Mann innerhalb von drei Wochen starb.[478]

»Emanzipiert euch von der mentalen Sklaverei. Niemand außer uns selbst kann unseren Verstand befreien.« *Bob Marley 1978 während eines Konzerts in Stockholm*

[478] Vgl. Constantine, S. 135 f.; New York Times, 29.11.2006

Die CIA ging gegen Michael Manley vor und versuchte, dessen Regierung zu untergraben, wobei sie mit Oppositionsgruppen zusammenarbeitete, etwa der jamaikanischen Labour Party sowie verschiedenen Banden, zum Beispiel der Shower Posse, auch »Concrete Jungle« genannt, die auf Bob und Rita Marley sowie seinen Manager Don Taylor geschossen hatten. Rastafaris konnten mehrere der Attentäter fassen, die ihre Tat gestanden. Einer von ihnen berichtete, *»dass vier von ihnen von der CIA ausgebildet worden waren und Waffen und unbegrenzte Vorräte an Kokain erhalten hatten, um das Attentat auszuführen«.*[479]

Bis 1980 wurde Bob Marley trotz seiner fortschreitenden Krebserkrankung zu einem gefeierten Helden in Afrika. Es hieß, dass er in Europa und Afrika *»größer als Christus und Mohammed zusammen«*[480] sei. Marley spielte in Simbabwe Konzerte für Marxisten wie Robert Mugabe und unterstützte die Kämpfer der Linken in Angola, Mosambik und Südafrika. Als er im Mai 1981 starb, nahmen rund 30 000 Trauergäste an der jamaikanischen Totenwache teil. Peter Tosh arbeitete anschließend mit Rolling-Stones-Leadsänger Mick Jagger zusammen und setzte seine politische »Message Music« fort, bis er 1987 in Jamaika ermordet wurde, einer der Mörder soll ein Polizeibeamter gewesen sein. Toshs New Yorker Wohnung wurde dann von »Einbrechern« ausgeräumt. Ein Verwalter gelangte in den Besitz von Toshs Master-Bändern und versteckte sie jahrelang in einem Lagerhaus.[481]

---

[479] Taylor: Marley and Me, S. 168 f., vgl. auch News One, 03.06.2010
[480] Zit. wie White, S. 1
[481] Vgl. Constantine, S. 144

Kapitel 39

Harry Belafonte, Fred Hampton Jr. – und das FBI als proaktiver Schutzschild des Establishments

»Für mich ist Präsident Bush ein Terrorist. Auch die Menschen um ihn herum sind Terroristen: Condoleeza Rice, Rumsfeld, Gonzales aus dem Justizministerium und natürlich Dick Cheney. ... Und die Männer, welche die Drogen kontrollieren und dem amerikanischen Volk helfen könnten, diese Probleme zu überwinden, sich aber weigern, dies zu tun, dafür aber den Reichen noch mehr Geld geben …, während sie in den Nahen Osten gehen, um dort nach Belieben Bomben zu schmeißen …, das ist schlicht und einfach inakzeptabel.«

Harry Belafonte, 2006

Harry Belafonte, einer der ersten schwarzen Entertainer, wurde 1927 in Harlem geboren, verbrachte seine Kindheit aber auf Jamaika, in der Geburtsstadt seiner Mutter. Er erlangte sowohl als Schauspieler als auch als Musiker Erfolg und verkaufte Millionen von Platten.[482]

[482] Belafonte starb am 25. April 2023 im Alter von 96 Jahren.

Sein Mentor, der Aktivist und Musiker Paul Robeson, kämpfte gegen Lynchjustiz und für viele progressive Anliegen. 1961, kurz nach der Revolution von Fidel Castro und Che Guevera, plante er eine Reise nach Kuba. Sein Sohn, der auch Paul hieß, meinte, die CIA habe kurz vor Antritt der Reise LSD oder das noch stärkere Halluzinogen BZ in das Getränk seines Vaters gemischt. Als er nach ihm sehen wollte, wurde auch ihm etwas ins Getränk geschüttet.[483] In der Folge war sein Vater selbstmordgefährdet.[484] Mehrere Monate später wurde er in eine psychiatrische Klinik in der Nähe von London eingewiesen, wo ihm 54 Elektroschocks verabreicht wurden, was einer Technik des CIA-Projekts MK-ULTRA entsprach. Eine Studie aus dem Jahre 2007 zeigt, dass selbst gering dosierte Elektroschocks *»permanente Amnesie und kognitive Defizite«* verursachen können.[485] Paul Robeson Sr. führte bis zu seinem Tod im Jahre 1973 ein isoliertes Leben.

Harry Belafonte knüpfte schon früh Verbindungen zu afrikanischen Staatsmännern und kämpfte für die Beendigung der Rassentrennung und für gleichberechtigten Zugang der Schwarzen zu Wahlen in Amerika. Während einer Reise nach Afrika Anfang der 50er-Jahre durchsuchte das FBI sein Haus. Die Agenten erzählten seiner Familie, dass sie wegen Hochverrats gegen ihn ermittelten.

Belafonte unterstützte auch seinen Freund Martin Luther King, stellte ihm sein New Yorker Zuhause zur Verfügung, holte ihn gegen Kaution aus dem Gefängnis und finanzierte Anfang der 60er-Jahre die Busfahrten der Studenten des Freedom Summer.

---

483 Vgl. Paul Robeson, Jr.: Die Paul-Robeson-Akten. The Nation, 20.12.1999

484 Vgl. Lee/Shlain: Acid Dreams, S. 35, 44 f., 52 f.

485 Vgl. Electroconvulsive Therapy Causes Permanent Amnesia and Cognitive Deficits. Prominent Researcher Admits«, PRNewswire – USNewswire, Forbes, 21.12.2006

Harry Belafonte (re.) mit Martin Luther King 1965

Der Geheimdienst hörte regelmäßig seine und Kings Gespräche ab.[486]

Irgendwann installierte die CIA Jay Richard Kennedy, einen ihrer wichtigsten Spitzel, als seinen Manager, später war er der Mentor von Elaine Brown.[487] Es ist nicht bekannt, wie sehr Kennedy Belafontes Arbeit sabotierte, bevor der Entertainer ihn wieder entließ. Belafonte half bei der Initiierung des Projekts »We Are the World«, mit dem Millionen Dollar für hungernde Afrikaner gesammelt wurden. Weiterhin unterstützte er über viele Jahrzehnte hinweg den Anti-Apartheid-Führer Nelson Mandela und setzte sich gegen das US-Embargo gegen Kuba zur Wehr. 1987 begann sich Belafonte als UNICEF-Botschafter des guten Willens zu engagieren, wobei er ein offener Kritiker der US-Kriegspolitik und der globalen Unterdrückung blieb. Er verurteilte Präsident Bush

[486] Harry Belafonte on Bush, Iraq, Hurrican Katrina and Having his Conversations with Martin Luther King Wiretapped by the FBI, democracynow.org, 30.01.2006
[487] Vgl. Kap. 4, 6, 10

und den Irakkrieg, für den Milliarden von Dollar verschwendet worden seien, während US-Bürger nach dem Hurrikan Katrina sterben mussten und viele ohne medizinische Versorgung dastanden.
So bereitete Harry Belafonte den Boden für farbige Künstler wie Jimi Hendrix, Tupac Shakur und Bob Marley. Tupac dürfte davon der produktivste gewesen sein, wenn man bedenkt, dass er nur einige Monate nach seinem 25. Geburtstag starb. Sein kreatives Schaffen ist historisch unübertroffen. Er hinterließ Hunderte unveröffentlichter Lieder, die dann Afeni Shakur produzieren ließ, darunter vier Einzel-CDs und drei Doppel-CDs. Die meisten verkauften sich über eine Million Mal.[488] Hinzu kommen Dutzende von Musikvideos, und er spielte in sechs Filmen mit, fünf davon in einer Hauptrolle. Darüber hinaus schrieb er den Gedichtband »The Rose That Grew From Concrete«, der nach seinem Tod veröffentlicht wurde.

Tupac Shakur, Jimi Hendrix und Bob Marley waren im Jahr 2001 die jüngsten Musiker auf der Top-Ten-Liste »Reichste verstorbene Prominente« des Forbes-Magazins. Tupac belegt den zehnten Platz, Jimi Hendrix, der mit 27 Jahren starb, den neunten Platz, und Bob Marley, verstorben mit 35 Jahren, den achten Platz. Sie sind die einzigen Schwarzen auf der Liste, die von Elvis Presley angeführt wird.

Alle drei arbeiteten hart in ihrem verkürzten Leben. Dies führt uns zum Motiv ihrer Ermordung, denn sie nutzten ihren dadurch erworbenen Reichtum auch, um die Welt für die Armen und weniger Mächtigen zu verbessern. Der US-Geheimdienst aber hilft den sehr wohlhabenden Schichten der Gesellschaft dabei, ihren Platz auf Kosten der Armen zu behaupten.

---

[488] Im Guinness Buch der Rekorde von 2004 wird er mit weltweit über 75 Millionen verkaufter CDs als erfolgreichster Rapper aller Zeiten gelistet.

Im November 2005 verfasste die US-Kongressabgeordnete Cynthia McKinney ein Gesetz zur Beschaffung und Analyse aller Regierungsunterlagen über Tupac Shakur. Sie modellierte zudem den »Tupac Amaru Shakur Records Collections Act« (H. R. 4210) und sorgte dafür, dass eine Plattensammlung ins Nationalarchiv der Vereinigten Staaten (NARA) kam und eine Kopie davon ins Tupac Amaru Shakur Center for the Arts in Stone Mountain, Georgia, das von Afeni Shakur gegründet worden war, es unterhielt unter anderem ein Camp für darstellende Künste.

Im April 2006 wurde McKinney des Angriffs auf einen Polizeibeamten beschuldigt, doch weder verhaftet noch angeklagt, und man entschuldigte sich nach dem Vorfall bei ihr. Vor Gericht waren zu ihrer Unterstützung auch Harry Belafonte und Danny Glover erschienen, ebenso Protestierende, die Schilder mit der Aufschrift »Ist Cynthia ein Ziel?« hochhielten. Einer ihrer Anwälte meinte, dass hochrangige Republikaner hinter den Anschuldigungen gestanden haben könnten.[489]

Als weitere Gruppierung, die vom Geheimdienst ins Visier genommen wurde, sind schwarze Spitzensportler zu nennen, die Verbindungen zur Aktivistenszene unterhielten oder Stiftungen für arme schwarze Gemeinden gründeten, wie die Inhaftierung des muslimischen Antikriegs-Boxchampions Muhammad Ali zeigt. Ein anderes Beispiel ist der Basketballstar Allen Iverson.[490] Er sagte, er erwäge, aus Philadelphia wegzuziehen, weil die Polizei ihn beobachte. Ein weißer Polizeibeamter erzählte, dass eine Gruppe von Offizieren bei einem geselligen Beisammensein auf die erste Strafanzeige gegen Iverson angestoßen hätte. Später wurde dann auf Iverson geschos-

[489] Vgl. The Atlanta Journal-Constitution, 01.04.2006

[490] Iversons Geschichte wird in Colin Kaepernicks Serie »Colin in Black and Whithe« aufgegriffen. (Anm. des Übers.)

sen, und dieselbe Frau, die versuchte, Tupac zu zensieren, versuchte eine Rap-CD von Iverson verbieten zu lassen.[491]

Als Nächstes traf es den Hall-of-Fame-Footballstar Jim Brown, der im Laufe seiner Karriere viele soziale Vorhaben unterstützte. Sein Projekt Amer-I-Can trug ihm im Jahre 2002 aber letztlich eine Gefängnisstrafe ein. Er stellte fast ausschließlich Jugendliche ein, die entweder Banden verlassen hatten oder Ex-Sträflinge waren. Gemeinsam mit Tupac und Mutulu Shakur unterstützte er auch den Bandenfrieden in Los Angeles.[492]

CIA und FBI hatten es ferner auf Musiker der Friedensbewegung abgesehen, etwa den Ex-Beatles-Sänger, Lyriker und Antikriegsmusiker John Lennon. Autoren und Familienmitglieder gehen davon aus, dass seine Ermordung durch die CIA in die Wege geleitet wurde. Ebenso steht zu vermuten, dass der Geheimdienst beim Tod des Nirvana-Leadsängers Kurt Cobain im Jahre 1993 aufgrund seiner gegen die Regierung gerichteten Lieder die Hände im Spiel hatte, wie weiter oben schon angedeutet.[493]

Die genannten Beispiele für Angriffe auf schwarze und politisch aktive Gemeinschaften gewähren nur einen flüchtigen Blick auf das Gesamtkonstrukt. Die Bush-Administration trieb erfolgreich neue Initiativen voran, wie das Gesetz über die Militärkommissionen, das die Bill of Rights für alle Amerikaner aushebelte. So wurde 2005 beispielsweise der Vorsitzende der NAPO, Chokwe Lumumba, wegen Missachtung eines Gerichtsbeschlusses suspendiert und verlor für knapp ein Jahr die Anwaltslizenz. Lumumba

[491] Vgl. Philadelphia Weekly, 05.02.2003; Baltimore Sun, 14.05.2003; Zirin: What's My Name Fool: Sports and Resistance
[492] Vgl. The Baltimore Sun, 27.01.2005
[493] Vgl Constantine: The Covert War against Rock, S. 117 ff.; Wallace/Halperin: Love and Death; dies.: Who Killed Kurt Cobain?

war der Rechtsberater von Tupac und hatte an den Fällen von Geronimo Pratt, Assata Shakur und Mutulu Shakur mitgearbeitet.

2007 beobachteten Michael Tarif Warren und seine Gattin Evelyn Warren, beide Menschenrechtsanwälte, wie eine Gruppe Polizisten einen jungen schwarzen Mann in Handschellen abführte. Als sie sich danach erkundigten, was genau geschehen sei, verprügelten die Beamten das Paar und nahmen sie in Gewahrsam. Der New Yorker Stadtrat Charles Barron, ein ehemaliges Mitglied der Black Panthers, sprach mit dem Bezirkskommandanten, als Hunderte Anhänger für ihre Freilassung demonstrierten. Die Anklagen gegen Michael Tarif Warren wegen »Behinderung der Regierungsverwaltung« und »Widerstands gegen die Verhaftung« hätten ihn die Anwaltslizenz kosten können. Der Staat ließ schließlich alle Anklagepunkte fallen.

Ein Ausschuss der Prisoners of Conscience von Fred Hampton Jr. wurde von jener Chicagoer Elite ständig angegriffen, welche auch Fred Hampton Sr. ermorden ließ.[494] Aaron Patterson, der »Verteidigungsminister« der Organisation, verbrachte 17 Jahre im Todestrakt, nachdem er bei einer Befragung geschlagen und gewürgt wurde und unter Folter ein falsches Geständnis ablegte. Patterson sprach regelmäßig auf Antikriegskundgebungen und Antipolizeigewaltforen.[495] Die Operation gegen Patterson, »Revolving Door« (Drehtüre) genannt, wurde von Joe Gorman Jr. geleitet, dessen Vater Fred Hampton Sr. tötete. Dieselbe Gruppe, die an der mörderischen Jagd auf Tupac, Biggie, den Wu-Tang Clan, MOVE, Eldridge Cleaver und Ceasar Chavez beteiligt war, verhaftete also auch Patterson, nachdem er in die Falle gelockt wurde, als ihm ein bezahlter Informant Waffen und Drogen zum

[494] Vgl. Kap. 5 und 13
[495] Vgl. The Chicago Reader, 03.12.1999

Fred Hampton Jr. (geb. 1969), Sohn des gleichnamigen ermordeten Bürgerrechtlers und seit 1988 selbst Aktivist. Er saß acht Jahre unschuldig im Gefängnis

Verkauf anbot.[496] Patterson wurde wegen »Verschwörung« zu 30 Jahren Gefängnis verurteilt.

Im September 2007 führten Fred Hampton Jr. und seine Kollegen der POCC Untersuchungen durch, nachdem zwei schwarze Jugendliche von der Polizei erschossen worden waren. Wenig später wurde Hampton sowie andere POCC-Mitglieder von Polizeibeamten zusammengeschlagen und verhaftet, weil sie angeblich polizeiliche Ermittlungen zu stören versuchten. Hampton wurde Mitte Oktober freigesprochen.[497]

Im Februar 2008 arbeiteten über 23 000 Vertreter privater Unternehmen mit dem FBI und dem Heimatschutz in einer Gruppe namens InfraGard zusammen. 350 entstammten den 500 umsatzstärksten Unternehmen der Vereinigten Staaten. Direktor Robert Müller teilte mit, dass sie das FBI über *»verdächtige Aktivitäten oder ungewöhnliche Ereignisse«* informieren sollten, im Gegenzug *»könnten sie das FBI auf Angestellte hetzen, die das bei der Arbeit erworbene Wissen gegen ihren Arbeitgeber verwenden würden«*. Ein Whistleblower erzählte dem Herausgeber der Zeitschrift *The Progressive* Matthew Rothschild, die FBI-Agenten hätten gesagt, dass es ihre *»Verantwortung sei, unseren Teil der Infrastruktur zu schützen, und falls wir dafür über Leichen gehen würden. Dafür werden wir dann auch nicht strafrechtlich*

[496] Vgl. Fightback News, Oktober/November 2004
[497] Persönliches Interview mit Fred Hampton, 10.10.2007

verfolgt.« Die American Civil Liberties Union (ACLU) schätzt, dass das FBI *»22 000 Firmenbosse … in seine inländische Überwachungsmaschinerie«* eingebunden hat, deren »Geschäftsgeheimnisse« außerhalb der Reichweite des Freedom of Information Act lägen.[498] Aus diesem Grunde schwiegen dazu praktisch alle Medienanstalten über eine lange Zeit hinweg.

Um aber Gerechtigkeit und endgültigen Frieden zu erlangen, bedarf es einer Vielzahl an Taktiken, für die einige der in diesem Buch beschriebenen Organisationen konsultiert werden können. Es bedarf der konzertierten Anstrengung multikultureller Gruppen, die sich dadurch besser gegen die böswilligen transnationalen Konzerne und ihre Söldnermarionetten stellen können.

---

[498] Vgl. The Progressive, März 2008

Kapitel 40
Epilog

Nachdem »Biggie & Tupac« von Nick Broomfield im Jahr 2002 in die Kinos kam, wurden bald drei weitere Filme auf der Grundlage von Randall Sullivans Buch »LAbyrinth« angekündigt. Große Hollywoodstars waren jeweils für die Rolle des leitenden Ermittlers Detective Russell Poole vorgesehen: Im Sommer 2003 meldeten die Medien, dass Sylvester Stallone einen Film plane, bei dem er als Autor, Regisseur und Hauptdarsteller fungieren wolle. Die Produzenten sagten das Projekt allerdings ab.[499] Auch als Leonardo DiCaprio für die Rolle verpflichtet werden sollte, musste man erleben, wie das LAPD den Film stoppte. Sullivan erklärte hierzu, dass sie *»die am stärksten politisierte Polizeibehörde des Landes«* sei und deren Beziehungen zur Finanzwelt und den politischen Mächten *»beispiellos«*.[500]

In »City of Lies« (2021) spielt Johnny Depp die Hauptrolle. Bereits im Sommer 2018 waren die ersten Trailer in vielen großen Kinoketten zu sehen gewesen, und der Filmstart wurde für Anfang September angekündigt, den Jahrestag der Ermordung Tupacs. Dann aber wurde er auf unbestimmte Zeit verschoben. Ein ehemaliger FBI-Agent, der an den Ermittlungen zum Mordfall Biggie Smalls mitgearbeitet hatte, äußerte dazu, dass eine Freigabe des Films sämtliche Spezialeinheiten, die das LAPD mit dem FBI und anderen Bundesbehörden unterhält, lahmlegen würde.[501]

---

499 Vgl. Entertainment Weekly, 06.06.2003
500 Zit. wie The Daily Beast, 23.08.2018
501 Vgl. ebd.

2014 erschien das Buch »Tupac: 187« von Michael Carlin und Richard Bond mit einem Beitrag von Russell Poole, der gemeinsam mit Carlin an einem weiteren Buch mit dem Titel »Chaos Merchants« schrieb, das 2016 auf den Markt kam. Im Juli 2015 wollten sich die beiden Autoren mit Mitgliedern der Polizei von Los Angeles treffen, um über eine Wiederaufnahme der Ermittlungen zu den Morden an Tupac und Biggie zu sprechen. Dort erlitt Poole nach offiziellen Angaben einen tödlichen Herzinfarkt.[502] Michael Carlin berichtete, dass Poole in den Besprechungsraum gekommen sei und dort Reggie Wright Jr. vorgefunden habe, welcher einst die Death Row Records Security leitete und für dessen Beteiligung an der Ermordung von Tupac und Biggie Poole er Beweise gefunden hatte. Carlin selbst sei nicht dabei gewesen, aber jemand habe ihm berichtet, dass die Polizisten Poole erst bewusstlos gewürgt und dann mit einem Defibrillator einen Herzinfarkt verursacht hätten, der Brandspuren auf seiner Brust hinterließ.[503]

Von dem US-amerikanischen Privatsender A&E wurde ab 2017 die Dokumentarfilmreihe »Who Killed Tupac?« ausgestrahlt, die von Tupacs Stiefbruder Maurice Shakur koproduziert wurde, der Tupac sein ganzes Leben lang nahestand. Auch ich habe an dieser Dokumentation mitgewirkt. Darin erklären der Bürgerrechtsanwalt Benjamin Crump und seine Kollegen, dass es seit 1996 zu 28 mysteriösen Todesfällen von Personen mit Verbindung zu Tupac oder den Ermittlungen zu seinem Mord gekommen sei.[504] Crump und die Autorin Lolita Files interviewten auch den ehemaligen Detective Greg Kading. Trotz der großen Skepsis von Menschen, die Tupac und Biggie Smalls nahestanden, wurde Ka-

---

[502] Vgl. The Independent, 21.08.2015
[503] Vgl. Carlins Videoclip, 30.6.2017, www.youtube.com/watch?v=4rhTHTNigpQ (abgerufen am 09.11.2021)
[504] Vgl. Who Killed Tupac? Episode 1. A&E, 21.11.2017

ding von den Mainstream-Medien jahrelang wegen seines Buchs »Murder Rap« und des darauf basierenden Films ins Rampenlicht gerückt. Darin wird behauptet, der Besitzer von Bad Boy Records, Sean »Puffy« Combs, habe Mitglieder der Crips-Gang für den Mord an Tupac bezahlt. Russell Poole kommentierte Kadings Buch mit den Worten: *»Greg Kading besitzt keine Glaubwürdigkeit in dieser Angelegenheit. Er wurde zehn Jahre nach der Tat Mitglied der Task Force im Biggie-Fall. Kading verließ das LAPD in Ungnade für seine Falschaussage in einem bundesstaatlichen Mord- und Erpressungsfall (United States v. George Torres-Ramos CR06-656(A) SVW). Die Schuldsprüche wurden zum Teil aufgrund von Kadings Aussage aufgehoben. Er sagte, das LAPD habe ihn von diesen Vorwürfen freigesprochen, aber das stimmt nicht ganz. Kading hatte auch etwas Hilfe beim Schreiben dieses Buches von dem in Ungnade gefallenen LA Times-Reporter Chuck Phillips. Kading vergisst, dass es tatsächlich Augenzeugen für den Mord an Biggie gab. Er verbringt viel Zeit damit, über Dinge zu reden, von denen er nichts weiß. Dies ist ein verzweifelter Versuch Kadings, seinen Ruf zu retten. Suge Knight ist ein Verdächtiger, aber nicht aus den Gründen, über die Kading spricht. Abschließend möchte ich sagen, dass Kading nie versucht hat, mich zu den Biggie-Ermittlungen zu befragen. Er macht eine Menge falscher Aussagen über mich und meine Rolle in den Ermittlungen.«*[505]

In der zweiten Episode der Dokumentarserie »Who Killed Tupac?«[506] werden Aufnahmen des Anwalts Benjamin Crump gezeigt, der Greg Kading zu Beginn der 43-minütigen Folge befragt. Kadings wichtigstes Beweisstück war ein auf Tonband aufgenom-

[505] Russell Poole, 26.01.2013. Amazon Kommentar zu Murder Rap: The Untold Story of the Biggie Smalls and Tupac Shakur Murder Investigations; www.amazon.com/Murder-Rap-Untold-Biggie-Investigations-ebook/product-reviews/B005SGYSWM/ref=cm_cr_getr_d_paging_btm_next_13?ie=UTF8&reviewerType=all_reviews&pageNumber=13

[506] Benjamin Crump, Randall Sullivan, Eugene Deal, and Greg Kading: Who Killed Tupac? »East Coast vs West Coast«; A&E, ausgestrahlt am 28.11.2017

menes Geständnis des inhaftierten Crips-Gangmitglieds Duane »Keefe D« Davis, der sagte, Combs habe dem Harlemer Drogendealer Eric »Zip« Martin eine Million Dollar gegeben, die dieser wiederum Davis gab, um Tupac und den Death-Row-Records-Chef Suge Knight zu töten. Im weiteren Verlauf der Sendung werden Dutzende Interviews geführt, um herauszufinden, ob Kadings Behauptungen durch irgendwelche Beweise gestützt werden können.

Personen, die mit der Situation vertraut sind, wie Combs ehemaliger Top-Leibwächter Eugene Deal, wiesen die Behauptungen zurück und betonten, Combs lehnte es ab, sich an Gewalt oder Illegalität zu beteiligen aus Angst, die Unterstüzung weißer Musikmanager zu verlieren. Forscher wie Randall Sullivan meinten, dass »Keefe D« Davis im Gefängnis saß, wo ihm eine jahrzehntelange Haftstrafe drohte, und *»dass das Geständnis erzwungen wurde, um bei einer großen Drogenanklage Milde walten zu lassen«.*[507]

Am Ende der Folge wird Kading durch die Befragung Crumps und Files' gezwungen, vor laufender Kamera zuzugeben, dass *»Keefe für nichts, was er gesagt hat, belastet werden konnte und dass er für die Drogenanklage Strafmilderung bekommen würde … Er wurde nie strafrechtlich verfolgt.«* Der langjährige Anwalt Crump erklärte, dass solche Gefängnisinformanten sehr oft *»versuchen, der Polizei das zu sagen, was sie hören will«.*[508]

»Who Killed Tupac?« untersucht die wichtigsten Theorien über den Tod der Ikone. Es schließt mit den Worten des Autors und Radiomoderators Michael Eric Dyson, dass Tupac *»ein Kriegsberichterstatter war, der den Krieg gegen Schwarze und Braune verfolgte«*. Zudem kommt der Bürgerrechtsaktivist und ehemalige Präsidentschaftskandidat Al Sharpton zu Wort: *»Wie sonst kaum*

---

507 Ebd.
508 Ebd.

ein Künstler da draußen ist Tupac heute immer noch ein starkes Symbol für den Widerstand, den wir alle leisten, ... was ihn damals schon so gefährlich machte.«[509]

Einige der Menschen, die Tupac nahe standen, sind in den vergangenen Jahren verstorben. Was war aus ihnen geworden? Sein Anwalt Chokwe Lumumba etwa, zweiter Vizepräsident der Republik New Afrika und anschließend Gründungsvorsitzender der NAPO, wechselte in die Politik und wurde 2013 Bürgermeister von Jackson, der Hauptstadt des US-Bundesstaats Mississippi. *Democracy Now* nannte ihn liebevoll *»Amerikas revolutionärsten Bürgermeister«.*[510] Doch nach weniger als einem Jahr im Amt starb Lumumba im Februar 2014 überraschend – laut Gerichtsmediziner eines natürlichen Todes, obwohl er sich zuvor bei der Arbeit noch wohlfühlte. *»Wer hat den Bürgermeister umgebracht?«*[511] Viele in der Stadt, so hieß es, seien der Meinung, dass er ermordet wurde. Eine unabhängige Autopsie wurde zwar vorgenommen, die Ergebnisse aber seien nicht schlüssig. Dennoch lebt Lumumbas Erbe weiter. Im Jahr 2017 wurde sein Sohn, Chokwe Antar Lumumba, sein Nachfolger im Bürgermeisteramt von Jackson.

Afenis Engagement für Geronimo Pratt, der seinen Namen in Ji-Jaga änderte, trug dazu bei, dass er 1997 aus dem Gefängnis entlassen wurde, da er zu Unrecht inhaftiert worden war. Die Freilassung ihres ehemaligen Partners Mutulu aber wurde vom Bewährungsausschuss als rechtswidrig ablehnt, obwohl seine Haftstrafe am 10. Februar 2016 beendet sein sollte.[512]

---

509 Who Killed Tupac? Episode 5, A&E, 17.12.2019
510 Democracy Now, 26.02.2014
511 Amsterdam News, 13.03.2014
512 Am 16.12.2022, nach 35 Jahren Gefängnisaufenthalt, wurde Mutulu Shakur im Alter von 72 Jahren aus dem Gefängnis entlassen (Anm. des Übers.); vgl. www.nbcnews.com/news/nbcblk/tupac-shakurs-stepfather-finds-freedom-35-years-prison-rcna68195

Das von Afeni gegründete Tupac Amaru Shakur Center for the Arts bot bis zu seiner Schließung im Jahr 2015 Theater-, Musik- und Poesie-Camps für Kinder an. Afeni hielt Reden und kämpfte dafür, die mehr als 100 historischen Aufnahmen von Tupac zu erhalten. Im Jahr 2013 reichte sie eine Klage ein, die aber erfolglos blieb.

Es stellt sich die Frage, ob ihre Ehe mit dem Prediger Gust Davis, den sie 2004 geheiratet hatte, von selbst in die Brüche ging oder ob auch er, so wie einst Kenneth »Legs« Saunders, eine Verbindung zum US-Geheimdienst hatte und angewiesen war, sie zu kontrollieren. Im April 2016 reichte Afeni jedenfalls die Scheidung ein.

Afeni starb am 2. Mai 2016. Kurz zuvor hatte ein Freund von ihr den Notruf gewählt, weil sie sich krank fühlte. Daraufhin erschienen sofort Sheriffs und Feuerwehrleute auf ihrem Hausboot. Weshalb, wo sie sich doch nur unwohl fühlte? Die *New York Daily News* zitierte am 4. Mai 2016 anlässlich ihres Todes den stellvertretenden Polizeichef von Marin County, Dough Pittman: *»Zum jetzigen Zeitpunkt deutet nichts auf ein Verbrechen hin, es gibt nichts Verdächtiges.«* Es handele sich vielmehr um ein *»Naturereignis«*. Warum sollte die Polizei dies betonen?

Als Afeni sich von Gust Davis scheiden ließ, versuchte er ihr die Hälfte ihrer regelmäßigen monatlichen Zuwendung von 20 000 Dollar aus Tupacs Nachlass abzunehmen. Afenis Leiche hätte eigentlich an ihre erwachsene Tochter Sekyiwa gehen sollen. Doch Davis flog nach Kalifornien, und die Behörden übergaben ihm die sterblichen Überreste.

War der Geheimdienst besorgt, dass Afenis dauerhafte Trennung von Davis bedeuten würde, dass sie jegliche Kontrolle über sie

Werbebanner für »All Eyez on Me«

verlören? Auch andere Faktoren deuten auf ein Manöver hin. Zum einen gab es im Jahr 2016 mehrere wichtige Gedenktage, zum Beispiel wurde 50 Jahre zuvor die Black Panther Party for Self-Defense gegründet, und es waren verschiedene Jubiläumsfeiern geplant. Mit Spannung wurde zudem die Tupac-Filmbiografie »All Eyez on Me« erwartet, in der Afeni Shakur mitwirkte und die Veröffentlichung bestimmt gern erlebt hätte. Sie fiel im September 2016 mit dem 20. Jahrestag von Tupacs Tod und seinem 45. Geburtstag zusammen.

Nun ist es an Tupacs Halbschwester Sekyiwa Shakur und seinem Stiefbruder Maurice »Mopreme« Shakur, sein Erbe weiterzuführen.

Ein Vierteljahrhundert danach

Nachwort des Übersetzers Jan Euler

»Meine Mission ist es, mehr als ein Rap-Musiker zu sein.«[513]

Tupac Shakur

Egal in welcher Großstadt auf der Welt – die Wahrscheinlichkeit, Tupacs Musik aus dem Autoradio eines vorbeifahrenden Wagens zu hören, ist keineswegs gering. Das Opfer, das er dafür brachte, war jedoch enorm. Wie aber konnte es ein 25-Jähriger schaffen, eine kulturelle Revolution in Gang zu setzen?

In den vergangenen zwanzig Jahren beschäftigte ich mich intensiv mit dieser Frage und las eine Fülle von Werken über sein Leben, ebenso seine Interviews, seine Poesie, hörte seine Musik und schaute mir die Filme mit ihm und über ihn an. Als ich das Buch von John Potash entdeckte, merkte ich schnell, dass es für mich den Schlüssel zu der Frage bereithielt, die ich mir so lange gestellt hatte, und entschloss mich, es ins Deutsche zu übersetzen.

In der Nacht darauf träumte ich, dass mich ein guter Freund besuchte, den ich schon sehr lange nicht mehr gesehen hatte. Er schüttelte mir in tiefer Dankbarkeit die Hand, umarmte mich und alberte mit mir herum. Dabei wirkte er allerdings nervös

---

513 »Unconditional Love«. 2Pac: Greatest Hits. 1998

und blickte sich ständig um, als ob er fürchtete, dass jemand hinter ihm her wäre.

Es war Tupac Amaru Shakur.

Mehr als 25 Jahre nach seinem Tod hat Tupac weiterhin bedeutenden Einfluss auf Rock und Hip-Hop. Am 7. April 2017 wurde der Rapper in die Rock & Roll Hall of Fame aufgenommen, wo Legenden wie die Beatles, Elvis Presley, Bob Dylan, Led Zeppelin, Stevie Wonder, James Brown, Ray Charles, Aretha Franklin, Jimi Hendrix oder Bob Marley geehrt werden. Neben Snoop Dogg, der die Rede hielt, gaben sich viele Musiker und Künstler die Ehre. Snoop bezeichnete Tupac als größten Rapper aller Zeiten und performte mit T. I. und Treach von Naughty By Nature einige seiner Klassiker. Alicia Keys, die zu den fünf weltweit erfolgreichsten Künstlerinnen des 21. Jahrhunderts gerechnet wird, sang »Dear Mama«, welches seit 1995 immer wieder auf den Bestenlisten erscheint.

Am 7. September 1996 angeschossen, starb Tupac sechs Tage später, am Freitag, dem 13., im Krankenhaus von Las Vegas. Die Ärzte berichteten, dass sie nie zuvor einen Menschen behandelt hätten, der solch ein Kämpferherz besaß.[514] Was folgte? Die Medien überschlugen sich, Tausende Fans weltweit trauerten um den ambivalenten Künstler, unzählige Legenden ranken sich bis heute um ihn. Doch was ist Wahrheit und was Fiktion?

Tupacs Geschichte ist bei Weitem keine einfache: Hineingeboren in eine Umgebung, in der es nicht selbstverständlich war, sagen zu dürfen, was man denkt, vor allem nicht als Schwarzer, und in der Minderheiten rigoros unterdrückt und diskreditiert wurden.

[514] Vgl. Pearce: Changes, S. 247

Ein Bild aus besseren Tagen: Tupac mit seiner Mutter Afeni Shakur

Tupac aber lernte trotzdem, sich Visionen und Ideale zu schaffen und zu bewahren. Seine Mutter hatte es ihm vorgelebt: Afeni Shakur war gebildet und wortgewandt, sprach an Universitäten und Schulen, ein aufklärerischer, revolutionärer Geist umgab sie. Doch sie musste ihren Sohn immer wieder in die Obhut von Freunden und Bekannten geben, die zwar Sympathien für die Black Panthers hegten, aber nicht selten auch Kontakte zum Verbrechermilieu hatten.

Die Panthers gehörten zu Tupacs Leben. In den 1970er-Jahren wuchs unter den Schwarzen Wut und Kampfeslust: Sie erlebten, wie die Bürgerrechtsbewegung der Coloured People mit den Morden an Martin Luther King oder Malcolm X brutal gestoppt werden sollte. Menschen, die ein tolerantes, freies Amerika ohne Rassenhass, Diskriminierung oder Unterdrückung einforderten, riskierten ihr Leben. Und nun sollte Tupac der neue schwarze Prinz der Revolution werden.

Bereits mit 13 Jahren Anführer der Panthers-Jugendbewegung, rhetorisch überaus begabt und eloquent, begeisterte er Mitschüler wie Lehrer mit seinem künstlerischen und schauspielerischen Talent. Erst nach und nach aber begriff Tupac, dass seine gute Schulbildung und sein ständiger Wissensdurst alles andere als selbstverständlich waren in seiner Peergroup. Als Außenseiter suchte er nach männlichen Vorbildern, da sein leiblicher Vater kaum bis gar nicht präsent war. So orientierte er sich an den Bossen auf der Straße, vor allem als seine Mutter drogenabhängig wurde. Immer wieder sah er die Armseligkeit um ihn herum, das menschenunwürdige Dasein der schwarzen Gemeinde: kein Licht, keine Heizung und dazu unter ständiger Bedrohung, umgeben von Verbrechern, Hunger, Tod und Mord. *»Wir leben im Ghetto! Wir leben in der Hölle! Für uns ist das hier ein Kriegsgebiet.«*[515]

Doch Tupac trägt auch Hoffnung, den Keim für einen Wandel, in sich: *»Nur weil du im Ghetto bist, heißt das noch lange nicht, dass du dich nicht entwickeln kannst.«*[516] Seine Botschaft lässt sich nicht einfach in Worte fassen – sie ist eher zu fühlen, nachzuempfinden. Beispielsweise, was es bedeutet, in unserer Gesellschaft für das einzustehen, was wir alle für uns einfordern: Gerechtigkeit, Freiheit und ein würdevolles Leben.

[515] Hoye, Ali: Tupac. Resurrection, S. 54
[516] »Brenda's Got a Baby«. 2Pacalypse Now

Auch wenn Tupac wegen seines großen Tattoos auf dem Rücken, dem berühmten »Tupac Cross«, von manchen als frommer Christ betrachtet wurde, interessierte er sich eigentlich für sämtliche Religionen und Philosophien. Und er las unglaublich viel: Dante, Machiavelli, Sun Tzu und Shakespeare, Victor Hugo, Alex Hailey, Angela Davis und George Orwell – hin bis zum Tibetanischen Totenbuch und der Kabbala. Darüber hinaus fesselten ihn Zen-Buddhismus, Okkultismus, Theosophie, Esoterik und mystische Traditionen. Vor allem der Gedanke des Karmas faszinierte ihn, er sprach häufig über sein Ziel, den ewigen Kreislauf der Wiedergeburten zu verlassen. *»Meine einzige Angst vor dem Tod betrifft die Inkarnation.«*[517] Hinzu kamen Teilhard de Chardins spirituelle Evolutionstheorie, Psychologie, Traumdeutung, Hellseherei, Telepathie – die Liste lässt sich endlos weiterführen. Erst wer sich dieses Spektrum vergegenwärtigt, vermag die Tiefe und Tragweite von Tupacs Texten zu verstehen.

Die Medien allerdings porträtierten ihn nur sehr selten als belesen oder sensibel, ganz im Gegenteil: Er galt als zwar talentierter, aber ungehobelter und machtbesessener Schlägertyp, seine Liedertexte teilweise als gewaltverherrlichend. Tupacs Aneinanderreihung von Gerichtsverfahren und die negative mediale Präsenz wurzelten indes in eben jenen unliebsamen Wahrheiten, denen er mit seinen Songs Gehör verschaffen wollte: Sie handeln vom Trugschluss des amerikanischen Traums, von Polizeigewalt, Gangkriminalität und Waffenmissbrauch. Genau hieraus entwickelte er mit »Thug Life« die Philosophie der Underdogs. Die Quintessenz lautet wie folgt: *»Ein Mensch der nichts hat, aber trotzdem alles schafft, das ist ein Thug. Jemand, der alle Hindernisse überwindet. Nicht mit Gewalt, sondern mit Cleverness. Nicht mit unfairen, sondern mit fairen Mitteln.«*[518]

---

[517] »Only Fear of Death«, 2Pac: R U Still Down. 1997

[518] Hoye/Ali: Tupac: Resurrection, S. 122

Zeitloses Monument: In Herford thront Tupac auf einem fünf Meter hohen Sockel vor dem Museum für moderne Kunst. Geschaffen hat es der italienische Künstler Paolo Chiasera.

Einige der reichsten und berüchtigtsten Gangsterbosse Amerikas ernannten Tupac zu ihrem Wortführer, denn auch sie fühlten die Ketten des Systems und verstanden, dass er in der Lage war, sie dort herauszuführen. Er erreichte sie mit seiner Sprache und seinen Visionen, da er in seinem Leben viel Zeit mit ihnen verbrachte. Dabei wurde er ebenso geliebt wie gehasst, verehrt wie gefürchtet. Er war charmant gegenüber Frauen und besaß den Respekt der Jungs auf der Straße. Was er nicht erntete, war Gleichgültigkeit, denn überall, wo er auftauchte, löste er Reaktionen aus. Tupac hatte einen konkreten Plan: Er wollte die Machthabenden von ihrem Thron stürzen und eine neue Regierung einsetzen, *»die jeden verdammten Bürger ernährte«*[519] – koste es, was es wolle. Selbst seinen Tod kalkulierte er mit ein und kündigte ihn in seinen Liedern immer wieder an. Er sprach darüber, wie er sich opfern wollte, damit endlich jemand den tödlichen Kreislauf durchbricht. Die ganze Welt sollte aufhorchen und zuschauen, was mit ihm passierte. *»Wenn du nichts findest, für das es sich zu leben lohnt, so findest du am besten etwas, wofür es sich zu sterben lohnt.«*[520]

Tupacs Tod überraschte niemanden. Denn für die amerikanische Regierung kam es nicht infrage, dass für Gerechtigkeit kämpfende Rapper oder aufstrebende autonome Gruppierungen wie die Black Panthers Schule machten oder sich gar durchsetzten. Nur einen Monat zuvor drehte er ein Musikvideo zu »I ain't mad at cha«. Darin wird er angeschossen und stirbt auf dem Weg ins Krankenhaus. Anschließend begrüßen ihn im Himmel Musikerlegenden wie Jimi Hendrix, Bob Marley, Nat King Cole, Miles Davis,

---

[519] Master T: Tupac Interview About Death Row East. MTV Video Music Awards, 04.09.1996

[520] 2Pac: Strictly 4 My N.I.G.G.A.Z., Interscope Records 1993. »Something 2 Die 4«

Jan Euler, Jahrgang 1985, studierte Amerikanistik, Jura und Historische Ethnologie an der Goethe Universität in Frankfurt am Main. Er arbeitet seit über zehn Jahren in der Familien- und Erziehungshilfe und leitet Kurse zur Gewaltprävention. Euler ist Trainer und systemisch ausgebildeter Potenzialentfaltungs-Coach in Bildungseinrichtungen im Rhein-Main-Gebiet.

Marvin Gaye und Billie Holiday[521]. Das Video wurde drei Tage nach seinem Ableben bei MTV eingereicht. Das alles schien so akribisch vorbereitet und perfekt zu passen – es war geradezu gespenstisch: Hatte er nicht ständig über seine Unsterblichkeit gesprochen? Dass er ewig leben und es allen beweisen wolle? So entstand der Mythos, er hätte seinen Tod selbst inszeniert, um – wie Machiavelli, sein Pseudonym, es propagierte – seine Feinde zu täuschen.

Doch Tupacs Tod war lediglich eine selbsterfüllende Prophezeiung. Er wusste genau, was er tat und dass er seinem Herzen folgen musste. Er wurde als Kämpfer geboren und starb im Kampf. Und er wollte allen beweisen, wie ernst er es meinte. Mit seinem Tod wurde er zum ewigen Mahner für Gerechtigkeit, Frieden und die gute Sache. Er opferte sich, weil er sich verantwortlich fühlte und die Menschen aufrütteln wollte – und genau das passiert gerade. 2Pac lebt! Er wird seine Ziele erreichen, weil er uns vorgelebt hat, für eine gerechtere Welt einzustehen, für die es sich zu sterben lohnt. Denn das ist es, worum es im Rap geht: etwas zu präsentieren. Tupac performte den Masterplan! Er zeigte uns nicht nur, wie man es zum Multimillionär schafft, sondern lieferte auch das Hintergrundwissen, um die Ursachen unserer fehlgeleiteten Zivilisation zu verstehen.

---

[521] 2021 erschien das Spielfilmdrama »The United States vs. Billie Holiday« von Lee Daniels. Darin wird gezeigt, wie die berühmte Sängerin in den 1940ern ins Visier der Regierung gerät, die ihr und ihren aufrührerischen Texten mit einer Drogenanklage einen Riegel vorschieben will.

Tupac suchte Weisheit und Kraft, um anderen zu dienen. Er las sein Leben lang Bücher und wurde nicht müde, andere daran zu erinnern, dass ein sicherer Weg in die Welt hinein über die bedruckte Seite führt. So ganz falsch ist es also nicht, ihn als kulturelle Ikone oder gar als Propheten zu beschreiben, denn jede Generation findet ihre eigenen Helden – Personen, die dazu inspirieren, eine höhere Version seiner selbst zu erlangen. Ob dies Elvis ist, James Dean oder eben Tupac, hängt maßgeblich davon ab, in welcher Umgebung man aufwächst. Von Tupac wurden junge Journalisten aus Kenia – einem der ärmsten Länder der Welt – ebenso berührt wie Demonstranten in den Niederlanden, Südafrika oder Australien. Afeni, die im Gefängnis saß, als sie mit Tupac schwanger war, befürchtete einst, dass sie es nicht schaffen könnte, ihn am Leben zu halten. Seine Geburt war für sie ein Gottesgeschenk, Tupac selbst ein Wunderkind – a Prodigy.

> *»Dear Mama, don't cry, your baby boy's doin good.*
> *Tell the homies, I'm in heaven and they ain't got hoods.«*[522]

Im Gedenken an Tupac Amaru Shakur

Jan Euler, April 2023

[522] »Liebe Mama, weine nicht, denn es geht mir gut. Sag allen Freunden, ich bin im Himmel, und hier gibt es kein Ghetto und keine Armut.«

Anhang

DIR PAC (Dear Pac)[523]

Songtext von C-Rebell-um, NEOFiT und
Ludwig genannt GROSSE, © 2021

Strophe I (C-Rebell-um)

Eigentlich ist heut' ein wunderschöner Tag
Tupac hat Geburtstag
Ich schau gen Himmel und ich frag,
ob er uns wohl sieht und hört und was er dazu sagt
Heute wäre er fünfzig geworden und liegt im Grab
»Can U Hear Me?«
Die Zeit vergeht, Du fehlst mir sehr
25 Jahre bist du tot und HipHop leer
25 Jahre ohne deine Klasse schwer!
25 Jahre kein Mörder!
Lebt dein Mörder?
Ich verfluch' ihn
Du bist mein Mentor, meine Kraft
die stets das Gute will und die auch stets das Gute schafft
Tupac Amaru Shakur steht auf deinem Grab
der auch für mich da war, als meine Mutter starb
»Dear Mama«
Ich hab dich 30 Jahre gehört
nahm dich mit nach Russland und trug dabei stolz dein Shirt

---

[523] Zum 50. Geburtstag und 25. Todestag Tupac Shakurs

nahm dich mit ins Studio, nahm meine Raps dann auf
nahm dich mit zu Demos und nahm auch Verrat in Kauf
»I ain't Mad at cha«!
Auf dich war nach dem Tod Verlass
Du gibst den Menschen Liebe, Hoffnung, ohne Angst und Hass
Du hast einfach gemacht, was du wolltest
und nicht gemacht, was du solltest
»Through all this bullshit« gelacht
Weil du aus echt gutem Holz bist

Hook I

Dir Pac widme ich jetzt dieses Lied
Weil ich es direkt aus meinem Herzen schrie und schrieb
weil es hier ansonsten niemand gab und niemand gibt,
der wie du gerappt hat und der Rap-Geschichte schrieb (2x)

Hook II

An alle Neider
Pac war ein Schreiber und er rappt »All Eyez On Me«
Wenn ich 2Pac höre, dann fühl ich mich »free«
Und darum widme ich ihm dieses Lied (2x)

Strophe II (NEOFiT)

Das ist die Legende
Tupac ward geboren (3x)
Als Kämpfer in die Welt, BLACK PANTHER
Wie er es beschrieb, als er fast schon schrie
»We are trading war stories« war die Tragik seiner Poesie
Das hier wird jetzt keine klassische Musikerbiografie

Nein, Mann! Eher wie ein Brief
Ein Brief über Tupacs Legacy und ich bin so froh darüber,
dass du ihn jetzt liest, dass er durch uns fließt!
Und so schreib' ich mit reinem Gewissen
über diesen einen Menschen, den du liebst
Es gibt sie wirklich, diese Krieger, die uns prägen
ein Leben lang begleiten,
inspirierende Erscheinungen, die ewig bleiben!
Will nicht übertreiben, aber 2Pac war bescheiden:
Er wollte seinen Nächsten nichts
als nur ein bisschen Freude hier verbreiten
Aber wie willst du das erreichen in der Welt der Armen und der Reichen (2x)
in der du konfrontiert wirst mit dem Rassismus von den Weißen
und der Gewalt unter Gleichen!?
So wuchs er auf in einem kranken System
Das müssen wir verstehen:
Tupacs Leben war geprägt von Bandenkriminalität
Überall nur Banden!
Stell dir vor:
Egal wohin du gehst,
wohin du auch nur blickst: Gang-Mentalität
Und vergiss nicht:
Dazu zählt vor allem auch das FBI
und die Polizei, jede scheindemokratische Partei
Sie versprachen einst, du wärest frei
Doch die Verbrechen sind noch nicht vorbei
Und die Sklaverei??!
Huh? Genau wie Tupac seid ihr live dabei!

Graffiti zu Ehren Tupacs in Frankfurt am Main (2021)

Hook I

Dir Pac widme ich jetzt dieses Lied
Weil ich es direkt aus meinem Herzen schrie und schrieb
weil es hier ansonsten niemanden gab und niemanden gibt,
der wie du gerappt hat und der Rap-Geschichte schrieb (2x)

Strophe III (Ludwig genannt GROSSE)

Die Besten sterben jung, ja das ist weithin bekannt
Auch 2Pac wurde das Recht auf Leben aberkannt
In einer heißen Nacht wurde er eiskalt erschossen
Er hat es weit gebracht und darum mussten sie ihn stoppen
So wie sie es mit jedem machen, der die Wahrheit spricht
Denn trittst du ihnen zu nahe, brechen sie dir das Genick
Darum stell lieber keine Fragen, sondern halte Schritt
Alleine, dass du unsere Musik hörst, gefällt ihnen nicht
Wir feiern Pacs Geburtstag, also feier mit
dass er nicht nur der beste Rapper war, den keiner übertreffen kann

sondern auch Schauspieler und Aktivist,
Draufgänger, Regisseur, Visionär und Millionär
ein friedliebender, vielschichtiger Weed-Kiffer mit zwei Gesichtern
humanistischer, witziger, systemkritischer Medienstar
Die Elite hat dich gefürchtet, heute bist du nicht mehr da
Im Herzen lebst du weiter: Unsterblich bis zum Jüngsten Tag

Hook I

Dir Pac widme ich jetzt dieses Lied
Weil ich es direkt aus meinem Herzen schrie und schrieb
weil es hier ansonsten niemand gab und niemand gibt,
der wie du gerappt hat und der Rap-Geschichte schrieb (2x)

Hook II

An alle Neider
Pac war ein Schreiber und er rappt »All Eyez On Me«
Wenn ich 2Pac höre, dann fühl ich mich »free«
Und darum widme ich ihm dieses Lied (2x)

Strophe IV (NEOFiT)

Wiederauferstanden von den Toten
Und was wir fanden, waren diese Gesandten
Waren diese redegewandten Verwandten
Was sie uns hier boten, war der Weg,
durch den wir in das Himmelreich gelangten
Ihnen ist es zu verdanken,
dass die schönsten unserer Träume in Erfüllung gingen
Als wir das erkannten, formten wir die Allianzen
Begannen nächtelang zu tanzen

Wir sind die neuen Pflanzen
Denn du gehörst zu den wunderschönen Rosen
Zu den selbstlosen Virtuosen
Zu dem bist du noch ein Sohn
einer bedingungslosen Liebesamazonin
Nichts als Dankbarkeit für die Ikonen
WIEDERAUFERSTANDEN VON DEN TOTEN

Strophe V (Dj Yesta)

Scratch Part

Abkürzungsverzeichnis

AAA	Afro-American Association
ACLU	American Civil Liberties Union
AIM	American Indian Movement
ALKQN	Almighty Latin King and Queen Nation
ATF	Bureau of Alcohol, Tobacco, Firearms and Explosives
BLA	Black Liberation Army
BOSS	Bureau of Special Services
BPP	Black Panther Party (for Self-Defense)
CCS	Criminal Conspiracy Section
CIA	Central Intelligence Agency
COINTELPRO	Counterintelligence Program
CRASH	Community Resources Against Street Hoodlums
FBI	Federal Bureau of Investigation
GBI	Georgia Bureau of Investigation
HSAN	Hip-Hop Summit Action Network
IRS	Internal Revenue Service; Bundessteuerbehörde der Vereinigten Staaten
ISI	Intercollegiate Studies Institute; Nachfolger des MCEA
JTTF	Joint Terrorist Task Force
KKK	Ku-Klux-Klan
LAPD	Los Angeles Police Department
Lt.	Lieutenant
MCEA	Madison Center for Educational Affairs
MI6	Military Intelligence, Section 6; Auslandsgeheimdienst des Vereinigten Königreichs
NAACP	National Association for the Advancement of Colored People
NAPO	New African People's Organisation

NARA	National Archives and Records Administration; Nationalarchiv der Vereinigten Staaten
NBFA	National Black Farmers Association
N'COBRA	National Coalition of Blacks for Reparations
NOI	Nation of Islam
NSA	National Security Agency
NYPD	New York Police Department
OAAU	Organization of Afro-American Unity
OPC	Office of Policy Coordination
OSS	Office of Strategic Services; Vorläufer der CIA
PBA	Policemen's Benevolent Association
PNP	People's National Party
POCC	Prisoners of Conscience Committee
RAM	Revolutionary Action Movement
RATF	Revolutionary Armed Task Force
Rev.	Reverend
RNA	Republic of New Africa
SCLC	Southern Christian Leadership Coalition
SDECE	Service de Documentation Extérieure et de Contre-Espionnage
SDS	Students for a Democratic Society
SFG	Special Forces Group
SNCC	Student Nonviolent (National) Coordinating Committee
UCLA	University of California, Los Angeles
UNIA	Universal Negro Improvement Association
USDA	United States Department of Agriculture; Landwirtschaftsministerium der Vereinigten Staaten
USO	United Slaves Organization

Personenregister

Quellenverzeichnis

Buchveröffentlichungen

Abu-Jamal, Mumia: Live From Death Row. New York 2002

Abu-Jamal, Mumia: We Want Freedom. Ein Leben in der Black Panther Party. Boston 2004

Acoli, Sundiata: A Brief History of the New Afrikan Prison Struggle. In: Can't Jail the Spirit. Chicago 2002

Agee, Phil: Inside the Company. New York 1975

Ahmad, Muhammad: We Will Return in the Whirlwind: Black Radical Organizations 1960–1975. Chicago 2007

Alexander, Frank: Got Your Back. Protecting Tupac in the World of Gangsta Rap. New York 1998

Alexander, Michelle: The New Jim Crow. Masseninhaftierung und Rassismus in den USA. New York 2012

Alpert, Jane: Growing Up Underground. New York 1989

Anthony, Earl: Spitting in the Wind. The true story behind the violent legacy of the Black Panther Party. Malibu 1990

Bagdikian, Ben: The Media Monopoly. Boston 1992

Balagoon, Kuwasi: A Soldier's Story. Writings by a Revolutionary New Afrikan Anarchist. Montreal 2001

Barnes, Leroy »Nicky«/ Folsom, Tom: Mr. Untouchable. New York 2007

Bidermann, Albert: Improved Interrogation Techniques. New York 1959

Boyle, Andrew: Montagu Norman. London 1967

Bradford, Sarah: Harriet Tubman: The Moses of Her People. New York 1961, Neuaufl. der Ausgabe von 1886

Breitman, George; Porter, Herman; Smith, Baxter: The Assassination of Malcolm X. New York 1991

Bresler, Fenton: Who Killed John Lennon?. New York 1989

Brown, Elaine: A Taste of Power. A Black Woman's Story. New York 1992
Brown, H. Rap: Die Nigger Die!. New York 1969
Bureau of Justice Statistics Special Report: Reporting Crime to the Police. 1992-2000, März 2003
Carson, Clayborne: Malcolm X. The FBI File. New York 1991
Chaitkin, Anton & Tarpley, Webster G.: George Bush. The Unauthorized Biography. Washington 2004
Chevigny, Paul: Cops and Rebels. A Study in Provocation. New York 1972
Chomsky, Noam & Herman, Edward: Counter-Revolutionary Violence: Bloodbaths in Fact & Propaganda. New York 1973
Chomsky, Noam & Herman, Edward: Manufacturing Consent. The Political Economy of the Mass Media. New York 1988
Chomsky, Noam & Herman, Edward: The Washington Connection and Third World Fascim. Boston 1979
Churchill, Ward & Wall, Jim Vander: Agents of Repression. The FBI's Secret War Against the Black Panther Party and the American Indian Movement. Boston 1988
Churchill, Ward & Wall, Jim Vander: The Cointelpro Papers. Documents from the FBI's Secret Wars against Dissent in the United States. Boston 1991
Clay, Sir Henry: Lord Norman. New York 1957
Cleaver, Eldridge: Post-Prison Writings and Speeches. New York 1969
Condo, Zak A.: Conspiracies. Unraveling the Assassination of Malcolm X. Washington 1993
Constantine, Alex: The Covert War Against Rock. Los Angeles 2001
Conway, Marshall Edward: The Greatest Threat. The Black Panther Party and Cointelpro. Baltimore 2009
Danneman, Monica: The Inner World of Jimi Hendrix. New York 1995
Dannen, Frederic: Hit Men. New York 1991
Donner, Frank: Protectors of Privilege: Red Squads and Police Repression in Urban America. Berkeley 1990
Douglas Carlin, Michael & Bond, Richard: Tupac 187. Corona 2014
Douglas Carlin, Michael & Poole, Russell: Chaos Merchants. Corona 2016

Dyson, Michael Eric: Holler If You Hear Me. Searching for Tupac Shakur. New York 2001

D'Attilio, Robert: Sacco-Vanzetti Case. Chicago 1992

D'Eugenio, James & Pease, Lisa (Hrsg.): The Assassinations. Probe Magazine on JFK, MLK, RFK and Malcolm X. Los Angeles 2003

Eltringham, Peter: The Rough Guide to Belize. New York 2004

Encyclopedia of the American Left. Chicago 1992. Hrsgg. von Mari Jo Buhle, Paul Buhle & Dan Georgakas

Epstein, Edward J.: Agency of Fear. Opiates and Political Power in America. New York 1977

Erickson, Erik und Newton, Huey: In Search of Common Ground. New York 1973

Evanzz, Karl: The Judas Factor. The Plot to kill Malcolm X. New York 1992

Evanzz, Karl: The Messenger. The Rise and Fall of Elijah Muhammad. New York 1999

Fire, Prairie: The Politics of Revolutionary Anti-Imperialism. Political Statement of the Weather Underground. O. O. 1974

Foner, Philip (Hrsg.): The Black Panthers Speak. New York 1995

Fox Piven, Frances & Cloward, Richard A.: Why Americans Don't Vote. New York 1977

Fox Piven, Frances und Cloward, Richard A.: Poor People's Movements. Why they succceed, how they fail. New York 1977

Freed, Donald: Agony in New Haven: the Trial of Bobby Seale, Ericka Huggins, and the Black Panther Party. New York 1973

Fula, Yaasmyn: Spirit of an Outlaw. The Untold Story of Tupac Amaru Shakur and Yaki ›Kadafi‹ Fula. Los Angeles 2020

Garrow, David: Bearing the Cross. Martin Luther King, Jr. and the Southern Christian Leadership Conference. New York 1986

Geogakas, Dan: Armed Struggle – 1960s and 1970s. In: Encylcopedia of the American Left. Chicago 1992

Gitlin, Todd: The Sixties. Years of Hope, Days of Rage. New York 1989

Gitlin, Todd: The Whole World is Watching. Berkeley 1980

Grant, Earl: The Last Days of Malcolm X. In: Malcolm X. The Man and his Times. O. O. 1969

Griff, Professor: Analytixz. 20 Years of Conversation and Enter-Views with Public Enemy's Professor Griff. Atlanta 2009

Guy, Jasmine: Afeni Shakur: Evolution of a Revolutionary. New York 2004

Handschu, Barbara (Hrsg.): Special Services Division a/k/a Bureau of Special Services, U.S. District Court, S.D.N.Y., 71 Civ. 2203 (CSH) Memorandum Opinion and Order, 16.12.1981

Haskins, James: Spike Lee. By Any Means Necessary. The Trials and Tribulations of the Making of Malcolm X. New York 1992

Hoye, Jacob und Ali, Karolyn (Hrsg.): Tupac. Resurrection. New York 2003

Jackson, George: Soledad Brother. Chicago 1994

Jackson, George: Blood in my Eye. San Quentin 1972

Jackson, John A.: Big Beat Heat. Allan Freed and the Early Years of Rock and Roll. Pennsylvania 1991

Joseph, Jamal: Tupac Shakur Legacy. New York 2006

Keating, Edward M.: Free Huey! Berkeley 1971

Kempton, Murray: The Briar Patch. The Trial of the Panther 21. New York 1973

Killian, Lewis: The Impossible Revolution?. New York 1968

King, Michael: Setting the Struggle Back. New Visions Commentary. The National Leadership of Conservative African-Americans. O. O. 1999

Klare, Michael: Supplying Repression. U.S. Support for Authoritarian Regimes Abroad. New York 1978

Kouwenhoven, John: Partners in Banking. Garden City 1968

Lee, Martin & Shlain, Bruce: Acid Dreams. The Complete Social History of the CIA, LSD, the Sixties and Beyond. New York 1985

Levitt, Steve: Freakonomics. New York 2005

Loftus, John: The Belarus Secret. The Nazi Connection in America. Minnesota 1989

Loftus, John: The Secret War Against the Jews. New York 1997

Lusane, Clarence: Pipe Dream Blues. Racism and the War on Drugs. Boston 1991

Malcolm X: The Autobiography of Malcolm X as told to Alex Haley. New York 1964

Malcolm X. The Man and his Times. New York 1975. Hrsgg. von John Henrik Clark

Marchetti, Victor & Marks, John D.: The CIA and the Cult of Intelligence. New York 1974

Marine, Gene: The Black Panthers. New York 1969

Martin, Al: The Conspirators. Secrets of an Iran-Contra Insider. Montana 2002

May, Gary: The Informant. The FBI, the Ku-Klux-Klan, and the Murder of Viola Liuzzo. New Haven 2005

Mazzocco, Dennis: Networks of Power. Boston 1994

McCoy, Alfred: A Question of Torture. CIA Interrogation, from the Cold War to the War on Terror. Wisconsin 2006

McCoy, Alfred: The Politics of Heroin. CIA Complicity in the Global Drug Trade. New York 1991

McKeever, Stuart: The President's Private Eye. Emeryville 1990

McKenzie, Angus: Secrets. The CIA's War at Home. Berkeley 1999

McQuillar Lee, Tayannah & Johnson, Fred L.: Tupac Shakur. The Life and Times of an American Icon. Philadelphia 2010

McSherry, Patrice: Incomplete Transition. Military Power and Democracy in Argentina. New York 1997

Mintz, Morton & Cohen, Jerry: Power, Inc. New York 1976

Navasky, Victor: Naming Names. New York 1991

Newton, Huey: Revolutionary Suicide. New York 1973

Newton, Huey: To Die for the People. Selected Writings and Speeches. Hrsgg. von Toni Morrison. New York 1972

Newton, Huey: War against the Panthers. A Study of Repression. New York1981

Newton, Michael: Bitter Grain. Huey Newton and the Black Panther Party. Los Angeles 1980

O'Connor, J. Patrick: The Framing of Mumia Abu-Jamal. Chicago 2008

O'Reilly, Kenneth: Racial Matters. The FBI's Secret Files on Black America 1960–1972. New York 1989

Parenti, Michael: Democracy for the Few. New York 1980

Parenti, Michael: Inventing Reality. The Politics of News Media. New York 1986

Parry, Robert: Secrecy and Privilege: Rise Of The Bush Dynasty From Watergate To Iraq. Washington 2004

Pearce, Sheldon: Changes. An Oral History of Tupac Shakur. New York 2021

Pepper, William: Orders To Kill. The Truth behind the Murder of Martin Luther King. New York 1998

Pool, James: Who Financed Hitler: The Secret Funding of Hitler's Rise to Power. New York 1971

Prestholdt, Jeremy: Icons of Dissent. The Global Resonance of Che, Marley, Tupac and Bin Laden. London 2019

Pringle, Douglas: The Jimi Hendrix Companion. New York 1996

Ro, Ronin: Have Gun Will Travel. The Spectacular Rise and Violent Fall of Death Row Records. New York 1998

Ruppert, Michael: Albert V. Carone. The Missing Link Between CIA and the Mob. Los Angeles 1998

Ruppert, Michael: Crossing the Rubicon: The Decline of the American Empire at the End of the Age of Oil. Gabriola Island 2004

Ryan, Allan: Klaus Barbie and the United States Government. Washington 1983

Ryan, Allan: *Quiet Neighbors.* The Legal Immigration of Nazi Collaborators into the U.S. New York 1984

Sale, Kirkpatrick: SDS. The Rise and Development of the Students for a Democratic Society. New York 1974

Scott King, Coretta: My Life with Martin Luther King, Jr. New York 1993

Scott, Kody: Monster. Los Angeles 1998

Scott, Cathy: The Killing of Tupac Shakur. Las Vegas 1997

Scott, Cathy: The Murder of Biggie Smalls. New York 2000

Seale, Bobby: Seize the Time. New York 1968

Shakur, Assata: Assata. An Autobiography. New York 1987

Shakur, Sanyika: Monster. The Autobiography of an L.A. Gang Member. New York 1994

Shakur, Tupac: The Rose That Grew from Concrete. Tupac's Collected Poems. New York 1999

Shapiro, Harry und Glebbeek, Caesar: Jimi Hendrix. Electric Gypsy. New York 1990

Simon Wiesenthal Center: Membership Report. O. O. 1985

Simpson, Christopher: Blowback. The First Full Account of America's Recruitment of Nazis, and its Disastrous Effect on Our Domestic and Foreign Policy. New York 1988

Sklar, Rick: How the All-Hit Radio Stations Took Over. New York 1994

Stockwell, John: In Search of Enemies. New York 1978

Stonor Saunders, Frances: The Cultural Cold War: The CIA and the World of Arts and Letters. New York 2000

Swearingen, M. Wes: FBI Secrets. An Agent's Expose. Boston 1995

Tackwood, Louis & Citizens Research-Intelligence Committee: The Glass House Tapes. The Story of an Agent Provocateur and the New Police-Intelligence Complex. New York 1973

Tackwood, Louis: The Glass House Tapes. The Story of an Agent Provocateur and the New Police-Intelligence Complex. New York 1973

Taylor, Don: Marley And Me. The Real Bob Marley Story. New York 1995

The New Columbia Encyclopedia. New York 1975. Hrsgg. von William Harris und Judith Levey

Turner, William & Christian, Jonn: The Assassinatian of Robert F. Kennedy. New York 1993

Unger, Craig: House of Bush, House of Saud. New York 2004

U. S. Intelligence and the Nazis. Cambridge 2005

Various, Can't Jail the Spirit. Political Prisoners in the U.S. Chicago. Hrsgg. vom Committee to End the Marion Lockdown, Chicago 2002

Various: Look for me in the Whirlwind. From the Panther 21 to 21th-Century Revolutions. New York 2017. Hrsgg. von Matt Meyer, Sekou Odinga u. a.

Wallace, Max und Halperin, Ian: Love and Death. New York 2004

Wallace, Max und Halperin, Ian: Who Killed Kurt Cobain? The Mysterious Death of an Icon. New York 1998

Webb, Gary: Dark Allience. The CIA, The Contras and The Crack Cocaine Explosion, New York 1998

White, Armond: Rebel for the Hell of It. The Life of Tupac Shakur. New York 1997

White, Timothy: Catch a Fire. The Life of Bob Marley. New York 1996

Wiener, Jon: Come Together. John Lennon in his Time. Illinois 1991

Wiesen, Blanche Cook: The Declassified Eisenhower. A Divided Legacy of Peace and Political Warfare. New York 1981

Williams, Robert: Negroes with Guns. New York 1962

Wright, James: Rock Roadie. Backstage and Confidential with Hendrix, Elvis, the Animals, Tina Turner, and an All-star Cast. New York 2010

Zimroth, Peter: Perversions of Justice. The Prosecution and Acquittal of the Panther 21. New York 1974

Zinn, Howard: A People's History of the United States. New York 1980

Zinn, Howard: Eine Geschichte des amerikanischen Volkes. Hamburg 2013

Zinn, Howard: Student Nonviolent Coordinating Committee. In: Encyclopedia of the American Left. New York 1990

Zirin, Dave: What's My Name, Fool? Sports and Resistance in the United States. Chicago 2005

Zeitschriftenartikel (Auswahl)

Vibe-Magazine: Inside the Mind of Tupac Shakur. New York 1996

Smith, Danyel: Introduction. Vibe editors. Tupac Shakur. New York 1997

Hendrix, Jimi: Black Power and Money. *Teenset,* Januar 1969

Anson, Robert Sam: To Die Like a Gangsta. *Vanity Fair,* März 1997

Bruck, Connie: The Takedown of Tupac. *The New Yorker,* 07.07.1997

Hersh, Seymour: Huge C.I.A. Operation Reported in U.S. Against Antiwar Forces, Other Dissidents in Nixon Years. *New York Times,* 22.12.1974

Hinds, Lennox & National Conference of Black Lawyers: Petition an die Menschenrechtskommission der Vereinten Nationen. 11.12.1978. *Covert Action Quarterly,* Nr. 65, Herbst 1998

Morales, Frank: The Militarization of the Police. *Covert Action Quarterly,* Herbst/Sommer 1999

Vogt, Marilyn: Letter: Re: Human Rights for Everybody. *New York Review of Books,* Band 24, Nr. 21 & 22, 26.01.1978

Bray, Rosemary: A Black Panther's Long Journey. *New York Times Magazine,* 31.1.1993

Greaves, Dave: The CIA, Drugs and Big Media. *Our Times Press,* September 1998

Churchill, Ward: The FBI Targets Judi Bari. *Covert Action Quarterly,* Winter 1993/94

Davis, Mike: Who Killed LA? A Political Autopsy. *New Left Review,* 1993

Davis, Mike: Who Killed LA? Part Two: the Verdict is Given. *New Left Review,* 1998

Morales, Frank: The Militarization of the Police. *Covert Action Quarterly,* Frühjahr/Sommer 1999

Douglass, James W.: The Murder and Martyrdom of Malcolm X. The Assassinations, 21.02.2002

Marriott, Rob: Last Testament. *Vibe,* November 1996

Sullivan, Randall: The Notorious B.I.G. The Murder and Cover-up. *Rolling Stone,* 15.12.2005

Internetquellen

William Pepper: An Act of State. Talk given at Modern Times Bookstore. San Francisco, CA, 04.02.2003; www.ratical.org/ratville/JFK/WFP020403.html

Cold-case Squad to Probe Decades-ld Atlanta Murders: Police chief still things Wayne Williams is innocent; CNN.com, 05.07.2005

Complete Transcript of the Martin Luther King, Jr. Assassination Conspiracy Trial; https://ratical.org/ratville/JFK/MLKACT/

Helen Halyard: Live from Death Row: Political prisoner Mumia Abu-Jamal speaks from prison. www.wsws.org/en/articles/1999/04/mumi-a21.html

Darrin Keene: Nick Broomfield Blows the Lid Off of Biggie and Tupac. ChartAttack.com, 15.10.2002

PBS, Frontline: LAPD Blues. Interviews: Detective Russell Poole; www.pbs.org/wgbh/pages/frontline/shows/lapd/interviews/poole.html

Darrin Keene: Nick Broomfield Blows the Lid Off of Biggie and Tupac. ChartAttack.com, 15.10.2002

Nolan Strong: Man Who Assaulted Dr. Dre Claims Suge Knight Paid for Punch, 16.01.2005, AllHipHopNews.com

J. Patrice McSherry: Operation Condor. Deciphering the U.S. Role. www.seniorreligion.com/u_s__role.htm

Justin Rohrlich: Inside the Shocking Death of Johnny Depp's Biggie-Murder Movie City of Lies. The Daily Beast, 23.8.2018; www.thedailybeast.com/inside-the-shocking-death-of-johnny-depps-biggie-murder-movie-city-of-lies

Tarabu Betserai/Adi Gevins: Me and my Shadow: Investigation of the political left by the United States Government. Pacifica Radio Archives, Track 4; www.pacificaradioarchives.org/recording/pz014204

Was Former Black Panther Leader Elaine Brown A Government Agent? https://drumsintheglobalvillagecom/2007/05/09/was-elaine-brown-an-agent/

Dokus, Spielfilme und Serien

2Pac 4 Ever. Dokumentarfilm von Jay Lee Thomas, 2003

All Power to the People. Dokumentarfilm von Lee Lew Lee, 1996

America: Freedom to Fascism. Dokumentarfilm von Aaron Russo, 2006

Biggie & Tupac. Dokumentarfilm von Nick Broomfield, 2002

Black & Gold. The Latin King and Queen Nation. Dokumentarfilm von Big Noise Films, 1999

Black Panthers. Zweiteilige Dokumentation von Stanley Nelson, 2018

City of Lies. Spielfilm von Brad Furman. Darsteller: Johnny Depp, Forest Whitaker, 2018

Colin in Black and White. 6 biografische Dokumentationen von Ava DuVernay, Colin Kaepernick, 2021

Dear Mama. The Saga of Afeni and Tupac Shakur. 5-teilige Dokumentation von Allen Hughes, 2023

Die Schlacht von Algier. Spielfilm von Gillo Pontecorvo, 1966

Do The Right Thing. Spielfilm von Spike Lee, 1989

Drugs as Weapons Against Us: The CIA War on Musicians and Activists, Dokumentation von John Potash, 2018

Incident at Oglala. Dokumentarfilm von Michael Apted, 1992

Judas and the Black Messiah. Spielfilm, Regie: Shaka King, 2021

Last Man Standing: Suge Knight and the Murders of Biggie & Tupac. Dokumentarfilm von Nick Broomfield, 2021

Napoleon: Life of an Outlaw. Dokumentarfilm von Jonathan Abdilla, 2019

Mr. Untouchable. Der Drogenpate der Bronx. Dokumentarfilm von Marc Levin, 2007

Outlaw: The Saga of Afeni and Tupac Shakur. 5-teilige Dokumentarfilmreihe, Regie: Allen Hughes, 2021

Redemption: The Stan Tookie Williams Story. Spielfilm, Regie Vondie Curtis-Hall, 2004

Shoot Back! Leben am Abgrund. Dokumentarfilm von Michael Trabitzsch, Deutschland 2005

The Black Panthers: Vanguard of the Revolution. Dokumentation von Stanley Nelson, 2015

The FBI War on Tupac Shakur and Black Leaders (DVD) U.S. Intelligence's Murderous Targeting of Tupac, MLK, Malcolm, Panthers, Hendrix, Marley, Rappers & Linked Ethnic Leftists. John Potash, 2010

The Murder of Fred Hampton. Dokumentarfilm von Mike Gray und Howard Alk, 1969

Thug Angel. Life of an Outlaw. Dokumentation 2002

Thug Immortal. Dokumentarfilm von George Tan, 1997

Tupac: Assassination. Dokumentarfilm von Richard Bond, koproduziert von Frank Alexander, 2007

Tupac: Resurrection. In His Own Words. Dokumentarfiln von Lauren Lazin, koproduziert von Afeni Shakur, 2003

Tupac Shakur: Before I Wake. Dokumentarfilm von Sean Long. 2001

Tupac Shakur: Thug Angel. Life of an Outlaw. Dokumentarfilm von Peter Spirer. 2002

Tupac Uncensored and Uncut: The Lost Prison Tapes Ken Peters. 2009

Tupac Vs. Dokumentarfilm von Ken Peters. 2004

Unsolved. The Murders of Tupac & The Notorious B.I.G.; Miniserie (10 Folgen) von Kyle Long, 2018

»When They See Us«, Miniserie (4 Folgen) von Ava DuVarney, 2019

Who Killed Tupac? 6-teilige Dokumentation von A&E, 2017

Why We Fight. Dokumentarfilm von Eugene Jarecki, 2005

Bildquellen

Cover	Björn Gschwendtner
Klappe	John Potash
Seite 21	Unbekannt
Seite 23	Wikimedia Commons
Seite 26	UCSC Special Collections and Archives
Seite 29	Minnesota Historical Society/Wikimedia Commons
Seite 34	Joe Friendly/Wikimedia Commons, CC BY 3.0
Seite 46	Apavlo/Wikimedia Commons
Seite 47	Libcom.org
Seite 49	Newspapers.com
Seite 50	Unbekannt
Seite 52	Archiv zeitgeist Verlag
Seite 56	The Chicago-Tribune/Wikimedia Commons
Seite 59	YouTube.com
Seite 61 f.	Malcolm X, Eldridge Cleaver: Library of Congress/Wikimedia Commons; H. Rap Brown: The Library of Congress/Flickr Commons; Stokely Carmichael, Bobby Seale, Kathleen Cleaver, Ericka Huggins: Bob Fitch Photography Archive, Department of Special Collections, Stanford University Libraries; Huey Newton: Iletemhang/Wikimedia Commons, CC BY-SA 4.0; Martin Luther King: Flickr.com, CC BY-SA 2.0; Bobby Hutton: Khenti-renaissance.tumblr.com; George Jackson, »Bunchy« Carter: Wikimedia Commons; John Huggins: Library.thinkquest.org/Wikimedia Commons; Afeni Shakur: Archiv zeitgeist Verlag; Fred Hampton: Medium/Wikimedia Commons; »Geronimo« Pratt: Newrepublic.com/Wikimedia Commons; LonnieMcLukas: Alchetron.com; Eddie Conway: Baltimoresun.com

Seite 64	Beinecke Rare Book & Manuscript Library, Yale University/Wikimedia Commons, CC BY-SA 2.0
Seite 66	Freedomarchives.org
Seite 70	Library of Congress, CQ Roll Call Photograph Collection/Wikimedia Commons
Seite 71	Archiv zeitgeist Verlag
Seite 74	Freedomarchives.org
Seite 78	Library of Congress/Flickr Commons
Seite 81	Library of Congress/Wikimedia Commons
Seite 83	Library of Congress/Wikimedia Commons
Seite 86 f.	New York Daily News/Library of Congress
Seite 88	Wikimedia Commons
Seite 90	FBI/Wikimedia Commons
Seite 95	Rugged Land
Seite 98	Knopf Doubleday; Roundtable Pub
Seite 103	FBI/Wikimedia Commons
Seite 105	Richard Aoki Collection/Wikimedia Commons, CC BY 2.0
Seite 108 f.	Camilo J. Vergara/Library of Congress
Seite 111	Latinamericanstudies.org
Seite 113	Judi Bari Web Photo Gallery
Seite 114	IMDB/Wikimedia Commons
Seite 118	2paclegacy.net
Seite 120	Wikimedia Commons
Seite 132	Sire Records
Seite 144	Prisonradio.org, CC 3.0
Seite 149	2paclegacy.net
Seite 160	NEW PR; Reprint Edition
Seite 162 f.	Rollingstone.com
Seite 167	James Kriegsmann/Wikimedia Commons
Seite 170	LIFE Photo Collection
Seite 172	Corbis Images for Education/Wikimedia Commons
Seite 175	Interscope
Seite 182	2paclegacy.net

Seite 186 Nick Leisure/Wikimedia Commons, CC BY-SA 2.0
Seite 190 Makaveli Records
Seite 193 Adam Kliczek/Wikipedia, CC BY-SA 3.0
Seite 204 »Stretch«: Wikimedia Commons; »Kadafi«: Spikethenews.blogspot.com/Wikimedia Commons
Seite 208 Phillip Pessar/Flickr.com, CC BY 2.0
Seite 219 Mika Väisänen/Wikimedia Commons, CC BY 3.0
Seite 227 State of California/Wikimedia Commons
Seite 231 John Mathew Smith/Flickr.com, CC BY-SA 2.0
Seite 234 Mikamote/Wikimedia Commons
Seite 237 MikaV/Wikimedia Commons, CC BY-SA 4.0
Seite 239 Jeff Pinilla/Wikimedia Commons, CC BY 3.0
Seite 243 Lil' Kim: Crimemuseum.org; Foxy Brown: Wikimedia Commons
Seite 245 Mikamote/Wikimedia Commons
Seite 265 Library of Congress/Wikimedia Commons
Seite 269 Unbekannt
Seite 273 Caspiax/Wikimedia Commons
Seite 277 Center for Jewish History/Flickr.com
Seite 282 Pax Ahimsa Gethen/Wikimedia Commons, CC BY-SA 4.0
Seite 291 Unbekannt
Seite 295 Unbekannt
Seite 298 ludger1961/Wikimedia Commons, CC BY-SA 3.0
Seite 300 Jan Euler
Seite 306 f. Born Crew

Auch erschienen im Verlag zeitgeist Print & Online:

Moderne Propaganda

80 Methoden der Meinungslenkung

Von Johannes Menath

Broschiert (mit Klappen), 160 Seiten, 15 Abb.

ISBN 978-3-943007-42-8

www.zeitgeist-online.de/moderne-propaganda

Schwarzbuch Wikipedia
(Band 1)

Von Andreas Mäckler (Hrsg.)

Klappenbroschur, 364 Seiten, 13 Abb.
ISBN 978-3-943007-27-5 (Buch)
ISBN 978-3-943007-29-9 (E-Book)

Band 2 erscheint im Juli 2023:
ISBN 978-3-943007-46-6 (Buch)
ISBN 978-3-943007-52-7 (E-Book)

www.zeitgeist-online.de/schwarzbuch-wikipedia